国家出版基金项目
NATIONAL PUBLICATION FOUNDATION

U0658101

大家

谈

儒学文化的历史演变研究

中华优秀传统文化大家谈 ｜第一辑｜ 温海明 赵薇 主编

徐洪兴 著

山东城市出版传媒集团·济南出版社

遗忘过去、不尊重自己传统的民族是注定没有前途的。

任何文化都不能截断众流、凭空产生，

只有接续传统才能开创未来。

一个割断历史、抛弃祖先、

图书在版编目(CIP)数据

儒学文化的历史演变研究/徐洪兴著. —济南:
济南出版社,2020.1
(中华优秀传统文化大家谈/温海明,赵薇主编.第一辑)
ISBN 978 - 7 - 5488 - 3851 - 7

Ⅰ.①儒… Ⅱ.①徐… Ⅲ.①儒学—研究
Ⅳ.①B222.05

中国版本图书馆 CIP 数据核字(2019)第 276136 号

图书策划 杨 峰
出 版 人 崔 刚
责任编辑 苗静娴
装帧设计 侯文英

出版发行 济南出版社
地   址 山东省济南市二环南路 1 号(250002)
编辑热线 0531 - 82803191
发行热线 0531 - 86131728 86922073 86131701
印   刷 山东临沂新华印刷物流集团有限责任公司
版   次 2020 年 1 月第 1 版
印   次 2020 年 3 月第 1 次印刷
成品尺寸 170mm×240mm 16 开
印   张 16.75
字   数 252 千字
印   数 1—3000 册
定   价 49.00 元

(济南版图书,如有印装错误,请与出版社联系调换。联系电话:0531 - 86131736)

出版前言

　　"文化是一个国家、一个民族的灵魂。文化兴国运兴,文化强民族强。"党的十九大报告强调,中国特色社会主义文化源自中华民族五千多年文明历史所孕育的中华优秀传统文化,要加强对中华优秀传统文化的研究阐释与普及教育。中共中央办公厅、国务院办公厅印发的《关于实施中华优秀传统文化传承发展工程的意见》,明确要求加强中华文化研究阐释工作,深入研究阐释中华文化的历史渊源、发展脉络、基本走向,着力构建有中国底蕴、中国特色的思想体系、学术体系和话语体系。深入研究和阐发中华优秀传统文化,彰显中华文化魅力,坚定文化自信,成为摆在每一个从事文化研究和出版传播者面前的重要课题。

　　当前,对中华优秀传统文化的研究阐释正形成一股全国热潮,涌现出一大批有影响力的专家学者。他们从不同视角深研中国传统文化,汲取精华,关照现实,展望未来,取得丰硕研究成果。系统地挖掘整理他们的研究成果,集中展示他们的学术观点,有助于推动中华优秀传统文化研究的纵深发展。

　　为此,我们精心策划了《中华优秀传统文化大家谈》项目,搭建中华优秀传统文化研究平台,集中介绍国内名家学者关于中华优秀传统文化研究的核心思想、观点,较为系统、全面地反映当前中国传统文化研究尤其是儒学研究的整体状况和发展趋势,以期推动学术交流,服务学术创新,同时使广大读者能够了解、感受、领略中华优秀传统文化的深邃内涵和精神魅力。名为"大家谈",意在汇聚名家、大家,选取的作品均为当代中华传统文化研究的名家名作;同时也有"众人谈"之意,意在百家争鸣,繁荣学术研究。

却顾所来径,苍苍横翠微。项目从策划到出版,皆赖专家学者们的学术热情与鼎力支持。对此,我们深为感佩,并衷心感谢! 同时也希望更多学界大家加入我们的行列,使更多高水平、高质量的研究成果能够与广大读者见面。

《中华优秀传统文化大家谈》项目组

2019 年 12 月

目
录

上篇　中国传统文化研究

思潮研究的方法论断想及其他
　　——中国思想文化史学习札记／3
先立乎其正
　　——也谈中国哲学研究的方法／7
现代化与传统之间的紧张／14
传统的人伦思想还有价值／16
世俗化:传统文化现代化的途径
　　——"南怀瑾现象"之我见／18
"儒商"一瞥／21
占卜术与中国传统文化散论／24
《〈礼记·乐记〉研究论稿》序／35
呼朋引类
　　——北宋官僚集团党争／42
唐宋间儒学的转型及其提供的思考／63
儒学文化的历史演变及其现代命运／71
"天下为怀"
　　——明代名士们的爱国情怀／79
"商战"·"议院"·"中体西用"
　　——早期改良派／88

下篇　传统文化的历史演变研究

疑古与信古

　　——从郭店竹简本《老子》出土回顾 20 世纪关于老子的争论／103

孔子与"六艺"／115

孟子论"教""学""知"／130

汉初"五经博士"与"弟子员"制度略考／149

道学三题／161

从训诂之学到义理之学

　　——理学发生史一个侧面的考察／185

唐宋间的孟子升格运动／200

周敦颐《通书》《太极图说》关系考

　　——兼论周敦颐的本体论思想／227

德性实践与德性之知

　　——论二程经学诠释的转向／243

上篇 中国传统文化研究

思潮研究的方法论断想及其他

——中国思想文化史学习札记

在中国历史漫长的进程中，曾先后出现过不少具有时代特征的、大的社会思潮：春秋战国时期的"百家争鸣"思潮、两汉的经学思潮、魏晋的玄学思潮、隋唐的佛学思潮、宋明的理学思潮、清代的考据学思潮等。这些思潮或奠定、或发展、或改变了我们民族的思想文化；由这些思潮联结起来的中国思想文化史长河，是整个人类文化中的宝贵遗产。清理中国思想文化的历史遗产，对这些思潮进行研究显然是不可或缺的。

中国学者自觉注意思潮在思想文化史上的作用，梁启超大概可推为先，他在《清代学术概论》的第一部分中对思潮做了专门的论述："凡文化发展之国，其国民于一时期中，因环境之变迁，与夫心理之感召，不期而思想之逃路，同趋于一方向，于是相与呼应汹涌，如潮然。……'思'非皆能成'潮'；能成'潮'者，则其'思'必有相当之价值，而又适合于其时代之要求者也。凡'时代'非皆有'思潮'，有思潮之时代，必文化昂进之时代也。""凡时代思潮，无不由'继续的群众运动'而成。所谓运动者，非必有意识、有计划、有组织，不能分为谁主动、谁被动。其参加运动之人员，每各不相谋，各不相知。其从事运动时所任之职役，各各不同。所采之手段亦互异。于同一运动之下，往往分无数小支派，甚至相嫉视相排击。虽然，其中必有一种或数种之共通观念焉，同根据之为思想之出发点。"梁氏认为，中国自秦朝以后至他生活的时代，一共出现过四大时代思潮，即汉之经学、隋唐之佛学、宋及明之理学和清之考证学。他借用佛学一切流转相"生""住""异""灭"四个概念，规定了时代思潮过程"启梁启超对时代思潮的论述颇有见地，给人以启发。但用唯物史观的观点来分析，他的认识尚欠完善，其中最大的缺陷在于没有看到思潮背后隐藏着的深刻的经济和政治动因。

思潮——作为相对独立的观念形态的表征之一——固然有思想文化自身矛盾运动的内在逻辑，但同时也必然是社会经济和政治发展的需要。任何一个时代思潮，说到底，不过是社会历史前进的躁动在观念形态领域里的折射和回响。但是，属于"更高地悬浮于空中的思想领域"范畴的思潮，它的经济、政治动因，经多节折射以后并不是轻而易举就能捕捉到的。

必须看到思潮的起落是个过程。导致思潮兴起的直接原因多种多样，不存在统一的模式，可以是统治阶级的倡导，可以是社会危机的逼迫，可以是外来文化的冲击，可以是对前一思潮的反动，可以是政治高压使然，不过一般来说是若干因素合力的作用。思潮一旦形成后，便会循着相对独立的行程前进，在现实社会需要面前，显示出不同程度的惰性，即滞后状态。这种惰性有时会十分顽强，这就使得业已形成的思潮即便与社会需要发生明显冲突，也不会马上销声匿迹。思潮之间具有复杂的联系，它们的关系既是整合，又有积淀，即后一思潮是对前一思潮的扬弃。由此可见，人类思想发展的过程是既有量的积累也有质的飞跃，既有变革也有继承的矛盾对立统一。

一个大的时代思潮，在其发展过程的不同阶段，可以存在若干个相对小的思潮。这些小思潮之间可能并不一致，甚至可以对立。但作为时代思潮的组成部分，这些小思潮又都具有一种反映时代思潮共同特征的倾向，如两汉经学中的今文经学思潮和古文经学思潮，宋明理学中的程朱理学思潮和陆王心学思潮等等。

有思潮就会产生学派，就会造就一批思想家。这些学派和思想家，可以代表不同的阶级或阶层，可以出于不同的主观动机，可以提出对立的学术见解，然而作为思潮的产物，这些学派和思想家之间总有一个大的共同倾向。这个共同的倾向就是适应当时思潮的历史取向。相对思潮而言，各个学派和思想家的不同的或者对立的动机与见解只具有偶然的性质，而思潮本身的历史取向则具有必然的性质。思潮历史取向的必然性，往往通过这些学派和思想家的非自觉的活动，来为自己开辟道路，来表明自己的存在。因此，不同或对立的动机与见解，不管对学派或思想家本身来说何等重要，它们只能影响学派或思想家在思潮中的作用，但却不能改变整个思潮的性质。思潮从正面或反面孕育了学派和思想家，学派和思想家则体现思潮，并对思潮起承启、开创、推动、总结或否定的作用，这就是思潮与学派、思想家之间的关系。

思潮研究和学派、思想家研究是思想文化史研究中既有区别又相关联、不可分割的两翼。前者侧重整体研究，高屋建瓴，把握大势；后者侧重个案研究，深入具体，擘肌分理。偏废任何一种研究都是不行的。然而，从中国思想文化史的研究现状看，两者是如此不平衡。这种对学派和思想家（主要是思想家）研究投入过多的关注，而对思潮研究相对忽视的状况，势必会影响我们研究的水准。因为，倘要研究某些学派或思想家，他们为什么要探讨那些问题，怎样提出又怎样解决问题，具有哪些思维特点，采取何种论述方式等等，如果不把这些置于广阔的思潮视野里，我们就难以清楚地把握，甚至会因为观察不清而得出错误的结论。这里不妨试举一例：某些哲学史、思想史论著在提及王安石时，都把他当作二程、张载、邵雍等理学奠基人的对立面来论述，尽力要找出王安石学说中反理学的特征以示与理学的区别。王安石与司马光、二程等人的政见相左是事实，但因而认为在学术上也如此那就错了。错的原因固然不少，但缺乏对理学作为一个时代思潮的总体把握是很重要的一点。王安石所处的时代，正是理学思潮崛起之际，和二程、张载等思想家一样，王安石也不可避免地被卷入这个时代思潮，他不可能游离、超越这个历史取向。可以说，王安石非但不反理学，而且是理学思潮崛起时的重要代表人物之一。以王安石为首的"荆公新学"一派，和二程的"洛学"、张载的"关学"等同属理学思潮的产物，就在当时的实际社会影响而言，后者是很难与前者相提并论的。诚然，王安石的具体学术见解与二程、张载等有不少区别，有的甚至对立，但从学术研究的方向看他们又是一致的。如在对传统经学笺注疏义的怀疑和否定，对孟轲其人其书的推崇备至，对道德性命义理之学的提倡，对性、情、欲概念的讨论，对王霸、义利问题的探究，对理想人格的追求，对佛、道二教学说的汲取等方面，王安石绝不逊色于当时的任何一个思想家。只是后来王安石政治上变法失败，以致他本人成为受攻击的对象，他的"新学"也被视为"异端邪说"而没有流传下去。王安石及其"新学"与二程、张载等的学说为什么会在取向上具有如此惊人的相似之处？单从王安石本身的研究中是很难找到答案的，但如果我们从理学思潮崛起的角度来分析的话，那就不难索解了。

（原载于《探索与争鸣》1988 年第 1 期）

先立乎其正

——也谈中国哲学研究的方法

进入 21 世纪以来，关于中国哲学的讨论比较热闹，不时出现一些热点问题。而"研究范式"的讨论，前有所谓的"合法性"问题的争论，后又有"反向格义"问题的热议，就属于其中颇引人注目的一个话题。忝为中国哲学史教学和研究的一个从业人员，对以上的那些讨论不可能不关心。但至今为止，我所持的态度是以学习为主，多看、多听。当然，自然也间或产生一些自己的看法或体认，对有的观点颇有"于我心有戚戚焉"之感，对有些说法则很难苟同，但没有发表过什么正式的意见。原因在于我一直以为，此等讨论对中国哲学学科的建设虽有一定的意义，但总给人一种隔靴搔痒的感觉——不解决问题。

记得北宋中期的程颢因不能认同王安石的学问，曾当面批评他做学问就如同"对塔说相轮"：

> 先生尝语王介甫曰："公之谈道，正如说十三级塔上相轮，对望而谈曰，相轮者如此如此，极是分明。如某则戆直，不能如此，直入塔中，上寻相轮，辛勤登攀，逦迤而上，直至十三级时，虽犹未见相轮，能如公之言，然某却实在塔中，去相轮渐近，要之须可以至也。至相轮中坐时，依旧见公对塔谈说此相轮如此如此。"介甫只是说道，云我知道有个道，如此如此。只他说道时，已与道离。他不知道，只说道时，便不是道也。①

---

① 《二程集》，中华书局 1981 年版，第 5—6 页。

王安石之学是否就如明道所言，无关本文宏旨，这里不必讨论。我引此典故的用意在于说明一个事实：如要想真正建设和发展中国哲学学科，使之成为一种所谓可理解的、可沟通的"普遍哲学"①，就必须落实到具体的研究和实践之中，最终则必须体现在实实在在的研究成果之中。否则，就难免会有"对塔说相轮"之嫌。而"对塔说相轮"的结果，终究不能得其"道"；更有甚者，"对塔说相轮"久了、多了，容易变成"玩弄光景"。所以我坚信，今天对我们而言更重要的应该是如程明道之言，要"直入塔中"，只要"实在塔中""辛勤登攀"，就会"去相轮渐近"，总有"可以至也"的一天。

由此，在我看来，研究的范式不妨多元，你可以用马克思主义的方法，可以用"内在理路"的方法，可以用思想史的方法，可以用诠释学的方法，可以用现象学的方法，可以用语言哲学的方法，可以用"反向格义"的方法，可以用经学的方法……只要不至于产生误解，又不影响到理解，你用什么方法都不应该成为问题。因为，语言与手段在这里不是最重要的。即便你不满于近百年来的中国哲学研究，认为那都是些所谓的"汉话胡说"，要来个原汁原味的"汉话汉说"，用具有考古意义的中国传统语言来表达中国哲学的寓意，那也不妨一试，尽管我本人并不同意这种观点。② 所以，问题的关键并不仅在于语言与手段，还在于"如何做"及"做得如何"。

做得如何？对于我们从业人员而言，不是你说了算的，因此，你可以自主控制的只能是"如何做"这一点。但说到如何做中国哲学，那可又是个见仁见智的问题了，没有什么标准的答案。卑之所陈也不是什么新论，更谈不上高论，只能算是个人的一点体会吧。我以为：做中国哲学首先就是取法要正。"正"其实很简单，就是正视、正说，从正面来研究我们先人

---

① 这里的"普遍哲学"一词只是从众的方便说法。有没有所谓真正的"普遍哲学"，学界向有不同意见。我比较同意前哲牟宗三先生关于"哲学真理之普遍性与特殊性"的论说，此不具论，详可参见牟氏著《中西哲学之会通十四讲》。

② 这个问题这里不便展开讨论。简言之，我认为，所谓"中国哲学自己的语言"，是一种似是而非的观点。因为立言修辞一定是与实存世界联系在一起的。150多年来，我们的经验和生活世界已经发生了极其深刻的变化。而且，因为我们的思想意识伴随着社会"总问题"的转换而出现了巨大的认识上的断裂，由此也引出了语言表达上的断裂。从"哲学"观念为我们所接受、哲学学科在中国建立之日起，我们做"中国哲学"，其实已经置身于西方哲学的强势语境之中，以至于我们在谈论自己先前的几乎全部哲学问题时，总不得不参照或借助于近代西方的诸多观念。现在我们还能够关起门来自说自话吗？

的思想；不要偏，不要带上各种各样的"眼镜"来研究中国哲学。

我之所以要强调"正"这一点，是因为自中国哲学这个学科诞生之日开始，许多人一直没能正视历史上的中国哲学思想，而总是戴着一副有色眼镜来看待中国的传统思想文化，所以往往误解、扭曲了我们先人的思想。所谓有色眼镜，主要不外乎两种价值判断：一是全盘肯定，凡古皆好，颂古非今；一是全盘否定，中国哲学就是落后、反动的代名词，不利于我们的现代化发展。相比较而言，近百年来基本上是后者大行其道，前者一直很弱，只是晚近以来似乎稍有抬头。因此这里我主要讲后者。

我们知道，中国哲学学科诞生于"五四"前后。当时一些最激烈反传统的人物如陈独秀、鲁迅、吴虞等就不必提了，就拿写出第一本有影响的中国哲学著作（《中国哲学史大纲》卷上）的胡适来说吧。胡适确实比较重视"整理国故"，但他所存的却是一种"捉妖""打鬼"的心态。如其所言："我十分相信'烂纸堆'里有无数无数的老鬼，能吃人，能迷人，害人的厉害胜过柏斯德（Pasteur）发现的种种病菌。"所以他"整理国故"的目的，是"采取科学方法，把那几千年的烂账算清楚了，报告出来，叫人们知道儒是什么，墨是什么，道家和道教是什么，释迦达摩又是什么，理学是什么……"，是"要人明白这些东西原来'也不过如此'，本来'不过如此'，我所以还他一个'不过如此'"。从上可知，胡适的真正用意，是要给"国故"来上"最后的一刀"，然后让青年人一心一意去寻找"新知识新道德"。①

不消说，胡适这样的心态，具有明显的情绪化和片面化倾向。尽管如此，我们也不必过多地去苛责他们。在"五四"前后那个特殊的历史语境下，这样的情绪化应该说还不难理解、情有可原，因为当时的中国人遭遇了太大的外部环境的压力。但是，原谅其有历史的合理性并不等于承认其批判的合理性。反之，必须指出的是，由于心态上的不平衡和运思上的片面性，"五四"前辈的许多文化批判多半仅停留在一些激进和空洞的呐喊上，缺乏一种实事求是的、具体分析和理性的批判态度。更必须指出的是，

---

① 详可参见胡适：《整理国故与"打鬼"（给浩徐先生信）》，《胡适文存三集》，黄山书社1996年版，第103—106页。

由此带来了极大的负面影响，因为存有类似胡适"反传统"心态的人，自"五四"以来一直不在少数。以后逐渐还形成了一个认识上的误区，即认为中国的传统思想文化都是过时了的、有害于现代化的，应予以全盘否定，所谓"不破不立，'破'字当头，'立'也就在其中了"。新中国成立后，尽管历史的环境早已变化，可上述这种认识上的误区不仅没有得到纠正，反而进一步扩大了，"反传统"俨然也成了我们的一种新"传统"。中国哲学研究长期处于不太正常的状况，可以说一直到今天，还有一些人持有类似胡适的心态。

中国传统的哲学真的就如胡适所说的"不过如此"吗？

众所周知，中国是世界上最悠久的文明古国之一。那些差不多与中华文明同时出现、也曾辉煌一时的古老文明如古埃及、古巴比伦、古印度、玛雅等，早已神魂俱逝，唯留下一些断壁残垣，供旅游者登临凭吊，发思古之幽情。而中华文明却传承不绝，精魂犹存。这不能不归功于中国悠久的传统文化，以及由她凝聚起来的中华民族的强大生命力。中华民族之所以能屹立于世界东方，创造出绵延五千多年、灿烂辉煌的中国文化，除了具有一定的物质条件外，更重要的是有其不可或缺的、坚实的思想基础，而哲学就是这一思想基础的核心。因此我们完全有理由说，中国自古以来就有自己独具特色的哲学传统①，它起源于我们的先民对人生、社会、自然、宇宙的思索，起源于我们的先民对万事万物及其彼此间关系的探究。中国哲学也完全可与印度哲学、西方哲学等并列，成为世界上主要哲学体系中的一种。

诚然，中国传统哲学不是十全十美的。与其他哲学体系相较，中国哲学有其弱项和不足之处，但其优点同样不容置疑。这实际不需用什么高深的理论来论证，只要凭常识即可推知。中华文明五千年来"其命维新"的

---

① 如果按某些西方学人的说法（包括认同其说法的某些中国学人），这个传统不能叫"哲学"而只能叫"思想"。他们以古希腊（特别是柏拉图、亚里士多德）以来至近代西欧大陆哲学的范式为参照，并以所谓"本体论"（ontology）、"形而上学"（metaphysic）为唯一衡量尺度，所以认定中国没有"哲学"。中国有没有"哲学"？这牵涉到如何界定"哲学"之"名"。这个问题，包括胡适、冯友兰、张岱年、牟宗三到晚近学人，近百年来的有关讨论也够多了，但答案却言人人殊。我个人以为，什么叫"哲学"，即使西方人也没有统一的、标准的答案，我们又为什么一定就要以某些西方学人的预设来约束自己呢？还是我们的先哲说得好，"名者，实之宾也"，我们又何必"死"于"名"下？

事实告诉我们，中华民族必有许多优秀的理念在发挥着支撑的作用。但由于时间的悠久、内容的繁多，说中国传统哲学复杂多变绝不为过。正因如此，其中有待厘清的观念、范畴很多，绝不是三言两语就能说清楚的，要对这些内容做出客观且相应的评判就更非易事了。近百年来，我们的前辈在这方面尽管已经做了不少工作，但问题仍远多于答案。当前，我们需要做的绝不是对中国传统哲学进行所谓的"批判"，因为我们在这方面已经走得太远；我们更应该做的是端正态度，尽可能地从历史实际出发，从正面来理解并做出诠释，进而最大限度地接近传统哲学的思维。譬如说，究竟该如何来理解西周的"礼乐"文明？我们现在还仅限在"等级制度"的理解上。西周的"礼乐"文明确是一种"等级制度"，但仅此而已吗？又如，孔子在政治上强调"正名"，"正名"难道就是如今人理解的维护"奴隶制"的等级制度吗？老子讲"道可道，非常道；名可名，非常名"，庄子讲"齐物"就是相对主义的诡辩吗？董仲舒讲"天人相与"就是神学目的论的迷信吗？佛教讲"缘起性空""因无所住而生其心"等就是如西方哲学所说的唯心主义吗？宋明理学强调"存天理，去人欲"就是封建"禁欲主义"吗？……类似的问题太多了，就我们今天已有的理解和解释恐怕还远远不能解答疑难。

从 20 世纪直到今天，质疑中国哲学的人开口闭口就是其有碍现代化，但这是政治理由而不是学术理由，有几人真正是从学术或学理观点出发来批判的？比如，孔子讲"君君，臣臣，父父，子子"的"正名"，我们除了看到许多关于政治的诠释外（那些简单粗糙的谩骂就不提了），很难看到符合历史实际的哲学解释（或许有，但我没看到过）。实际上，孔子的意思不难理解，就是事实要符合理念，它是一种为社会确立秩序和价值的学说，它的作用表现为通过明确的秩序和价值使社会进入一种稳定的状态，人的行为因此有了明确的规范可以遵循。这应该说在任何社会都具有普遍的意义，因此在哲学上也是能够成立的。当然，孔子企图依照理念来塑造世界的"正名"思想虽有充分理由，但也包含了很大的危险，因为世界并不总是按照理念来变化发展的，世界不会永远安顿在人给出的秩序与价值体系中不动，任何真理都只在有限的时空范围内才有效。于是，就出现了道家否定名言的学说，提出作为宇宙本原同时也代表根本真理的"道"，是无形无状、无边无际、无色无味、无时空的，它不具有任何明确的规定性，但却是宇宙变化无穷、有无限可能性的根源；我们不能用理念、名言来代替世界本身，因为没有永恒不变的"名"。这样的诠释，或许更贴近我们的先哲对当时社会问题哲学思考的事实，尽管我没有胡适所谓"实验主义"的"证据"。

不必讳言，孔子的"正名"思想在当时确实有其政治含义，说它维护等级秩序也不能说就完全错了。但除了政治解释之外就没有其他解释了吗？柏拉图和亚里士多德师生是坚决支持奴隶制而反对民主制的，好像西方人没有因为他们的这一立场而说过他们反对现代化；并且，我至今还没看到西方有人反对他们是西方文明主要源头的历史定论。这里我们是否可以思考一个问题：现代化难道一定需要以牺牲民族文化传统为代价吗？如果是，为什么西方人就不如此呢？再者，日本、韩国在现代化过程中似乎对其传统文化的保存和转化也做得很好，难道唯独中国就特殊了吗？

当然，我强调研究中国哲学要从正面去叙述，绝不是说中国传统的哲学批评不得。反之，可以说古书也有不少漏洞，古人也完全可以"批判"，但"批判"绝不是先入为主地预设一些框架，然后往里面填内容，而应该从事实出发。宋儒朱子说得好："看文字，且依本句，不要添字。那里元有缝罅，如合子相似。自家只去抉开，不是浑沦底物，硬去凿。亦不可先立说，拿古人意来凑。"① 当然，更不能用一些非学术的、超越时代的预设来左右我们的研究，如果这样，那就是不"正"。

实际上，严肃的西方学人做学问的路子都是很正的。如美国现代哲学家罗尔斯（John Rawls）曾说过："我读前人的著作，如休谟或康德，有一个视为当然的假定，即那些作者比我聪明得多。如果不然，我又何必浪费自己和学生的时间去研读他们的著作呢？如果偶然在他们的论证中见到了一点错误，我的第一反应是：他们自己一定早已见到了这个错误，并且处理过了。他们在哪里见到并处理了这点错误？这是我必须继续寻找的，必须是他们自己的解答，而不是我的解答。因此我往往发现：有时是由于历史的限制，我的问题在他们的时代根本不可能发生；有时则是我忽略了或未曾读到他们别的著作。总而言之，他们的著作中绝没有简单的一般错误，

---

① ［宋］黎靖德编：《朱子语类》卷十一《读书法下》，中华书局1986年版，第184页。

也没有关系重大的错误。"①

先哲有言："修辞立其诚。"研究中国哲学或做一切学问，都应该如此，这是起码的学术纪律和学术道德。进入 21 世纪的我们，更迫切地需要了解中国的传统哲学。了解的目的当然不是搞什么"国粹主义"或全盘继承、颂古非今，而是了解历史，接续历史，批判地继承历史文化的遗产。因为，一个割断历史、遗忘过去、抛弃祖先的民族，注定是没有前途的。一旦我们建立起对自己传统的自信，剔除了它的弊病，消解了对它的怨恨，平心静气地面对自己的祖先、自己的文化，那就可以与悠远的历史接上脉，滋养健全的道德、价值和生活方式，学会安顿自己的身心，与人打交道，进而去开创未来。最后，我想以中西两位哲人的诗句来结束本文：

朱子诗云："问渠哪得清如许？为有源头活水来。"（《观书有感》）

歌德说："你不是有一份遗产吗？认真地把它当作任务吧！只有如此，你才真把它变成自己的东西。"（《浮士德》）

（原载于《河北学刊》2009 年第 2 期，原文有删节）

① 转引自余英时：《怎样读中国书》，载《现代儒学的回顾与展望》，生活·读书·新知三联书店 2004 年版，第 417 页。

现代化与传统之间的紧张

"现代化"或曰"近代化",中国人对这个课题的关注至少已有百年之久。如何理解"现代化"?众说纷纭。过去有一种比较流行的看法:现代化就是从以自然经济为主体的农业国转变为以商品经济为主体的工业国。从这个理解出发,衡量现代化的基本尺度就是人类控制自然的程度,即随着控制自然能力的加强,人们所能利用的生产资料与能源发生了根本的改变,进而又使生产方式由手工业转向机器工业。这个从社会经济结构出发的理解,当然不能算错,但无疑是片面的。因为社会经济结构的转型,一定离不开社会组织结构和人们内在精神世界的一系列转变。所以,现代化的内涵,实质上应指一个社会的经济、政治、文化诸层面在综合意义上脱离中世纪的范式。从某种意义上说,后两者的转型较前者要难得多,许多被称为"政治滞后""文化滞后"的现象,就是很好的例证。之所以如此,原因就在于后两者中传统的影响力较前者要大得多。

作为一个与西方"原生型"现代化过程不同的"后发型"现代化过程的国家,中国自进入近代以来,就面临着现代化与传统之间的相互激荡和互相紧张。一方面,中国在西方列强的种种迫使下,被动地向现代化艰难地迈进;另一方面,传统的东西又始终紧紧地缠绕着每一个中国人,就如马克思所说的"死人抓住活人",即使那些号称"全盘西化"的人,其思维方式也可能是最传统的。现代化与传统之间的这种关系,势必形成一个悖论:

中国必须现代化,现代化就需要反传统;

走向现代化的中国,是必须背负传统的中国。

现代化与传统之间的这种紧张(tension)至今尚未真正得到解决。整个世界历史发展的取向是现代化，而中国作为世界的一分子，在地球已经"缩小"为一个"村落"的今天，是根本无法游离于这个必然的历史取向的。因此，中国走向现代化是唯一的正途。否则所谓21世纪中国的"球籍"问题，就不是什么危言耸听的事了。但问题在于，中国走向现代化又根本无法抛开自己悠久的传统而去"另砌炉灶"，或者去"全盘拿来"。因为，传统并不是一件外衣，并不是想脱就可以脱掉的。传统在时间上包含了过去和现在，并有向未来发展的可能性。也就是说，传统是产生于过去、存在于现在的"活"的东西，我们必须在立足自己传统的基础上走向现代化。但是，现代化的道路并非是一条坦途，我们往往不得不经常同时两面作战：一面要同"全盘西化"论者作战，一面要同"保存国粹"论者作战。此外，西方的现代化发展到今天，许多由现代化带来的弊病也暴露无遗，如能源问题、环境问题、道德问题等等，因此我们又需肩负起以现代化来批判传统，同时用传统来批判现代化的任务。

现代化与传统之间的紧张，不仅是个理论问题，也是个实践问题，当代中国人无法回避它，因此是一个应该花大力气来加以认真研究的课题。

（原载于《复旦学报》1996年第2期）

传统的人伦思想还有价值

　　伴随着中国历史跨入近代的门槛，中国传统文化开始踏上了蹇途。"五四"前后，主导中国传统文化价值观念的儒家思想，遭到一代先进知识分子的猛烈抨击，而儒家所一贯强调的人伦纲常则更是首当其冲。必须承认，与中国近代化或现代化进程相适应的文化批判和伦理革命，有不容抹杀的历史进步意义及健康的合理性，凡是读过巴金《家》《春》《秋》的人都会对当时的"礼教吃人"留下深刻印象。然而问题在于，"五四"先辈们的文化批判和伦理革命是否存在着心态的不平衡及运思的片面性？他们的每一个批判是否都具有文化和历史研究意义上的理性和客观？传统与现代是否就是简单的两分对立？"立新"是否就必须彻底"破旧"？答案实际是很明白的。但可惜的是，这一系列问题直到晚近才真正为越来越多的学者认真反思。

　　"五四"后的这么多年来，一方面，我们传统的人伦关系受到巨大冲击；另一方面，新的、适应现代社会的人伦关系却始终未能真正确立起来。时至今日，老实说我们已陷入一个两难的尴尬境地。当前，市场经济正蓬勃地展开，它固然为民族崛起注入了新的活力，但我们也不能不正视"市场取向特征"所带来的道德困境。就人伦关系而言，人与人之间正日趋以现实利益作为彼此来往的基础，以功效价值作为衡量关系的标准，人的情感联系及心灵交往则日趋淡薄，各种人际关系有渐渐被市场关系或业务关系所吞没、所取代的趋势。功利至上的取向正使得我们的人伦关系变得外在化、冷漠化，因此往往令个人感到孤独乃至苦闷彷徨。

　　古人有云："世异则事异，事异则备变。"我们正处在社会的转型时期，当代社会的人伦关系亟须重新定位。但如何定位？以什么规范和原则来定位？这是值得深思的问题。恐怕也不仅仅是理论工作者应该深思的问题。在当代人伦关系的重新定位中，传统的人伦思想是否还有价值？回答是肯定的。肯定并不是说要一成不变地搬用传统思想，因为即使你想一成不变地搬用也无法做到。肯定的意思有二：其一是有些传统只需稍加当代转换和诠释即可继承发扬，如孝、悌、忠、信、仁、义、礼、智；其二是传统思想可以为我们提供一些新的思考角度和方向，这些角度和方向并不一定能直接导向问题的解决，但至少可以间接引出一些不同的观点，开拓一些不同的视野，有助于我们研究如何防治现代化所带来的问题。

（原载于《探索与争鸣》1996 年第 3 期）

世俗化：传统文化现代化的途径

——"南怀瑾现象"之我见

南怀瑾先生的著作自 20 世纪 90 年代初被引进大陆后，很快便风靡了起来，而且，其风靡的程度居然令出版界也为之瞠目。且不说《论语别裁》《孟子旁通》《老子他说》《历史上的智谋》这些通俗易懂的书异常畅销，就连并不好读的《楞严大义今释》《楞伽大义今释》之类的著作也被带动起来，照样销路不错，这可真有点爱屋及乌的味道了。但是，对南先生著作的认同，主要表现在青年读者这一层面上；而在正宗研究中国传统思想文化的学者中间，不少人还持保留的态度，有的还很不以为然。一方面，对中国传统思想文化无知或知之甚少的人趋之若鹜；另一方面，真正研究中国传统思想文化的人则大多不予接受。这种所谓的"南怀瑾现象"所引出的问题，值得我们认真思考。在我看来，其中比较重要的一点，就是传统文化如何现代化的问题。

关于传统文化的现代化问题，较多学者的观点都是，中国传统文化必须进行必要的"转换""调整"，以适应现代中国人的需求。应该说这是一个比较可取的立场，因为它既承认传统文化在现代社会还有其存在的价值和必要，同时强调传统文化应该"与时俱变"。但是，问题在于目标确定之后怎样操作，也就是传统文化如何进行"转换"和"调整"。我以为，南怀瑾先生的方法不失为一种途径，尽管这也许并不是唯一的途径。

传统文化的现代化过程，实际上就是一个世俗化（secularization）的过程，这在西方现代化（或曰近代化）的过程中表现得十分典型。从启蒙运动开始，西方的思想家就努力把自然法与上帝分开，转而在人具有理性这一事实上重建自然法的基础，并且在人世间寻找价值的源头。其结果就是政教分离，从圣化的社会变迁到世俗的社会，政治、经济、宗教、道德、学术、文学艺术等领域也都各自相对独立。中国传统文化的现代化道路固然不能等同于西化，但世俗化的必要性恐怕是差别不大的。

世俗化可以从两个层面来理解。其一，就是从"尊古崇圣"的氛围中解放出来，把在圣化社会中被视为"圣人""经典"的东西还原。如把孔子还原为春秋末期一个不得志的政治家，一个具有忧患意识的思想家，一个成功的教育家等，进而对孔子其人、其学进行实事求是的研究；把儒家的"经典"还原为中国古代的历史和文化的原典文本，进而加以研究并给出历史和文化的审视。其二，就是学术文化、高雅文化的大众化、普及化。纯学术的研究固然需要，但毕竟是阳春白雪，曲高和寡。如讲《论语》，自然可以从经学的《齐论》《鲁论》《古论》《张侯论》等方面来讲，但这些内容，能有多少人愿意认真了解？也可以从哲学或伦理学的"政统""学统""道统""终极关怀""意志自由"等方面来讲，但这些内容，又有多少人愿意仔细思考？社会上多数人还是喜欢读蔡志忠的漫画，读南怀瑾的《论语别裁》和《孟子旁通》这类轻松愉快且又不无教益的书。

从目前的情况来看，传统文化世俗化的两个层面，前者学术界基本已经做到，后者却显得困难重重。而南先生的著作（主要指那些通俗易懂的部分），在这两方面都能兼顾，后一方面则尤为突出。之所以如此，正如南先生自白："新旧文化交流互变的冲击时代，只好采取配合时代趋势的方法来研究。"（《孟子旁通·讲在前面》）现代文化的发展，褒者称之为"大众化"，贬者称之为"快餐化"。无论是"大众化"还是"快餐化"，说到底无非就是世俗化，并且特别是世俗化的后一个层面。有少数人哀叹"世风日下"：现在青年人通过电视剧甚至卡通片了解文学名著，不喜欢京剧、昆曲而热衷于流行歌曲，听不懂贝多芬、柴可夫斯基而只会哼哼詹姆斯·拉斯特、理查德·克莱德曼……尽管这确是事实，但却又是不可逆转的历史趋势，无论中外，概莫能外。中国传统文化的现代化所面临的问题很多，但世俗化问题肯定是绕不过去的。研究中国传统文化的学者，固然大可继续做那些给专家们看的文章，但如何使自己的研究能让更多的中国人尤其是青年人了解甚至喜欢，则还需花大力气。至少在这方面，南怀瑾先生走出了自己的一条成功的路子。

（原载于《复旦学报》1996 年第 3 期）

"儒商"一瞥

何为"儒商"？今天尚无明确界定。有人笼统地把古代有文化的经商者都叫儒商，如春秋时期的陶朱公范蠡、孔门高足端木赐（子贡）、战国的白圭、西汉的桑弘羊……严格点讲，儒商是以儒家思想作为行为准则的商人，即少时读过儒家"四书五经"，后来能以孔子倡导的儒家道德来规范自己商业行为并进行内部管理的经商者。他们经营的特点往往是把"治生"与"治人""治事"甚至"治国"融会在一起，做生意时强调"见利思义""君子爱财，取之有道""买卖不成仁义在"，主张诚信、勤勉、节俭、爱国，治生而能不忘家国天下和苍生百姓。

中国历史上早就有儒生、儒士、儒将、儒医、儒农、儒吏等名称，但"儒商"这个说法却出现得较晚，学界一般认为大约是在明清时期才出现的。众所周知，中国古代是个以农立国的国家，历代政府无不视农业为"本"，历史上经常有皇帝下"劝农诏"、画"耕织图"等以示重视农业。而工商业，尤其商，则往往被视为"末"，被抑制；一直到了宋代，应该说主要从南宋开始，这种限制才稍有松弛。所以，从明朝开始就有了"儒商"一说。这也与当时士风、学风的转向有些关联，如明中叶兴起的王阳明"心学"，就有把传统儒学的"得君行道"风习向"觉民行道"方向转移的趋势，"王学"中有"四民（士农工商）异业而同道"的议论。再者，印刷技术大幅度提升，书籍普及了，以至于出版成为一种新兴的行当开始在宋代出现。随之而来的就是社会上读书人激增，读书已不再为新老权贵家族所垄断了，中农以上家境的年轻人白天耕作、晚上读书在当时并不稀奇，"朝为田舍郎，暮登天子堂""十年寒窗无人问，一举成名天下知"这类"劝学诗"就出现在那个时代。但这样一来，科举之路的竞争却愈演愈烈，因为政府取士数量是常数，而考生数量是变数，"千军万马过独木桥"的现象并不是现代高考所独有的。家境一般的士子不可能无休止地考下去，许多人转向经商也是一条重要的生路，明代地方志记载的"士而成功也十之一，贾而成功也十之九"就是历史的写照。渐渐地，社会上经商的读书人开始多了起来，以后又出现了以地域为标记的所谓徽商、晋商、浙商、闽商、粤商、郴商等儒商商帮，其中大家比较熟悉的是徽商和晋商，如早些年的电视剧《胡雪岩》，就是以清代传奇"红顶商人"、徽州绩溪的胡光墉的事迹改编的故事；而《乔家大院》则是以山西祁县的乔致庸的故事为题材的。

20世纪，中国史学界讨论比较多的是关于中国明清时期的"资本主义萌芽"问题，而"儒商"这个话题在学术界引起注意的时间并不长。这个话题实际是受马克斯·韦伯（Max Weber）《新教伦理与资本主义精神》一书的影响。韦伯提出：西方近代资本主义的兴起，除了经济本身的因素外，更有一层文化的背景，即有别于罗马天主教传统的"新教伦理"精神，这一精神中包括了勤俭、诚实、守时、信用等美德，它们先于资本主义秩序即市场经济的建立，是西欧和北美资本主义兴起的深层次背景。而与西方中世纪同期的中国，印度，巴比伦，古代的希腊、罗马都曾出现过资本主义，但却缺乏这种"独特的精神气质"。别的不说，就说中国，按韦伯的观点，中国古老的儒家伦理没有经历类似欧洲宗教改革的洗礼，因此不可能产生近代资本主义精神，进而阻碍了资本主义的发展。韦伯的观点遭到了华人及日韩学者的质疑。他们提出，儒家思想在宋元明清经历了深刻的变化，并不亚于西欧的宗教改革，而所谓的"新教伦理"精神在儒家伦理中也早已包含了，只是因西方的入侵，其对这一地区资本主义兴起的影响很晚才发生，一直到20世纪中叶后"工业东亚"崛起（俗称"亚洲四小龙"）才真正体现出来。事实也是如此，儒家思想影响中国的商人精神并不仅限于明清时期，中国近现代这方面的例证太多了。而对东亚地区的影响也是如此，如日本近代以来有所谓"《论语》与算盘""匠人精神"等，都是具体的表现。只是我们的系统研究和理论的总结还不充分，所以其影响力不大。

市场经济作为配置资源的一种高效率的经济活动在世界范围内已被广

泛认同，现在中国也已进入市场经济。市场经济始终是人的物质和消费活动，这种活动的过程必然也始终受到人文价值取向的支配，只是自觉与不自觉而已。由于人文价值的取向不同，不仅民族精神风貌不同，而且市场经济的模式也有不同。当代中国经济高速发展，我们有必要发掘中华传统思想文化与商业规矩的关系，历史上的儒家学者曾深入探讨过公与私、义与利、情与理等理论问题，这些思想是如何影响中国历史上的商人阶层的？它们在今天对我们的社会发展还能起什么作用？我们如何在汲取优秀传统文化和人类积极思想成果的基础上建立起自己的"商道"？当代中国经商者的人文情怀、道德理想、创新意识、管理能力、社会责任感应该是怎样的？我认为，历史上儒商所提倡的以人为本、为商以德、光明正大、诚实守信、公平公正、谋利有度、竞争有义、利泽长流、勤奋精明、勇于进取等思想都是极有价值的资源，值得我们高度重视。

（2019 年 1 月 15 日上海财经大学国际儒商高等研究院、中国孔子基金会主办的"当代儒商精神研究的时代价值和国际意义国际研讨会"上的发言稿）

占卜术与中国传统文化散论

作为人类文化现象的一种，占卜术存在于世界上的任何一个民族之中。它是人类在自然界和社会的诸种压力下，感到软弱无力，对自身的遭遇或某一行为的后果难以把握，心中迷惘不安，希冀求得某种启示，以达到决疑断惑、消灾趋福心理作用下的产物。就性质而言，占卜术属于相对宗教来说要简单粗陋的迷信。

占卜术在中国这块土地上可谓源远流长，与中国传统文化结下了不解之缘。只消翻检一下自《汉书·艺文志》以来的历代图书目录，我们即可看到占卜术在其中占有一个不小的比例。这些庞杂的占卜术，古人把它们统称为"术数"。术数并不只是旧时巫觋和算命先生们的营生手段，从某种意义上说，它们属于中国旧学术范畴中的内容。它们作为体现及发挥正宗意识形态的一种辅助工具，以合法的身份存在于当时并流传至后世，成为中国传统文化的一个组成部分。

一

中国历史上的占卜术种类繁多，《汉书·艺文志·数术略》中已分出六大类：天文、历谱、五行、蓍龟、形法和杂占。"天文"即日月星辰云气之占；"历谱"即根据时历来判定吉凶；"五行"即按金木水火土五行的生克关系推断休咎；"蓍龟"即甲骨卜和《周易》筮占；"形法"即对地形、人、器物、六畜的各种相术；"杂占"的内容很广泛，凡不在前述五类之中的都包括在内。汉代以降的千百年里，尽管衍生出许多新的占卜术，但基本类型没有多大变动。如清《四库全书·子部·术数类》分有七类：数学、占候、相宅相墓、占卜、命书相书、阴阳五行、杂技术，这些内容大多可在《汉书·艺文志》的分类中找到原型。值得指出的是，上面提到的都是汉民族的占卜术（本文论述仅限此范围）。中国无论在古代还是现在都拥有众多的少数民族，各民族又都有自己的一些独特的占卜术，正如司马迁所说："蛮夷氐羌，虽无君臣之序，亦有决疑之卜。或以金石，或以草木，国不同俗。然皆可以战伐攻击，推兵求胜，各信其神，以知来事。"①

占卜术的发生，与原始的巫术联系在一起，如究其源头，则又与上古初民的"万物有灵"观念密不可分。自英国的"文化人类学之父"爱德华·伯内特·泰勒（E. B. Tylor）于19世纪中后期首创"万物有灵论"以来，这一理论被广泛地用来解释原始宗教的起源。至今为止，学术界公认，"万物有灵"观念是上古初民社会生活和心理生活的复杂结晶，它标志着人类"童年"时期的一种无意识的集体信仰，支配着原始社会的整个意识形态领域。以"万物有灵"观念为基础的原始意识形态，包括了各种自然崇拜、动植物崇拜、鬼神崇拜，各种巫术礼仪、前兆迷信等等。在这之中，以被崇拜的各种对象为一方，代表着具有超自然力量的神灵；以巫术礼仪为另一方，代表着人类的主观努力——一种试图沟通人神关系的努力。初民认定，一旦人与神力相结合，就能达到战胜疾疫、赢得战争或丰收、灵魂升天以及预知未来等目的。被认为能够"通神"的巫觋，他们与神灵沟通的手段是多种多样的，前兆迷信就是其中之一，而它就是后来占卜术的渊源。

所谓前兆迷信，就是指以错误的前兆观为基础，在神灵观念作用下形成的对事物因果关系的认识。在初民那里，被迷信为前兆的都是自然界偶然发生的现象和人们无法自主控制的一些生理现象，如流星、彗星、日食、月食、地震、雨土、雨草，以及气候与季节的异常，不寻常动植物的出现，常见动植物的变态，做梦、眼皮跳动、耳鸣、打喷嚏等等。这些在当时说来根本无法理解和解释的现象，就被人们看作神灵的某种启示，而以后发生的事情也就成为神灵给人们的惩罚或赏赐。

前兆迷信和占卜术都是基于神灵能以某种征兆给人们预示某些事物的

---

① 《史记·龟策列传》。

发展趋势的思想，但两者仍有明显区别，这区别在于：前者的兆象多为自然发生的，具有相当的偶然性；后者的兆象多是人为的，其内容又是人们所预先规定了的，人们可以随时随地进行而不受时空限制。简而言之，前兆迷信是人们被动地接受神灵的启示，占卜术则是人们主动求助神灵给予启示。

前兆迷信转化为占卜术，一方面是由于前兆迷信的虚妄性质决定了它要在发展过程中复杂化以不断取信于众，另一方面也有其必然的社会动因。随着社会的发展和生产范围的扩大，人们对各种事物的发展变化需要预知的范围也相应增大，靠自发产生的前兆迷信已不能满足扩大了的需求，在许多想要做的事面前，为了下决心，或为了增强信心乃至自我安慰，在没有征兆出现的情况下，人们开始在原有的前兆迷信中找出一些可以人为制造兆象的内容来，主动设法求助于神灵。不过，不是所有的前兆迷信都能转化成随时可应付决疑需要的占卜术，大多数前兆迷信因其本身不具备转化的条件而仍以其本来的形式保存下来。如后世正史中的《五行志》《符瑞志》中之内容即属此性质，严格讲，它们是不能归入占卜术之列的。

我国上古时代的占卜术，从类型上看主要分四种：甲骨卜、蓍草占、占星术和圆梦术。这些占卜术是如何从前兆迷信转化来的，现在已不可能得其详也，因为其演变过程（在很大程度上这种过程是自然发生的）的许多中间环节，早已沉埋在那不可复现的遥远的年代之中了。约略推想，前两种大概是动植物方面的前兆迷信转化而来的，《史记·龟策列传》中有关龟与蓍草"通灵神性"的记载多少也反映了一些前人的见解。后两种的情况比较复杂，占星术可能是人们在对天区的区分、天体运行的规律有了相当深切的认识之后，再结合地上的人事，才逐渐摆脱以前仅观察流星、彗星等偶发现象的前兆迷信而形成的一套复杂的占卜体系。圆梦术可能是在形成梦占理论（如《周礼·春官》所记"占六梦之吉凶"的理论）之后才从原始的前兆迷信过渡为"人为的"梦占的。

进入春秋战国时代，整个社会发生了急剧的动荡和变革。诸侯列国"争于攻取，兵革更起，城邑数屠，因以饥馑疾疫焦苦，臣主共忧患，其察机祥、候星气尤急"①。司马迁这番议论是就占星术而发的，但也同样适用于其他占卜术。这一时期，除了前兆迷信（《尚书·洪范》之谓"庶征休咎"）及上述四类占卜术发达之外，还出现了一些新的占卜术，《左传》《荀子》等古籍所记的"相人之术"便是一例。

相人术算是占卜术中的一个变例，它不是从前兆迷信转化而来，而是从原始的巫医术演变发展过来的。春秋战国期间，在医学逐步脱离巫术而自立门户之际，相人术也应运而生了。"天道远，人道迩"，"天"的地位下降，"人"的地位提高，这是春秋战国时期思想文化上的一大特征，相人术的出现，从一个侧面反映出了这个时代特征。因为在已有的占卜术中，所占内容多为祀与戎这些"国之大事"，即便牵涉到人也多是王、诸侯、大夫这些大人物；相人术则不然，它在更大程度上适应了当时平民百姓对自己一生命运的关切，因此荀子说："相人，古之人无有也，学者不道也……世俗称之。"② 另外，这一时期还最终完成了阴阳、五行、八卦思想的整合。阴阳五行思想从此成为中国传统文化的骨架，它对后来占卜术的衍化流变产生了极为重要的影响，成为后世占卜术的基本理论架构。

两汉时代，是我国占卜术发展阶段中一个继往开来的十分关键的时期。后世的大多数占卜术是在这时奠定基础的。在这一时期，有刘向、刘歆父子整理的《七略》"数术略"六大类一百九十家二千五百二十八卷的占卜术典籍，有同样是刘氏父子收集整理的十数卷专讲古今祯祥灾异前兆迷信的《汉书·五行志》（亦收在班固的《汉书》中），有现存的我国最早的占星术专著《史记·天官书》，有半筮占半哲学的扬雄的《太玄》，有《周易》筮占变种的焦延寿的《易林》和京房等的《周易占》，有各种各样的物候，有专门占时历的五行家、堪舆家③、建除家、从辰家、历家、天人家，有六壬、遁甲、太乙"三式"，有风靡一时的图谶之占……即使是被我国学术界许多人认为具有朴素唯物论、无神论思想的两汉时期的司马迁、王充、王

---

① 《史记·天官书》。
② 《荀子·非相篇》。
③ "堪舆"在唐以前并非指相地术。《史记·日者列传》把它作为一种关于时辰宜忌的占卜术；《汉书·艺文志》载有《堪舆金匮》一书，归在"五行"而不入"形法"；《隋书·经籍志》作"堪徐"，亦属日辰之书而与相地书不同类。清儒钱大昕指出："古堪舆家即今选择家，近世乃以相宅图墓者当之。"（《恒言录》卷六）此言甚是。

符，在他们的名著《史记》《论衡》《潜夫论》中，也讲述了不少有关占卜命相之类的内容（决非批判意义上的讲述），此风之盛可见一斑。为什么两汉时代的占卜术会如此之盛？先秦卜筮之书幸免于"秦火"之厄，比较完整地流传到汉代，当然是原因之一，但并不是很重要的因素。真正的原因，恐怕还在于当时整个时代的思维模式的阴阳五行化。班固在《汉书·五行志》卷首的一段话颇能说明问题："汉兴，承秦灭学之后，景、武之世，董仲舒治《公羊春秋》，始推阴阳，为儒者宗。宣、元之后，刘向治《穀梁春秋》，数其祸福，传以《洪范》，与仲舒错。至向子歆治《左氏传》，其《春秋》意亦已乖矣；言《五行传》，又颇不同。是以揽仲舒，别向、歆，传载睦孟、夏侯胜、京房、谷永、李寻之徒所陈行事，讫于王莽，举十二世，以傅《春秋》，著于篇。"董仲舒用燕齐方术之士的那套阴阳五行理论对原始儒学加以改造，热衷于神仙方术的汉武帝又采取了董仲舒、公孙弘"独尊儒术"的建议，立今文五经博士，以后又经刘向、刘歆等人的附会渲染，汉代的整个思想文化领域弥漫着一股巫术的气氛，就像顾颉刚先生说的："汉代人的思想骨干，是阴阳五行。无论在宗教上，在政治上，在学术上，没有不用这套方式的。"[1] 到了王莽、刘秀统治时期，巫氛愈来愈浓，所谓"内学"的谶纬之学一度压倒"外学"的经学，最终导致了被侯外庐先生称为"宗教法典"的《白虎通义》的问世，和东汉末期集方术大全的道教的兴起。

魏晋南北朝，占卜术沿着自己已有的轨迹发展。《周易》筮占在此时又衍生出棋占和钱占，这种占具上的革命，使占卜术更加简便易行。相地术在这一时期有了长足的发展。汉代"形法"中的相地术只是山川地貌和宫宅城郭地形方位，并没有相墓。当时相宅术也较简单粗糙，主要是依据五行生克的原则，把五行与五方、五音及人们的姓氏搭配起来判断即可（详见《论衡》的《诘术》《讥日》等篇）。到东晋，出现了被后世风水先生奉为祖师的郭璞。今存专讲选择阴宅（墓地）的《葬书》，据说就出自郭璞之手。郭璞另有《青囊经》一书，后世言风水者亦视其为经典而屡加诠注。此外，在这一时期，属于南方楚文化的杯珓占卜也开始有了较多的记载

---

① 顾颉刚：《秦汉的方士与儒生》，上海古籍出版社 1978 年版，第 1 页。

（如南朝梁人宗懔的《荆楚岁时记》）。杯珓占卜的历史也很悠久，它是从先秦荆楚之地的枚卜、筳篿衍化而来的，在我国南方一带始终非常流行。

唐宋时期，我国的占卜术达到了顶峰。此期间不仅出现了数以百卷计的《乙巳占》《开元占经》等集大成的占卜术专书，在占星术中还引进了古巴比伦占星术中的"黄道十二宫"和古印度占星术中的"罗睺""计都""紫气""月孛"这些概念①。后世最为流行的八字算命术，经唐代李虚中和五代徐子平的加工完善，也在此时正式形成。八字算命实际是一大杂烩，它把两汉以来的干支五行、干支阴阳、干支五方、干支四时，以及王相休囚死、生旺死绝十二阶段、生肖观念、神煞观念、占星术等统统糅合在了一起。相人术的几部重要著作如《玉管神照局》《太清神鉴》等也都在此时成书。相地术在这一时期已趋流派化、家法化，出现了主形势的"峦体"派和主方位的"理气"派，以及纯取八卦五星以定生克之理的"宗庙之法"和专注龙、穴、沙、水相互配合的"江西之法"。《周易》筮占的又一变种神庙灵签，也从这时起开始广为流传。总之，唐宋以后，我国的占卜术已没有什么特别令人重视的发展变化了，元明清时代的占卜术虽然也很发达，但所通行的都是以前的东西。

二

占卜术在中国文化史上有着特定的地位和作用，由于这个题目太大，我们只能择几点稍加陈述。

马克思说过："哲学最初在意识的宗教形式中形成，从而一方面它消灭宗教本身，另一方面从它的积极内容说来，它自己还只在这个理想化的、化为思想的宗教领域内活动。"② 人类早期的精神文化无不与宗教活动联系在一起，哲学思想自不能例外。它从原始宗教迷信或神话胚胎中孕育出来。而当社会实践使得人们抽象思维的水平能够从个别进到一般，并产生理论

───────────────

① 如韩愈、苏轼自谓"命宫摩羯"，"摩羯"即"十二宫"名之一；又如《文献通考》载有《称星经》一书，"以日、月、金、木、水、火、土五星及罗睺、计都、紫气、月孛十一曜，演十二宫度数，以推人贵贱寿夭休咎"。

② 《马克思恩格斯全集》第26卷第1分册，人民出版社1972年版，第26页。

上篇 中国传统文化研究

29

的概念和范畴时，人们便开始建立起具有内在逻辑联系的世界观，对自然界的现实态度和原始宗教的迷信观念也就跃升为哲学。不过，文明时代的哲学仍不能割断它与原始宗教迷信的联系。这一点在中国传统哲学的形成和发展中是很明显的。

讲中国传统哲学不能不讲阴阳、五行、中庸这些概念范畴。关于它们的起源问题，从古到今说法很多，但无一不与原始宗教迷信有所关联。近年来，庞朴先生提出了一个饶有趣味的假说，他认为："五行""中庸""阴阳"在其原初阶段是三种不同的思想体系，它们分别源自三种不同的占卜术。"五行"源于殷人的龟卜，所反映的是东部殷人以五方观念为基础的"尚五"思想；"中庸"源于周人的八卦筮占，所反映的是周人以"中行"观念为基础的"尚中"思想；而"阴阳"则源于南方楚人的枚卜，枚卜以小折竹中分为二，掷地视其俯仰，以一俯一仰为"圣"，这里所反映的即是阴阳思想。这三种从占卜术中产生的文化是不同的类型：五行偏于宗教，八卦偏于人伦，阴阳偏于自然。由于三种文化在地理上靠得太近，以致在它们臻于成熟之前便过早地接触、交流，及至战国后期发生了大融合，形成一种新的以阴阳五行为骨架，以中庸思想为内容，以伦理道德为特色的文化——中国类型的文化。[①] 庞先生的假说持之有据、言之成理，不失为有说服力的一家之言。

实际上，占卜术不仅与阴阳、五行、中庸思想的发生有着千丝万缕的联系，而且对这些思想的推广普及也着实起到极大的作用。作为俗文化的占卜术，千百年来在中国广大平民百姓中具有根深蒂固的影响力。而自汉代开始，几乎所有的占卜术都毫无例外地烙上了阴阳五行以及部分中庸的思想印记。所以，在旧中国，那些从未读过《易传》《洪范》《中庸》，也不知晓邹衍、董仲舒为何许人的人们，包括那些目不识丁的人（这里当然主要指汉族人），都或多或少地知道一点阴阳消长、五行生克、过犹不及的道理。如果说，儒家的宗法制度、长幼尊卑、"天地君亲师"等思想观念，主要是通过《三字经》《千字文》之类的发蒙读物灌输到下层民间的话，那么，我们说阴阳、五行、中庸这些观念，多半是通过各种各样的占卜术而

---

① 详参庞朴：《阴阳五行探源》，《中国社会科学》1984 年第 3 期。

渗透到普通百姓的意识及无意识的深层中去的，这大概与事实不会相去太远。

　　讨论占卜术与中国传统文化的关系，势必要涉及中国人几千年来对"命"的信仰。好命坏命、长命短命、富贵命、贫贱命、命中注定、命里带来、命运多舛、万事由命，这些都是旧时人们张口即来的话。征诸考古材料和历史文献，我们知道，早在殷周时代就已有"天命"的观念。到了春秋战国，除"天命论"依然流行外，又多出了着重讲"命"的现象。从此时直到两汉，有不少人对"命"的观念加以阐发或界定。孔子"罕言利，与命与仁"，就是说孔老夫子很重视"命"。《论语》中提及"命"的地方确实不少，最有名的莫过于"死生有命，富贵在天"和"不知命无以为君子也"。孟子也同意有"命"，《万章篇》中说："莫之为而为者，天也；莫之致而至者，命也。"荀子认为"命"只是一种偶然遭遇，"节遇谓之命"（《正名》），而"天命"就是自然界的客观规律，所以可以"制天命而用之"（《天论》）。道家也讲"命"，庄子说"死生、存亡、穷达、贫富、贤不肖、毁誉……命之行也"（《德充符》），因此只能"知其不可奈何而安之若命"（《人间世》）。《列子》一书的成书年代有争议，但其反映的为道家思想则问题不大，其中《力命篇》以"命"与"力"的巧妙对答来证实"命"之存在。先秦诸子中墨家是持"非命"论的，墨子认为"命"是富人编造的，他从功利立场出发指出信"命"有大害，因为把一切都诿于命，就没有人肯辛勤劳动、守义做人了。墨子的"非命"可以认为是他针对儒家言"命"而专门反其道而论之的，否则很难理解他的"天志"和"明鬼"思想。降及两汉，董仲舒强调"天令之谓命"（《举贤良对策》），主张尊天受命，"天子受命于天，诸侯受命于天子，子受命于父，臣妾受命于君，妻受命于夫，诸所受命者，其尊皆天也"（《春秋繁露·顺命》）。扬雄在《法言》中说："命者，天之命也，非人为也。人为不为命……命不可避也。"《白虎通义·寿命》中引用纬书《春秋元命苞》把"命"分为三种：寿命、随命、遭命，"命有三科以记验，有寿命以保度，有遭命以遇暴，有随命以应行"。王充虽然不信多种迷信，但却坚决主张有"命"，"命，吉凶之主也。自然之道，适遇之数，非有他气旁物厌胜感动使之然也"（《偶会篇》）。在《命禄》《气寿》《幸偶》《命义》《偶会》《骨相》《初禀》诸篇中，他详尽而系统地论述了"命"的产生、表征和作用。在此之后，还有不少有关"命"的讨论，如《文选》中李康的《运命论》、刘孝标的《辩命论》等，直到明代，宋濂还撰有《禄命辨》，这里就不一一赘引了。

　　有必要指出，不少思想史、哲学史或文化史的论著常把"天命"和"命"两个概念当作可以相互替换的同义语使用，这是值得商榷的，因为两者间有质的区别。"天命观"最完整的提出当在西周。周灭商以后，周朝统治者自诩有"德"，所以"天帝"眷顾，使周"受命"而革去商的"命"。"天命"只能是一个人享有的，它最终落实到"天"在地上的"天子"头上，由他替"天"行"命"。如果这个"天子"表现不佳，祸国殃民，"天命"就会转移到别的有"德"之人头上，所谓"天命靡常""惟德是辅"。因此，在本质上"天命"是伦理性的，它只有通过帝王或圣贤的道德权威和杰出能力等实践活动来体现，只要通过人的主观能力，"天命"是可以受影响甚至改变的。"命"就不同了，每个人都有自己的"命"，"命"生而注定，不管一个人主观上怎样努力、品德操行如何都不能改变它。因此，在本质上"命"是指一种超伦理的客观必然趋向，是一种不可抗拒的异己力量。从抽象意义上讲，"命"是由"天"决定的，但"天"在这里是遥远的、空洞的，不起任何实际作用的。孔子既讲"天"又讲"命"，他对两者是有所区分的。在他看来，"天何言哉？四时行焉，百物生焉"。他以"天生德于予"自居，但结果却仆仆于列国而其道不行，无法扭转"礼崩乐坏"的时局，只能归因于"道之将行也欤？命也；道之将废也欤？命也"。就像他的学生冉伯牛染上恶疾，"天"也无能为力，只能认定"命也夫！斯人也而有斯疾，命也夫！"这种"天"与"命"的矛盾，在司马迁那里也有所议论，他在《伯夷列传》中激愤地发问：既然说"天道无亲，常与善人"，那为何伯夷、叔齐饿死，颜回早夭，而盗跖竟以寿终？尽管司马迁没有明说，但按这个思路推下去，超自然的"天"是无所作为的，冥冥之中还有一种力量在支配每个人的寿夭福祸贵贱，那不是"命"吗？讲到司马迁，我们又得引出中国思想文化史上另一个与"命"联系在一起的重要概念——"数"。

　　朱维铮先生曾指出：孟子为什么会说"五百年必有王者兴"？司马迁为什么要"究天人之际"，怎么个究法？这都和当时人们头脑中"数"的观念有关，而"数"的来源则是占星术。孟子所谓的"五百年"，实际是指，金木水火土中的三外星木、土、火约隔五百年（实为516.33年）毕聚于天区的某一点上，称一"会"，所以孟子所言是有自然史依据的。司马迁在《天官书》中讲得更明白："夫天运，三十岁一小变，百年中变，五百载大变；三大变一纪，三纪而大备；此其大数也。为国者必贵三、五，上下各千岁，然后天人之际续备。"司马迁认为，自然界和人类社会是按规律在变化的，这个规律就是"数"，一旦掌握了"数"就可以知往测来、"究天人之际"了，所以掌握国家权力的人一定要重视三、五大小之变。《天官书》还特别说明了三星中某星领头聚于某宿对于得天下者的启示。

这种依据星体运行之"数"来解释过去和未来的思想，在后世一直影响很大。如《汉书·天文志》中记载，汉元年（前206）十月，五星毕聚于东井，"此高皇帝受命之符也"。直到清初，黄百家在《宋元学案》中还认为，周敦颐、二程子这些理学大家同时出现于北宋中期，是因为"五星聚奎，占启文明之运"①。

《左传》中讲到，"龟，象也；筮，数也"。这实际上涉及中国占卜术中的两大要素，"象"即各种征兆，"数"即各种数字。八卦筮占主要是讲"数"的，从天地"大衍之数"中"挂一""分二""揲四""归奇"，十八变而得出老少阴阳之数为一卦，以测未来之事。后世的钱占虽然是掷钱视其向背为占，但向背所代表的仍是六、七、八、九老少阴阳之数。后世的牌占"牙牌神数"，也是根据牌的"开数"好坏确定吉凶。汉代的"五行""形法"都讲究"数"，"五行"之法，"亦起五德终始，推其极则无不至。而小数家因此以为吉凶，而行于世"；"形法者，大举九州之势以立城郭室舍形，人及六畜骨法之度数、器物之形容以求其声气贵贱吉凶。犹律有长短，而各征其声，非有鬼神，数自然也"②。"命"也有"数"，"飞将军"李广一生征战，屡建功勋，但终不得封侯，原因即在于"数奇"。王充说，人命之"强弱夭寿，以百为数"，"寿夭同一气，长短殊数"（《气寿篇》），算命也就是要算出这个"数"。就是在今天，人们还常用"气数已尽""天数如此"等来形容那些人力所无法挽回的、不以人意志为转移的事情。而古人之所以把占卜术名曰"数术"或"术数"，其原因或即在这个"数"的观念上。

---

①《宋元学案·明道学案卷上》。
②《汉书·艺文志·数术略》。

在具体方面，占卜术也与中国传统文化关系紧密。如相风水，初看确实很神秘，但细究一下未必尽然。风水讲龙、穴、沙、水之配合，一方面反映了古代中国人的宇宙观，另一方面也有一定的合理成分。中国古代"天人合一"的宇宙观强调天地人同源同构，"三才"是构成和谐宇宙的三要素，人是大自然的一部分，与天地不能绝然相分。要做到宇宙和谐，就须彼此配合，而人的居所不只是一个活动空间，它也是人与大自然、空间和时间各种关系的总和。报载，天津大学建筑系教授王其亨，把风水相术引入建筑史研究之中，解决了一个令国内外建筑史专家长期困惑的问题，即为什么中国古代建筑在空间环境的整体处理上，在人文景观和自然景观的有机结合及大规模建筑群布局等方面有较强的科学性——是风水术所致。王教授认为：风水术实际上是集地质地理学、生态学、景观学、建筑学、伦理学、美学等于一体的综合性、系统性很强的古代建筑规划设计理论，它与营造学、造园学构成了中国古代建筑理论的三大支柱。[①] 这个结论似乎"玄"了点，但绝非无中生有。再如相人术，它与中国传统医学的关系也甚为密切，有所谓"医相同源"之说。中医"四诊"，望、闻、问、切，而以"望而知之为之神"，望诊与相术几乎同出一辙，只是用途不同而已。如果把《黄帝内经·素问》中的"五运六气"与《太清神鉴》中的"气色"的论述比照着看，就会发现它们是如此惊人地相似。另外，"精气""元气"之类的概念，在中医学相术中是完全通用的，阴阳五行理论则更不待言。而且相人术中确实也有相病一节，专从人的气色、肤纹、行走、声音中相病，这也是中医常用的方法。

总之，关于占卜术在中国历史上的发生、流变、作用和地位等等，以及它与中国传统文化的种种关系，都是中国文化史研究中无法避开的一大课题。就其研究而言，问题还远多于答案，诸如占卜术与中国古代"天人合一"思想、"形神"关系思想，与古代中国人的价值取向、心态结构，与整个古代中国的社会生活、政治生活等等的关系，都有待进一步认真、系统地探究。

（原载于《复旦学报》1990 年第 3 期）

---

① 详见《新民晚报》1988 年 9 月 25 日引"中新社"天津 9 月 24 日电。

《〈礼记·乐记〉研究论稿》序

中国古称"华夏",华者,美也;夏者,大也。"华夏"之所以大而美,唐儒孔颖达在疏《左传》中有个解释:"中国有礼义之大,故称'夏',有服章之美,谓之'华'。"这里的"礼义""服章",用今天学者常用的概念叫作"礼乐文明"。众所周知,历史上的中国常被称作"礼义之邦"或"礼仪之邦"(实际在古人那里"礼义"与"礼仪"是有别的),就是因为中国的传统文化是以"礼乐"为基石和核心的。

按照现代文化人类学的观点,"礼乐"源自先民在文明初期巫觋文化中的祭祀活动。《尚书·舜典》曰:"诗言志,歌永言,声依永,律和声,八音克谐,无相夺伦,神人以和。"《诗·小雅·宾之初筵》云:"籥舞笙鼓,乐既和奏,烝衎列祖,以洽百礼。"就礼乐的原始功能而言,礼用以祭神(祖)而乐用以娱神(祖)。经过了漫长时间的"损益"和质变,礼乐大致经历了一个马克斯·韦伯(Max Weber)所谓的"祛除巫魅"(disenchant-ment)的"理性化"(rationalization)过程。学界一般认为,中国的礼乐文明至迟在西周初就已臻成熟,其标志即《礼记·明堂位》和《尚书大传》中提到的周公"制礼作乐"(《左传·文公十八年》亦记有"先君周公制周礼")。周公制礼作乐,不仅将远古至殷商的礼乐加以改造和发展,形成系统化的典章制度和行为规范,更重要的是在礼乐中注入"德"的因素,使其具有了道德伦理的深刻内涵。

西周的礼乐文明,其性质是多层面的,它们既是宗教的、政治的,也是世俗的、文化的。它们不仅是一套制度和仪式,同时也是一套文化的建构和理想,其内容涵盖了当时整个社会中的宗教、哲学、伦理、政治、道德、教化、情感、艺术、风俗、习惯乃至资源的等级分配等几乎一切领域,因此既是宗教信仰、典章制度，也是行为方式、社会规范，有的甚至还带有后世所谓"法"的性质。礼乐文明的实质，是一种理性的生活方式，它包括了家庭生活、社会生活、政治生活和宗教生活中诸种行为规范和价值准则，所强调的是尊重等级差异、注重举止合宜、保持仪节风度、控制意志情感，而其目的则在于实现社会的有序与和谐。

礼乐本为一体，礼中包含乐，乐是礼的构成部分。礼乐相须为用，因此古人常以一"礼"字指称礼乐。但相对说来，两者仍有一些区别。礼偏重于秩序，乐偏重于和谐，二者是互补的。而乐的社会功能和政治功能，就在于"和"这一点上。因为，有了礼固然有了规范秩序，但不一定就有和谐。乐的作用，就在于培养、陶冶和化育人的情感，使人闻声心动，移风易俗，不仅因为有外在规范的约束而不争不斗，而且还能做到心灵的平和无怨，从而使得社会不产生争斗与暴乱。这也就是《礼记·乐记》中反复提到的"礼外乐内""礼别乐和"（晚近出土的郭店楚简《尊德义》中亦曰："乐，内也；礼，外也。礼乐，共也。"）。如按现代道德哲学的范畴来讲，礼与乐的关系有点类似"他律"与"自律"；如再按当下流行的大白话讲，礼偏重"刚性"，是一种外在强制；乐偏重"柔性"，是一种内在自觉。

礼乐的地位在上古如此重要，自然成为当时贵族子弟必修的课业，以作为他们将来从事宗教、政治等活动的知识背景。商、夏或更早的情况不好说，就说周朝吧。按古早说法，西周礼乐之为学出于"王官"，《周礼·地官》中讲的"小学"之"六艺"（礼、乐、射、御、书、数）、《礼记·王制》中讲的"大学"之"四术"（诗、书、礼、乐），其中都有"礼"和"乐"的课程。降及东周，王纲解纽，周天子共主地位沦落，群臣争霸，陪臣执国命。王室衰微而致周文疲惫，礼崩乐坏，"学在官府"的局面已难维系。孔子生不逢时，偏富忧患意识，做梦常见周公，志在拨乱反正。但他政治上很不得意，有"王"之德而无"王"之位（这是汉儒的说法），无法制礼作乐，恢复宗周的礼乐制度。于是他只能"克己"以求"复礼"，退而办"私学"，述而不作，以诗、书、礼、乐教，插柳成荫，弟子三千，身通"六艺"者七十有二人，形成了后来称为"儒家"的思想学术群体。这以后，儒家学者就成了西周礼乐文化最主要的继承者和传播者，尽管"六艺"（"六经"）在当时还非儒家所专有，诚如庄生所谓"其数散于天下而设于中国者，百家之学时或称而道之"。

汉孝武用董仲舒"诸不在六艺之科、孔子之术者，皆绝其道，勿使并进"之策，"罢黜百家，表章六经"，开启了中国两千余年的经学时代。但传统的"六艺"因缺"乐"而变成了"五经"。"乐"有没有经？这是至今尚未弄清的问题。依古文经学家的说法，"乐"本有经，但因"秦火"而亡；今文经学家的意见是，"乐"本无经，"乐"即在《诗》《礼》之中，至于"五经"而云"六经"那是习称。不管怎样，事实就是定型了的儒家经典（"十三经"）中，"礼"有"三《礼》"而"乐"仅《小戴礼记》中之一篇——《乐记》。

由于书缺有间、文献不足征，再加上中古开始"乐"边缘化为"礼"之附庸，经学中对"乐"的研究阐发相较于"礼"学不可同日而语。此种情形直到今天并无太大改观（这也是现代学科分类过细而造成的"隔行如隔山"之弊，学者多沦为专业技术从业员）。实际上，至少在秦汉之前，乐的重要性并不在礼之下，甚至乐更重于礼（郭店楚简之《尊德义》曰："有知礼而不知乐，无知乐而不知礼者。"又《性自命出》曰："乐，礼之深泽也。"）。

作为人类文明古国，中国也是世界上音乐发源最早的国度之一。古人尚"重言"，喜欢借重古人或名人说事，习惯将中华文明的起源与"三皇五帝"这些"人文初祖"的传说挂搭起来，音乐自不例外。如我们经常在文献古籍中读到"女娲制笙簧""伏羲氏灼土为埙""神农作琴瑟""舜造箫"和"黄帝有《咸池》，尧有《大章》，舜有《大韶》，禹有《大夏》，汤有《大濩》"之类的内容；也知道随、夔、伶伦、巫咸等这些当时"专职的音乐人"不是女娲、黄帝就是尧、舜的属下。借重传说中的古圣先哲，尽管可视作先民的神话叙事方式，但也未必就是无稽之谈。这一点已屡被现代考古发现所证明，如河南舞阳贾湖出土的骨笛，属于新石器时代的乐器，距今已有八千多年，它已经具备了完整的七声音阶（后来"五音"通行恐与"五行"观念兴起有关）；又如青海大通孙家寨出土的彩陶盆，属于距今已有五千余年的马家窑文化，上面就绘有佩戴头饰和尾饰（疑似"图腾"）的巫术乐舞队图案。这些都说明，先民的神话同时还具有"口说历史"的性质。

礼乐文化逐步扩大化、系统化、规范化及制度化，至西周已形成了"乐教"。据《周礼·春官·大司乐》中记，周代的"乐教"内容已相当完备，有"乐德"（中、和、祗、庸、孝、友）、"乐语"（兴、道、讽、诵、言、语）、"乐舞"（《云门》《大卷》《大咸》《大磬》《大夏》《大濩》《大武》）等。其中，"乐德"最重要，它所揭示的是乐之"义"或曰乐之"本"，而"乐语""乐舞"只是乐的形式。这一点与"礼教"之有"礼义"与"礼仪"的区别完全一样。

不消说，礼乐的表达当然需要一定形式，如玉帛荐献、进退揖让、黄钟大吕、干戚羽旄之类，但先秦的古人已明确指出，形式是次要的"末节"，礼乐之"义"才是主要的"本"（本者根也）。如《左传》中记鲁昭公访问晋国，言行举止都合乎"礼"的要求，但女叔齐认为那是"仪"而非"礼"，并批评昭公"屑屑焉习仪以亟""焉知礼"（见《昭公五年》）。又如赵简子问"揖让周旋之礼"，子大叔认为那"是仪也，非礼也"，他借子产的话说，"夫礼，天之经也，地之义也，民之行也"，指出礼的"义"在于上下之纪、人伦之则，而不是仪节度数（见《昭公二十五年》）。再如孔子，他看到礼乐在当时已经僵化（"礼崩乐坏"并非指礼乐全无），徒具形式而不复有内在生命力，所以慨叹："礼云礼云，玉帛云乎哉？乐云乐云，钟鼓云乎哉？"（《论语·阳货》），进而提出："人而不仁如礼何？人而不仁如乐何？"（《论语·八佾》），即认为礼乐只是一种象征形式，礼的重要性并不是那些器物、装饰或仪式，乐也不是那些乐器、舞队或曲舞，象征的背后还有其本质的东西。那是什么呢？那就是藏在人心中的真诚，孔子把这种真诚叫作"仁"。如果没有"仁"，礼乐就成了徒具形式的东西；不啻徒具形式，更危险的是一种伪装。孔子找到了"仁"，把它作为礼乐的思想基础，用"仁"来重新解释礼乐，超越礼乐的形式而直指其精神实质，以真正体现礼所象征的秩序原则和乐所象征的和谐原则。因此，后儒在《礼记·乐记》中强调："干戚之舞，非备乐也。孰亨而祀，非达礼也"；"乐者，非谓黄钟、大吕、弦、歌、干、扬也，乐之末节也，故童者舞之。铺筵、席，陈尊、俎，列笾、豆，以升降为礼者，礼之末节也，故有司掌之"。礼乐之"义"是什么？就是蕴含于礼乐形式中的思想，是礼乐的精神形态，是礼乐能够成立的内在依据。

现存的《礼记·乐记》，是西周而下"乐教"成熟的作品，其中论述的主要内容关乎礼乐之"义"，突出的则是乐之"义"。如，礼乐配天地（"乐由天作，礼以地制"，"乐者，天地之和也。礼者，天地之序也"，"圣人作乐以应天，制礼以配地。礼乐明备，天地官矣"）；"声""音""乐"之辨（"知声而不知音者，禽兽是也；知音而不知乐者，众庶是也；唯君子为能知乐"）；"乐"与"德"（"德音之谓乐"，"乐者，德之华也"，"乐者，所以象德也"）；"乐"与"心""情"（"乐者，音之所由生也，其本在人心之感于物也"，"乐也者，情之不可变者也"，"致乐以治心"）；乐与政治（"声音之道，与政通矣"，"生民之道，乐为大焉"，"审乐以知政"）；"天理""人欲"之辨；"移风易俗"之功……许多思想对中国传统哲学而言具有根源性意义，这里就仅举"和"这一概念试辨析之。

　　《礼记·乐记》反复强调"大乐与天地同和"，由此引出"和敬""和顺""和亲"等"先王立乐之方"的政治、伦理目的。中国上古"和"观念的本义就是指"乐"的，这从字源上就能看出。甲骨文有"和"字，作"龢"，属形声字，字形是人在吹管状类乐器，即今"龠"字；"禾"为声部。金文亦如此。古文简化，"龢"字省作从"口"，"禾"声。篆文整齐化后有从甲骨文、有从古文，隶变后的楷书分别写作"龢"与"咊"，俗又改写成今通行字"和"。段玉裁《说文解字·龠部》中指出："经传多假'和'为'龢'。"就"和"字本义言，表示各种不同声音间之协调，从而能进行歌唱或演奏，如《国语·周语下》中曰："声音相保曰龢。"《说文》曰："龢，调也。从龠，禾声，读与和同。"《说文》中另收有"和"字，训为"相应也"；段注指出两字是音同而义略有别，即指"和"为古今字变后的引申义。［"谐"与"和"是同义字，"谐"晚出，金文中始见，作"龤"。本字与"龢"同，即"龠"，"皆"为声部；其义亦与"龢"同，《说文》曰："龤，乐龢也。从龠，皆声。《虞书》曰：'八音克龤。'"段注曰："龤训龢，龢训调，调训龢，三字为转注。龤龢作谐和者，皆古今字变，许（慎）说其未变之义。""和""谐"连用为词，先秦典籍中未见，两汉后才出现，属同义复音词。］

　　"和"字本义讲声音协调，后被引申到讲社会政治和文化的秩序和谐，进而又被引申到对自然秩序即和谐有序的宇宙观及自然观的解释。如西周末年史伯论"和同"关系，从政治问题引出"和实生物，同则不继"命题（见《国语·郑语》）。春秋时的晏婴亦有类似的观点（见《左传·昭公二十年》）。《周易·乾卦·象》中讲"乾道变化，各正性命，保合太和，乃利贞"，"太和"就是指阴阳二气相反相成的变化运动而又不失其序的和谐状态之极致。再如道家的老子讲"道生一，一生二，二生三，三生万物。万物负阴而抱阳，冲气以为和"（《老子·第四十二章》）。这是老子哲学对世界本原及万物生成的思考，道之所以能产生万物，是因为道蕴含着阴阳两个相反方面，宇宙万物都包含着阴阳正负两个方面，阴阳的互相激荡、互相作用形成"和"，"和"就是宇宙万物的本质。

总之，"和"作为中国上古思想中的重要观念之一，出现的时间远早于中国哲学突破的"轴心时代"——春秋战国时期。所以，当学术下移、诸子蜂起之时，它成为一个超越学派、被普遍认同的观念，当然，诸子各有偏重，如儒家对"和"这一观念的继承与发展，主要偏重于人伦之道、治国之道。概括中国上古"和"的观念，可认为其为当时人们对于客观事物矛盾多样性的统一在思维形式中的反映，体现有三：一、表现诸多性质不同或相对立的要素、事物所构成的统一体；二、认为相互差异对立的东西互济互补，才能达到均衡协调；三、认为只有不同的要素、成分相联结，才能形成万物。如果用现代话来解释那就是：承认差异，在差异中寻求平衡，使之并存于一体，即在保持一定张力下的差异、矛盾、对抗而又动态平衡之多元一体。

作者王祎，先后为中国古典文献学硕士、中国古代文学博士、中国古代哲学的博士后。依次师从张玉春、章培恒、徐洪兴等名师前辈。这部《〈礼记·乐记〉研究论稿》，是她在博士论文基础上修改而成的。

《礼记·乐记》研究对今天的学生说来难度较大，因为这一研究所需具备的知识背景要求很高，是一个横跨艺术、文学、文献学、历史学、考古学、哲学、宗教学、政治学、社会学、文化人类学等诸多学科的综合性研究课题。王祎能知难而上，其向学精神值得充分肯定。

本书从文献、文本、文化、哲学、文论等诸多方面，对《礼记·乐记》做出了比较全面和深入的研究，是我有限所知迄今为止国内第一部以《礼记·乐记》为题的博士论文。其中的不少观点和结论可圈可点，具有较高的学术价值，因此值得向学术界隆重推荐这一专著。

王祎目前的博士后研究工作，仍围绕着对《礼记·乐记》及古代"乐"文化的进一步深入挖掘和拓展。其研究获得了"中国博士后科学基金项目"和"国家社会科学基金项目"的立项资助，这也从一个侧面说明了她的研究课题之重要性及学术价值。我热切地期待着她的后续研究成果的问世。

是为序。

辛卯孟春之月写于蓝花教师公寓

（原载于王祎：《〈礼记·乐记〉研究论稿》卷首，上海人民出版社2011 年版）

呼朋引类

——北宋官僚集团党争

> 朋党之兴，始于君子，而终不胜于小人，害乃及于宗社生民，不亡而不息。
>
> ——王夫之《宋论》

"朋党"这个概念，按照我国最古老的字典《说文解字》中所讲，是从"朋"这个字引申假借而来的，"朋"字的原始含义是凤，凤飞而成千上万的鸟尾随其后，由此引申出"朋党"这个词（详可参见西汉许慎的《说文解字》和清代段玉裁的《说文解字注》）。从这个解释来看，"朋党"一词似无褒贬毁誉之意。但如果从战国以来的历史文献中考察，一般说来，"朋党"却是一个专门的贬义词。特别是秦汉以后，它专指官僚士大夫中那些为了自私目的而相互勾结、树立党羽的小团体。这些小团体之间的互相倾轧、明争暗斗，也就是一般所谓"朋党之争"。

过去有种误解，认为中国历史上的朋党与现代意义上的政党的性质大同小异。实际上，历史上的朋党，它们既没有严密的组织形式，也缺乏既定的结党宗旨，更不存在明确的政治纲领。大致而言，它们往往是官僚阶层的某一群人或某一类人，或由于政治利害的攸关，或因为政治见解的一致，也有可能仅仅因为志向趣味投合、出身籍贯相同这类缘故，在当时的政治斗争、权力分配、宫廷纠葛等事件中自然形成的松散的小集团。

朋党之争可以说是中国封建社会政治生活中的一个常见的事象，它与诸如宦官专权、外戚擅政、母后垂帘等事象一样，成为中国封建官僚政治中无法医治的"历史病"。每当某个历史时期出现政治昏暗、社会动荡、外患内忧等诱发因素时，它就会程度不同地"发作"起来，并与当时的其他各种社会政治因素互为因果，进而引出一系列的政治变故，深刻地影响到中国历史的发展进程。

从秦朝以后的历史来考察，几乎每个朝代都或多或少、或隐或显、或缓或烈地有党争事件的爆发，史书有记载的如，西汉有儒臣与文吏（习法律为主的官僚）的对立，大司空何武"疾朋党，问文吏必于儒者，问儒者必于文吏，以相参验"，汉昭帝时的"盐铁会议"则是这两大朋党间的一次重大的正面冲突；西汉末期，外戚王氏（王莽是其中的代表人物）一门把持朝纲，朝官和地方官多由党附王氏之人出任，大臣刘向上书汉成帝，抨击王氏"朋党比周，以营私利"。东汉中期后，外戚、宦官、官僚士大夫各自结成帮派部党，展开了极其激烈的争斗，最终导致了两次残酷的"党锢之祸"的出现。西晋有以贾充、荀勖为代表的一党，与庾纯、张华为首的一党之交争。北魏有以崔浩为首的汉族官僚士大夫，与鲜卑族勋贵国戚的殊死较量。唐朝有张说与宇文融的两党之争，有元载、杨炎与刘晏、卢杞的两党之争，最出名的则是分别以牛僧孺和李德裕为首的"牛李党争"，此外还有朝官与宦官之间的"南衙北司之争"等等。五代十国时的南唐，有以宋齐丘为首的一党，与以孙晟为首的一党之争斗。宋代之后，元朝的蒙古贵族的派系之争常常导致刀兵相见和皇位易主。元朝中后期从元武帝至元顺帝的仅25年间，竟走马灯似的换了8个皇帝。明朝刚立国就出现所谓的胡惟庸、蓝玉"党案"；内阁制取代宰相制后，阁臣间争权夺利的党争几乎没有停止过，突出的如黄淮与解缙之争、张璁与夏言之争、夏言与严嵩之争、严嵩与徐阶之争、高拱与张居正之争、沈一贯与沈鲤之争、温体仁与周延儒之争等等，但最典型的则是万历朝的"东林党人"与魏忠贤"阉党"之间的严酷斗争。清朝前期有冯铨一党与陈名夏一党的争斗，有索额图一党与明珠一党的争斗；鸦片战争之后则有洋务派与守旧派、维新派的争斗，有"帝党"与"后党"的争斗，有"清流"与"浊流"之争等等。以上所举的这些，还仅仅是举其大者而言之，至于不太明显的一些小打小闹，那真可谓是无时不有，实在无法——具体道来。可以这么说，朋党与朋党之争几乎与中国的封建官僚政治结下了不解之缘，并与中国的封建社会共相始终。

同样，在北宋的历史上，朋党之争的现象也非常突出。前有寇准、王旦与王钦若、丁谓的较量；中有范仲淹、欧阳修等与吕夷简、夏竦等的"党议"；以后又有司马光等与欧阳修等的"濮议之争"，以及苏东坡等与程颐等的"蜀洛党争"；最为激烈的争斗，当推以王安石为代表的"新党"，和以司马光为代表的"旧党"之间，因"变法"和"反变法"而展开的党争。这些大大小小的党争，深刻地影响了北宋历史的演进，对北宋的盛衰起到很大的影响。

此外，还值得一提的是，北宋不仅党争多，而且还有不少士大夫对朋党问题发表专门的论述。比较有名的如：王禹偁的《朋党论》、欧阳修的《朋党论》、司马光的《朋党论》、刘安世的《论朋党之弊》、苏东坡的《续朋党论》、秦观的《朋党》上下篇等。其中最出名的，无疑当推欧阳修的《朋党论》。这一现象，在中国历史上也堪称一绝。这里我们就来看看北宋的朋党之争，并总结一些历史的经验教训。

北宋一朝的大小党争不少，但如果从性质上来归一归类的话不外乎两类：一类是某些官僚士大夫试图更张政治、革除弊端而遭到另一部分官僚士大夫的反对，于是互相攻击排斥，交争不已；另一类政治色彩并不浓，仅仅因地域关系、乡土观念，或者师生之交谊、治学之风尚的区别，甚至一些微不足道的小事，官僚士大夫之间形成几个不同集团，逞一时意气而展开争斗。应该说，这两类党争中，前一类无疑是占据主导地位的。因此，我们的述论也主要集中在前面一类，对后一类则稍做介绍。

北宋围绕着变革与反变革而展开的朋党之争，前后共发生过两次，而且每次又经历了几个反复的阶段。第一次发生在仁宗朝，从"范吕之争"肇端，经"庆历新政"，终沦为"庆历党议"；第二次开始于神宗朝的"熙宁变法"，经哲宗朝的"元祐更化"及"绍圣绍述"，最后是徽宗朝蔡京当道后的"元祐党案"。

一

要讲"庆历党议"，首先得从"范吕之争"说起。

所谓"范吕之争","范"指北宋名臣范仲淹,"吕"指当时的宰相吕夷简。范仲淹是中国历史上的名人,他的词《秋思》,他的文《岳阳楼记》,都是传唱千古的佳作。尤其是他在《岳阳楼记》中所抒发的高尚情操更令人敬仰:

> 不以物喜,不以己悲,居庙堂之高则忧其民,处江湖之远则忧其君。是进亦忧,退亦忧。然则何时而乐耶?其必曰"先天下之忧而忧,后天下之乐而乐"乎!

范仲淹其人,注重学问修养,为人正直,为官廉洁,忧国忧民,敢说敢做,属于中国封建社会中受儒家正统思想熏陶、典型的耿直派官僚士大夫。吕夷简其人,老于世故,精于做官之道,为人明哲保身,为官不求有功但求无过,他其实也算不上是一个坏到极点的奸臣,充其量只能算是中国封建社会中那种常见的、庸庸碌碌的官场政客罢了。

"范吕之争"早在宋仁宗的明道二年(1033)就已经开始。当时,由于宋仁宗废黜皇后郭氏这件宫闱小事,范仲淹反对,而吕夷简支持,所以吕夷简就借仁宗之手把范仲淹贬官外放。3年之后,范仲淹又升迁加官任权知开封府事(首都开封的市长)。这时吕夷简正在担任宰相,他利用手中的权力,专门任用一批庸碌无能、只会拍马溜须的人为官。吕氏这种做法的目的很简单,就是不想让比他强的人出头,从而自己也就可以安坐相位了。而范仲淹对吕夷简的这种做法非常不满,于是爆发了第二回合的范吕之争。范仲淹有一次借机会向宋仁宗提出,吕夷简任用和升迁官员的做法有问题,他特意画了一幅《百官图》,指着图对宋仁宗讲,怎样才是循序升迁,怎样则是越级而进,怎样才是公平的,怎样是出自私心,揭露吕夷简在用人问题上的营私舞弊。不久,范仲淹又专门写了四篇文章,专讲历代宰相专权而导致国家败亡的事例,借古喻今地提醒宋仁宗警觉。吕夷简此时正炙手可热,许多人都不敢得罪他,范仲淹居然如此直言不讳地指责他,受到了不少官僚士大夫的好评。而吕夷简则为此火冒三丈。他凭借多年为官揣摩出的经验,深知帝王最恨也最怕的就是臣下结成朋党,于是就用这个"法宝"来打击范仲淹。他在宋仁宗面前攻击范仲淹"迂阔好名",并指控他"越职言事"(因为当时范仲淹说这些话属于谏官的职责范围,而范仲淹不是谏官),还"荐引朋党,离间君臣"。宋仁宗一听范仲淹在搞"朋党",就马上把他贬职外放了，还在朝堂上张贴榜文，告诫百官不得结为朋党和越职言事。

这件事在朝臣中引起了很大的议论，一些不依附吕夷简，又敢于说话的官僚纷纷出来为范仲淹鸣不平。集贤校理余靖上言，范仲淹不当贬职，朝廷贬逐敢于言事者，是想钳制天下人之口。余靖由于顶风上言，也马上被贬外放。馆阁校勘尹洙又上疏为余靖辩解，说余靖与范仲淹素无瓜葛，只是秉公说了几句话就被贬职，自己与范仲淹"义兼师友"，自请外贬，尹洙于是也被外贬。余、尹所犯的据说就是"越职言事"之罪。当时的情况只有监察机构的谏官和御史才有权说话，但这批人慑于吕夷简的权力，都不敢出来说话。更有甚者，一个名叫高若讷的谏官，还附和吕夷简而批评范仲淹。馆阁校勘欧阳修气愤不过，给高若讷写了一封信，痛斥他身为一个谏官，不仅不出来为范仲淹辩白，还要附和权贵，诋毁范仲淹，"真不知天下还有羞耻的事情！"高若讷恼羞成怒，把欧阳修的信上交宋仁宗。于是，欧阳修又被贬职外放。

首都开封大治"朋党"的消息传开后，北宋著名书法家、当时任西京留守推官的蔡襄，写了一首政治讽喻诗，题名为《四贤一不肖》，"四贤"是誉范仲淹、余靖、尹洙和欧阳修，"一不肖"是讥刺高若讷。此诗一出，马上被传抄开来，京城士人争相购买，书贩子因此大发其财，甚至连辽国的使臣也买了回去，贴在专门接待宋朝使臣的宾馆里。当时还有一些官僚士大夫也支持范仲淹等人。如范仲淹离京时，天章阁待制李弦、集贤校理王质置酒为范仲淹饯行，王质还陪伴了范仲淹几天。有人笑王质太傻，他却说："范仲淹是个贤者，能成为他的'朋党'是我的荣幸。"光禄寺主簿苏舜钦这时居家守丧，他也冒哀上书，极论范仲淹等人不当被贬职。

范吕之争的实质，是力图改革的新生力量与把持朝政、因循偷安的守旧势力之间的斗争。"朋党"本是吕夷简等加在范仲淹等人头上的"帽子"，可结果反倒促成了他们之间的联系和团结。以范仲淹为代表的一批30多岁的年轻官僚士大夫，通过这次斗争反而名声大振，成为人们交口称赞的"名士"。

公元1038年，雄踞中国西北的党项族酋长元昊自称皇帝，建立起西夏政权，2年后开始入侵宋境。素无战斗力的宋军难以抵御，连吃败仗。宋仁宗在走投无路的情况下，只好起用能干的范仲淹来对付西夏军队。通过几年的时间，在作为边帅的范仲淹、韩琦的努力下，北宋基本上控制了边境的局势。这时北宋王朝的各种弊病日益严重：官吏越来越多，办事效率却越来越低；国家的财政本已十分拮据，宋夏战争又使得军费开支直线上升，压得北宋政府喘不过气来；国内又因为赋税太重而屡屡激起民变、兵变。面对这一系列的矛盾，庸碌苟且的宰相吕夷简实在无法应付。因此，宋仁宗只得在庆历三年（1043）罢去了吕夷简的相职，起用范仲淹等一批锐意改革的"名士"来收拾这副烂摊子。范仲淹被封为参知政事（副宰相），富弼、韩琦、欧阳修、余靖、尹洙、蔡襄、苏舜钦等范仲淹的好朋友，也都被调回京城，中国历史上的一次小有名气的政治改革运动——庆历新政，就此拉开帷幕。

庆历三年八月，宋仁宗把范仲淹、富弼请到皇宫内的天章阁，询问他们的改革设想。范仲淹经过考虑后提出了 10 点意见，其中最关键的是改革吏治，整顿官僚机构，其内容包括加强对官吏政绩的考核、裁汰无能的官吏、限制高级官员"恩荫"子弟为官（免科举考试）的人数、延长官员升迁的年限、严格官吏的选拔考试、加强对后补官员即青年士子的教育等等。以上这些确实是北宋王朝亟须解决的问题，但这又将触犯一大批既得利益者，也就是在朝官吏的利益，于是攻击范仲淹等结党营私的诽谤也就随之而来。当时，吕夷简已经退休了，夏竦就成为攻击范仲淹等人的首领。夏竦曾经是一个担任枢密使（高级军事职务）的文官，他在宋夏战争中畏懦偷生，老打败仗，结果被罢去军职，由范仲淹取而代之。夏竦对此一直耿耿于怀。范仲淹等上台时，在国家最高学府——太学任教官的石介，曾写过一篇名为《庆历圣德颂》的长诗，性质与蔡襄的《四贤一不肖》很相似。在诗中，石介对范仲淹等人大大称颂了一番，而把夏竦的罢职称为"大奸之去"。夏竦对此恨得咬牙切齿，始终伺机报复，"朋党"这把刀子又被重新磨了起来。

一开始，夏竦勾结宦官蓝元震，让蓝在宋仁宗身边吹风，攻击范仲淹等交结"朋党"。蓝元震对宋仁宗说了一套耸人听闻的话："现在有不少人在议论，说过去被贬职的范仲淹、欧阳修、尹洙、蔡襄等又回来了，他们结为同党，把国家的爵禄当作私人的恩惠，荐引赞成自己意见的人。如果一个人的'私党'有十个，五六个人就有五六十个，这样不出两三年，国家的要害部门都要被这批人占据了。"宋仁宗对此当然颇为担忧，但又想让范仲淹等人做事，所以这次没有采取行动，只是把范仲淹叫来，专门就"朋党"问题问范仲淹。范仲淹对此很不以为意，反而还提出了一个"君子有党"的观点，他说："人以类聚，物以群分。在边境上，勇敢的人结为一党，胆小的人也结为一党。自古以来，朝廷官僚有邪有正，正人结为一党，为国家做好事，有什么不好呢？"欧阳修也在这时发表了他那篇著名的政论文章《朋党论》，在文中，欧阳修比范仲淹更系统、更透彻地论述了"君子有党"的观点，他认为：君子都以道义相同的人为朋党，小人却以利害得失为朋党，但真正能成为朋党的只有君子。因为，君子守道义，重名节，行忠信；而小人唯利是图，一切以利益得失为转移，一旦利益没有了，其交往也就疏远了，更有甚者还会相互争斗陷害，他们不可能成为真正的朋党。这番话说得振振有词，但宋仁宗对此却始终抱有戒心，唯恐范仲淹等成为皇权的威胁者。

不久，夏竦又进一步编造了一个所谓的"阴谋政变案"。他令自己的女奴模仿石介的笔迹（石介的书法颇怪异，易认也易模仿），给主张改革的另一要人富弼写了一封信，其中谈到西汉权臣霍光废立皇帝之事，并要富弼行霍光之举，还伪造了一份石介代富弼写定的废立诏书。谣言传进了宫廷，宋仁宗虽然并不相信，但对范仲淹、富弼等人也冷落了下来。范、富等人的政治变法，所借重的无非就是皇权，一旦失去了皇帝的支持，改革也就搞不下去了。此时，关于"朋党"的议论也越来越盛，范仲淹为避嫌疑，主动请求出京巡边。

接着，反对"新政"的一批官僚士大夫又借一件微不足道的小事，对改革派发起最后的攻击。事情是这样的：苏舜钦是范仲淹的好友，又是支持"新政"的宰相杜衍的女婿，范仲淹上台后推荐他担任了进奏院的官员。这一年，苏舜钦依据原来的惯例，把进奏院的废纸卖了，钱就用在了赛神会的请客上，还请女伎来表演和劝酒。这件事成了反对派的口实，他们上告苏舜钦，说他犯了"盗卖进奏院故纸"罪，把参加宴会的12个人全抓了起来。结果苏舜钦被判除名（终身不得为官），其余的参加者都被贬职外放。当时主谋这一事件的御史中丞王拱辰得意忘形地说："这下给我一网打尽了!"

此时,宋夏战争已基本结束,宋仁宗觉得局势和缓了,对更张政治也就失去了兴趣。于是他再次下诏书,戒百官交结朋党。庆历五年(1045)正月,范仲淹、富弼、韩琦、杜衍等改革派人士,相继被罢去京职,改任地方官。一场酝酿多年才勉强开展起来的政治改革运动,就这样在严防"朋党"的一片喧嚣声中,轻而易举地就宣告失败了。北宋王朝的一切,又恢复到"新政"以前的老路上去了。

二

"庆历新政"实施不到一年就夭折了,北宋王朝这辆破车,依旧在崎岖不平的古道上颠簸着。宋仁宗在庆历之后的 20 年里,终日深居后宫,耽溺于飞觞和歌舞之中,再也不愿问津国计民生。宋仁宗死后,英宗赵曙即位。宋英宗倒是一个"有性气,要改作"的人,但可惜他只是历史舞台上的一个匆匆过客,在位仅仅 4 年,且首尾两年又是病魔缠身。所以,宋英宗的政治抱负,只能落在他儿子宋神宗的身上。

宋神宗 20 岁继位。他朝气蓬勃,很想有所作为,革除天下的积弊。他上台后不久便问当时已经是宰相的富弼,如何才能使国家富强起来。可是在经历了 20 余年的宦海沉浮之后,富弼早已把庆历时期的锋芒消磨殆尽了,他只是说:这只能慢慢来,20 年内不要谈对外用兵。富弼的想法实际代表了当时一批元老重臣的意见,这使得宋神宗大感失望。在宋神宗看来,"当今理财最为急务",即首先必须解决政府的财政危机问题。这时,一个在当时官僚士大夫中颇孚众望的人物——王安石,引起了宋神宗的注意。王安石应该说也是个三朝元老,他才华出众,能言善辩,不仅诗文写得好,思想极敏锐,而且在政治上也很有抱负。当时有不少人认为,如果起用王安石,国家马上就可以得到太平,老百姓也肯定会得到好处。王安石的政治主张是进行激进的、全面的改革。早在宋仁宗时,他就以一个地方小官的身份上《万言书》,提出宋初以来的传统政策早已不能适应国家的现实局势,只有把这些旧法度加以改革,才能改变北宋所面临的艰危处境。在经过了与王安石的一席长谈后,宋神宗觉得王安石与自己的意见不谋而合,于是决定把王安石召入政府，封为宰相，倚靠他来变法立制，富国强兵，改变北宋"积贫积弱"的现状。

一场比"庆历新政"改革规模大得多的变法运动，在王安石的主持下开始了。从宋神宗熙宁二年（1069）起，王安石先后制定出了一系列"新法"，其内容牵涉面相当广泛，包括国家的经济、政治、军事、教育等许多层面的具体问题，其中最关键也是遭到反对最多的就是有关财政制度方面的改革。这些具体内容，这里就不谈了，我们还是围绕着朋党之争方面的问题来考察。

对王安石"新法"的反对意见，主要来自以司马光为首的一大批"名臣""老臣"。司马光也是中国历史上的一个名人，尤其是历史巨著《资治通鉴》使他青史留名。在资历、声誉、性格等许多方面，司马光与王安石有颇多相似之处，他们不仅是同僚，而且在很长时间里还是朋友，互相都十分尊重对方。不过两人在思想方法上却迥然不同，王安石思想活跃且激进，勇于标新立异；司马光则虑事慎密，沉稳持重而不喜创新。由此导致了两人在政见上的重大分歧。司马光实际上并不反对所有的政治改革，在王安石变法之前，他曾多次提出要改革官制、兵制、役法、选拔人才的制度等建议。但是，司马光的政治改革主张是温和的、渐进的，并反复强调要以儒家的"仁政""德政"作为改革的出发点和归宿。而王安石则主张激进变法，大刀阔斧，一揽子解决，并且，他的政治思想较多地来源于中国先秦的法家而不是儒家，尽管王安石基本上还属于一个儒家的学者。

王安石"新法"出台后不久，就遭到了司马光、富弼、文彦博、范镇、程颢、苏东坡兄弟、欧阳修等一批当朝名臣的反对。他们认为，"新法"不仅不能改变旧弊，反而还会引出新的弊端。其中司马光的反对最激烈也最具代表性，他指出：王安石的财政改革实际是"聚敛"，即用各种办法巧立名目，把民间的财富搜刮到政府来。这种做法的结果固然会使一些富人受到一些损失，但这种人照样过得下去，可对广大平民百姓而言危害就要大多了，因为他们本来就很穷，现在就会更加穷。所以，"新法"完全违背了儒家"爱民""保民""利民"的一贯主张。司马光认为，要使国家富起来，首先应该是让老百姓富起来，百姓富了国家自然也就富了。改革财政是需要的，但办法应该是从节省国家开支着眼，裁减各种"冗费"，而不应该伸手向下面要钱要物，加重下层民众负担。

　　基于以上认识，司马光给王安石连写了三封信，以一个朋友的身份直言不讳地谈了自己的看法，对王安石提出了严厉的批评，但同时也承认王安石改革的立意是好的，是想使国家摆脱困境，他们之间目标一致，只是方法不同而已。王安石读了司马光的信后，写了一封简明的回信，逐条驳正司马光的批评，同时也认为自己在私交上与司马光相处得不错，只是在讨论国家大事时意见总是不合，这是方法不同所致。两人的观点没有调和的余地，司马光就不再做进一步说服的努力，而反对的态度则日趋激烈，利用一切机会宣传自己的主张，批评王安石的观点。当时有不少官僚士大夫支持司马光，因而形成了一股很强的政治势力。再说王安石，他对变法将会遭到种种阻力早有预料，他曾提出著名的"三不怕"原则："天变不足畏""祖宗不足法""人言不足恤"。他坚定地顶着反对"新法"的浪潮，继续实行既定的变法。两派意见至此已经水火不容，司马光见自己的主张不为宋神宗所支持，于是提出辞呈，到洛阳去撰写他的《资治通鉴》。其他官僚也纷纷效法，辞去京官，请求外放。当大批官员去朝后，王安石为了保证变法能顺利进行下去，起用了一批支持变法的新人，由他们担任各种政府要职。当时人就把这批人称为"新党"，而反对派则成了所谓的"旧党"。朝廷成了"新党"的天下后，一系列"新法"陆续颁布，全国处在一个改弦更张的高潮之中。"旧党"虽然败下阵来，但并没有放弃斗争，他们仍从地方上不断提出反对意见。

　　"新法"实施了几年，确实收到了一定的效果，国家的财政出现好转。然而，老百姓的抱怨之声却日渐高涨。因为，从理论上讲"新法"是行得通的，但在实际的操作过程中却存在着许多难以克服的困难。再加上在具体执行"新法"的官吏中，有不少人借机敲诈勒索老百姓，所以"新法"给百姓带来许多痛苦。这时，"新党"内部又发生了分裂。在王安石起用的新人中，有不少是投机钻营分子，他们借拥护变法而牟取私利。如吕惠卿，他是王安石一手提拔起来并倚为左右手的人，但当他的官当大了（任副宰相），就有了取王安石而代之的企图。熙宁九年（1076），王安石的爱子死了，他非常悲伤，又加上"新党"内部的分裂，宋神宗也不如以前那么全力支持他了，于是他力请罢相，退居江宁（今江苏南京）度其余生，但

"新法"仍在继续推行。

元丰八年（1085），宋神宗病故，不满 10 岁的宋哲宗继位，改年号为"元祐"，由祖母太皇太后高氏垂帘听政。高太后一直是反对变法的，而且又特别器重司马光。她秉政后立即召回被贬到洛阳去的"旧党"领袖司马光，封他为宰相，由他来主持废除"新法"。司马光把刘挚、范纯仁、吕公著、苏东坡兄弟、文彦博、李常等一批反对"新法"的官僚统统调回京城，全力以赴地进行罢废工作，决心把一切都恢复到宋神宗即位以前的老样子去。然而，"新法"中虽然存在不少"扰民"的内容，但也有一些是相当不错的，而且施行几年来效果一直很好。司马光不管好坏，一概予以废除，这就难免引起不少人的非议。这时"新党"人物都已被贬出朝，所以反对者主要是一些"旧党"人物，如苏东坡、范纯仁、吕公著等。他们认为对"新法"主要是纠正其弊端，不一定要全部废除，一些好的内容还可以留下来。对这些意见，司马光一句也听不进去。他在这方面的性格与王安石极相似，当王安石坚持变法时，对什么批评意见也不听，人们背后骂他"拗相公"，即指王安石脾气执拗，谁劝说也没有用。司马光在废除"新法"时同样如此，一意孤行，意气用事，以至于苏东坡气得骂他为"司马牛"，形容他固执得像牛发脾气一样。

第二年的九月，司马光病逝，王安石则比他早五个月在南京去世。元祐八年（1093），高太后死，16 岁的宋哲宗开始亲政。年轻的皇帝对老祖母干涉国政早就不满，这时便改年号为"绍圣"，意即表明他要继承其父亲的遗志和遗业。宋哲宗起用了章惇、曾布、蔡卞、蔡京等"新党"人物，恢复"新法"。同时"新党"开始对"旧党"展开大规模的报复。他们把元祐旧臣统统排斥，重的贬到岭南去，轻的贬到近地，连已经死了七八年之久的司马光也被追夺官秩和封号。有人甚至还提出要开棺鞭尸，毁掉《资治通鉴》，宋哲宗对这些建议没有采纳。

元符三年（1100），宋哲宗死，宋徽宗继位。"新党"中比较正直的章惇因曾反对过徽宗继位，所以宋徽宗上台就把他贬除了，起用蔡京为相。蔡京的弟弟蔡卞是王安石的女婿，他们都属于"新党"中人。不过蔡京是一个一再变节、投机取巧的政客。当司马光下令要在五天之内撤除某一"新法"（募役法）时，"旧党"中人都认为时间太仓促而难以办到，唯独当时担任开封市长（知开封府）的蔡京办到了，以至于司马光还号召"旧党"中人向蔡京学习。蔡京掌大权后，再次下令全面实行"新法"，但这不过是他的一种宣传手段罢了，并不认真执行。他所认真执行的是打击一切政敌。不仅继续打击"旧党"人士，而且对章惇、曾布、张商英等"新党"人士也同样予以严厉打击。他宣布包括"旧党""新党"在内的 309 人为"奸党"，让宋徽宗用他出名的"瘦金体"书法亲笔书其名，刻石于宫门之前，称之为"元祐党人碑"，并下令全国各地也要刻这种"党人碑"。他极尽能事对其政敌进行了残酷的迫害。不久，"新法"又被全部取消，一切恢复原状，而实际上比原状更糟，北宋王朝的末日也因此为时不远了。

三

关于北宋官僚士大夫中另一类朋党之争，这里试举三例。

其一，北宋前期王旦、寇准与王钦若、丁谓之争。众所周知，北宋由北方统一南方，政府大权基本掌握在跟随赵氏兄弟打天下的中原人士手中，而南方籍官员大多是归附的降臣，一时根本无法与北方的官僚士大夫相抗衡。据说，赵匡胤曾亲书"南人不得坐吾此堂"，刻在宰相办公的政事堂石碑上。到了宋真宗时代，新一代南方官僚成长起来，并开始与北方官僚争夺政治地位，于是双方展开了较量。真宗欲以江西新喻（今江西新余）人王钦若为相，这就遭到了北方籍大臣的极力反对。当时的重臣寇准（陕西渭南人）、王旦（山东莘县人）就是北方官僚的代表人物，他俩都曾担任过宰相之职。王旦就此事对宋真宗说："我看祖宗朝从来没有南方人当国（为相）的。虽然古人曾有立贤无方之说，但这仅适用于贤士。我作为宰相，不敢排斥别人，说的只是公论。"这里所谓的"公论"，实际是北方官僚士大夫的公众舆论。一直等到王旦死后，王钦若才做了宰相，王钦若逢人就说："王旦一句话，迟了我十年做宰相。"寇准是北宋前期的名臣，他在宋辽"澶渊之盟"中起过重要作用。但他对南方士人有极其深的偏见。如晏殊是中国文学史上的有名人物，他 14 岁应"神童试"，真宗非常赏识他的文才，赐同进士出身。寇准对此极力反对，理由仅仅是晏殊是"江外人"，即指他是江西抚州人。真宗最后没有理寇准。又如当时江西新喻人萧贯科举考试第一名，寇准正是此次考试的主考官。他便硬把萧贯拉为第二名，而把山东平度人蔡齐拉上来做状元，理由是"南方下国，不宜冠多士"。事成之后，寇准洋洋得意地对其同僚说："我又为中原夺得了一个状元！"寇准与当时的南方籍重臣丁谓（江苏苏州人）也始终合不来，他们之间遇事必争，甚至连语音问题也要争一争。寇准坚持认为，西安、洛阳为天下之中，所以语音最为纯正；丁谓则指出，各地都有方言，唯有读书然后为正，即读书人的发音正确。倘若撇开政治分歧来看的话，显然丁谓的意见是可取的。

其二，宋英宗时期的"濮议之争"。宋仁宗膝下无子，当了40余年皇帝后死去，由堂兄濮王赵允让之子赵曙继位，是为宋英宗。英宗为帝后便遇到一个问题，即应该怎样称呼其生父。这本是一件小事，但当时的许多士大夫却认为是非常重要的大事，于是出现了两派意见，双方争得不可开交。一派以司马光、王珪为代表，提出英宗既然继承了宋仁宗的皇位，就应该称仁宗为"皇父"，而称自己的生父为"皇伯"。另一派以欧阳修、韩琦为代表，他们认为，自古以来没有称自己生父为"伯"的道理。这里，司马光等所强调的是传统宗法制度中的"大宗"与"小宗"之别，而欧阳修等则是从人之常情出发力辩。双方争到后来变成互相攻击谩骂，支持司马光观点的吕诲、范纯仁、吕大防等骂欧阳修、韩琦为"小人"，甚至请求将两人处以极刑。可是最后宋英宗并不接受他们的建议，反而接受称自己生父为父亲的意见。吕诲等人于是力求辞职外任。

其三，宋哲宗时期的"蜀洛党争"。司马光死后，"旧党"内部也马上分化了，形成了以理学家程颐为首的"洛党"、以苏东坡为首的"蜀党"和以刘挚为首的"朔党"，这三党的名称是由其代表人物的籍贯而来的，各党基本是由同一籍贯的官僚士大夫或师生渊源组成的。其中"洛党"与"蜀党"的交争相对激烈，而"朔党"则依违于其间。当时，已经不存在"新法"的存废问题，因此三党之间实无原则性的分歧，仅仅是为了地域乡土之别、治学风格相异或者师生关系等这些无谓的原因而展开争斗。如司马光病逝时，政府官员正集体参加一项国家的庆典活动，他的死讯传来，许多人认为应该马上去吊丧。"洛党"的程颐却极力反对，他提出："孔子说过，哭的那一天是不能有歌唱之类的欢乐的。现在正搞庆典，已经唱过歌，所以不能去。"苏东坡就站出来反对说："孔子只说过哭的那一天不能唱歌，但并没有说过唱歌欢乐的那一天不准哭。你的那一套规矩不是孔子的，只是西汉初年的叔孙通发明出来的怪礼。"程颐觉得自己受到了很大的奚落，于是一直想报复。不久，他让自己的学生贾易、朱光庭出面弹劾苏东坡，说他在主持考试时存心出诽谤政府的题目。"蜀党"当然也不甘示弱，起而反击。当时正好"朔党"的刘安世也与"洛党"交恶，他上奏说程颐等五人交结执政者弟子，时人骂他们为"五鬼"。"蜀党"的孔文仲趁机弹劾程颐，说他阴险奸诈，是"五鬼"的首领，这种人理应贬职外放，决不能让他留在京师。最后"洛党"在这个回合中失败了，程颐只能卷起铺盖出京城。就这样，三党中人经常是这部分人出中央，那部分人入中央，出出入入，而对国家政事则置于不顾。

四

北宋一朝的朋党之争为什么会这么频繁？这是一个比较复杂的问题，这里我们仅从政治制度、地域分野和思想传统三个层面略做分析。

首先从北宋的政治制度来考察。大家知道，赵匡胤在"陈桥兵变"后"黄袍加身"，从历史的借鉴及亲身的体验出发，他意识到武将的拥兵自重是中唐以来政局动荡、战祸频仍的根源。因此北宋伊始，他便"以防弊之政，为立国之法"，采取了"重文轻武"的既定国策。这一点他虽然做到了，但由此却又引出文官是否也会擅权的问题。从历史事实来看，宋初的皇帝们对文官也不放心，因为整个国家机器的具体运转毕竟掌握在这批人手里。宋太宗就说过这么一番令人回味无穷的话："国家没有外忧也会有内患。外忧不过是边防的问题，这是明的，可以预防。但内患却是暗的，因为奸臣的脸上并没有写字，这是最可怕的。所以，皇帝的心思必须常常放在谨防内患上。"于是，北宋初期又制定了种种防范文臣的制度，如分散文臣之首宰相的权力，宰相只能负责行政事务，而由枢密使管军事，三司使管财政，采取名与实相分、职与权相分的官制，形成了"官""职""差遣"等一套非常复杂的制度。尤其值得指出的是，宋朝的皇帝还特别鼓励官吏之间互相检举弹劾。宋朝仅官吏监察机构就设了两个，一是"御史台"，一是"谏院"，两者的任务完全相同，就是监控文臣。然而"谏院"按照以往朝代的制度规定，本应该是负责给皇帝提意见的，现在性质却发生了明显的变化。而之所以要设两个监察机构，道理也很简单，那就是一旦其中的一个被"野心家"操纵，另一个还可以照常发挥作用。此外，监察官又被许以特权，可以检举任何一级的官吏，而检举时也不一定要有真凭实据，允许"风闻言事"，即道听途说的内容也行。即便检举错了也不会受什么大的处罚，充其量不过是贬官外放而已，贬出首都开封，到地方上去担任知州（州长）、通判之类的官，过不了多久照样可以迁升。这与其说是一种处罚，还不如说是一种奖赏，以鼓励官僚士大夫勇于说话，博得"不畏强暴""正直忠良"的美名。总之，宋初的一切防弊之举，虽然解决了不少旧弊端，却也造成了许多新弊端，其中也包括为朋党之争的频繁提供了条件。比方说，文官人数的激增，使朋党的纠结十分方便；允许"风闻言事"的检举，则开启了文人逞笔舌之能苟议政治的风气，也激发了一些喜欢意气用事的官僚士大夫好争论的恶习，使他们会为一些实际上无关痛痒的琐事而争得面红耳赤、不可开交。

其次从地域分野上考察。中国传统上就有重乡土的习惯，俗话所谓"老乡对老乡，两眼泪汪汪"。与其他人群一样，中国的封建官僚士大夫是比较重所谓的"乡谊"的，他们身上同样留存着相当重的地域文化的"基因"，除了一般的政治认同、文化认同之外，他们也具有地域认同，这与地域经济、政治的权益又纠葛在一起。中国封建官僚士大夫的地域分野又有大小之分，即现在人们还在说的"小同乡""大同乡"之别。由地域的分野，又往往会引出他们之间的地域冲突，这种冲突也是多方面的，如社会风俗、治学倾向、文化传统不同等，政治冲突可以说只是其中的一个层面。从中国古代的历史过程来看，官僚士大夫的地域冲突主要表现为南北冲突。大而言之，自三国鼎立经西晋的"永嘉丧乱"、中唐的"安史之乱"以后，冲突的焦点地区以黄河流域与长江流域为主，再具体点说则是以黄河中下游地区与中国的东南地区为主。前面提到的寇准、王旦与王钦若、丁谓的争斗就是一例。再如宋神宗时期的"新党"与"旧党"之争，虽然其主旨在于变革与反变革，但实际上其中也含有地域之争的成分在内。这只需看一看两党重要人物的出生籍贯就可一目了然："新党"中的王安石是江西抚州人，吕惠卿是福建泉州人，章惇是福建浦城人，曾布是江西南丰人，沈括是浙江杭州人，蔡卞和蔡京兄弟也是福建人；"旧党"中的司马光是陕西夏县人，文彦博是山西介休人，富弼及程颢与程颐兄弟是河南洛阳人，韩琦是河南安阳人，韩维是河南杞县人。另外一些较次要的人物我们不再一一列举。当时，司马光在上书反对王安石变法时，曾就地域问题发过议论，他说："闽人狭险，楚人轻易。"这里的闽人即指福建籍人，楚人则指江西人。其所指非常明显，就是针对王安石、吕惠卿等人的籍贯而发出攻击，认为宋神宗援引南方人士实施变法，将使朝中的士风、民间的习俗失去淳厚。司马光与吕惠卿在宋神宗面前争论变法时，乃至拉拉扯扯要打起来，宋神宗也看不下去了，说："大家讲是非吗，何必这样呢！"事后，旁人都说："一个陕西人，一个福建子，怎么合得来！"与司马光等"旧党"过往甚密的理学家邵雍，尽管隐而不仕，但也反对新政。邵雍似乎有点"妖气"，"能预知未来"，他在洛阳天津桥上散步，听到杜鹃声叫就叹息道："不出三五年，皇上将用南士为相，多引南人，专务变更，天下自此多事矣！"别人问他何以然，他的理论很怪："天下将治，地气自北而南；将乱，自南而北。今南方地气至矣，禽鸟飞类，得气之先者也。《春秋》书'六鹢退飞''鸜鹆来巢'，气使之也。自此南方草木皆可移，南方疾病瘴虐之类，北人皆苦之矣。"如果知道邵雍的籍贯是河北涿县（今河北涿州市），那么他的那套"怪论"就不难理解了。随着南方读书人不断大量涌入政界，北方籍官员还提出了科举考试南北分卷，宋哲宗朝就开始施行，特许齐、鲁、河朔五路士人考试成绩可以低于南卷标准而中进士，以保证北方士人参政的机会。这一现象的出现，又与中国历史上经济、文化重心的南移趋势相关。这里就不展开论述了。

最后从思想文化的传统来考察。中国官僚士大夫从小所受的正统教育就是儒家的"四书五经"，所以，他们不能不受到儒家思想的影响。这里，我们仅就一点而言，那就是孔子关于"君子""小人"区分的思想，在官僚士大夫的心中可谓根深蒂固、深入人心。众所周知，孔子对"君子""小人"有十分严格的区分，这是孔子"善者褒之，不善者贬之"最常用的一对概念，据统计，在《论语》一书中，"君子"共出现过107次，"小人"出现过24次，而其中两者对举的就有近20次之多。在北宋的朋党之争中，

"君子"和"小人"往往就成为一种常用的标签,而"君子之党"与"小人之党"的区分,大抵可视为北宋朋党之争的传统思想的基础。当然,对这种区分我们要分别来看待。如"庆历党议"之时,基本上是以范仲淹、欧阳修为首的一群"君子",展开对吕夷简、夏竦为首的一群"小人"的攻击,以及后者对前者的反击。而"新党"与"旧党"之争的问题就比较复杂,很难做出区分。不过,司马光对王安石的攻击,其立论的依据还是"君子"与"小人",他在给王安石的一封信中,引孔子弟子樊迟请学种田、孔子鄙之为"小人"之例比附王安石的变法,说:"使彼诚君子,则不能言利;彼诚小人,则困民财是尽,以铁上之欲,又何从乎?"这其实是对孔子"君子喻于义,小人喻于利"思想的具体展开。再如司马光在其名著《资治通鉴》中以"臣光曰"的形式,借对唐朝"牛李党争"事件所发的议论也进一步阐发了他的"君子"与"小人"之辨的思想:"夫君子、小人之不相容,犹冰炭之不可同器而处也。故君子得位则斥小人,小人得势则排君子,此自然之理也。"这一论述,也可视为范仲淹、欧阳修等"君子有党"理论的继续。以上只是就北宋党争的主要方面来看的,其实,即使在一些无关大事的党争中,北宋的官僚士大夫也往往要用"君子""小人"来对某一党贴标签。

五

北宋一朝朋党之争的持续不断,引出了不少很坏的后果。

第一,朋党之争对北宋士林风气的败坏起到了催化剂的作用,一些不逞之徒趁机借党争来打击对手。在后世戏文中被人称为"包青天"的包拯,生活在庆历前后的宋仁宗朝,他就曾十分忧虑地说过:"近年以来,多有指明臣下为朋党者。其间奋不顾身,孜孜于国,奖善嫉恶,激浊扬清之人,尤被奸巧诬罔,例见排斥。故进一贤士,必曰'朋党相助';退一庸才,亦曰'朋党相嫉'。遂使正人结舌,忠直息心,不敢公言是非,明示劝诫。此最为国之大患。"这就是说,朋党之争使得当时的官僚士大夫中形成了正不压邪的恶劣风气。与此相联系的,一些投机钻营的士人又可以借朋党之争来牟取私利。如庆历时期的王拱辰,其人一开始先站在改革派的一边,后见到宋仁宗忌讳朋党，于是就一下子反过来打击范仲淹等人。王安石变法时的杨畏也是如此，开始支持变法，司马光上台后又积极反对变法，高太后死后又主张恢复"新法"，以至于人们给他取了个外号叫"杨三变"。最典型的则是大奸臣蔡京，他的事迹前面已提到过了。再如王安石"新党"中的邓绾、李定、舒亶、蹇序辰、王子韶之流，都利用朋党之争来谋取功名利禄，被时人目为"十钻"。其中最无耻者当数邓绾，他完全是靠着专门写颂扬王安石的文章而当上官的，他乡里的人都讥笑或谩骂他，他却毫不在乎，还厚颜无耻地说什么："笑骂从汝，好官还须我为之!"北宋的吏治一直很糟糕，范仲淹的"庆历新政"就是想从吏治上开刀，但因朋党之争的缘故，马上就失败了。以后更不如前，贿赂公行、侮慢法令、戕害民物、贪污盗窃等等，史不绝书。发展到宋徽宗朝，奸臣蔡京当道，腐败达到了顶峰，搜刮民财的"花石纲""应奉局"等在中国历史上都非常出名，这在小说《水浒传》中有十分生动形象的描述，这里就不必再讲。总之，当时整个统治集团都已沉溺于醉生梦死的享乐之中了。

第二，朋党之争使得任何政治改革都难以取得真正的成功。北宋的朋党之争，不仅使得两次重大的变法从一开始就步履维艰，也使得变法的成果难以巩固，最后导致变法以失败告终。从中国历史上看，党争的兴起往往与整个统治危机的逼近有关，一些为了维护统治秩序、挽救国家命运的官僚士大夫挺身而出，积极主张变法以求遏制乃至消弭统治危机。但在朋党之争的作用下（当然不全是党争的作用），这种变法一般都归于失败。就拿北宋来看，范仲淹等发起的"庆历新政"，其性质完全是一次为国更法、为民除弊的政治改革和自救运动。但由于政敌的攻击，再加上范仲淹、欧阳修等以"君子之党"自居，公开赞赏朋党，授人以柄，所以到头来一场严肃的政治革新变质为个人毁誉的斗争，于是"谤毁浸盛，而朋党之论滋不可解"，"新政"也就像昙花一现似的逝去了。王安石变法的持续时间虽然不算太短，但由于新旧两党的积怨已深，使得两派中人都变得意气用事，有许多方面完全超出了政治范围而变成个人的恩怨之争。最典型的就是司马光，他一当上宰相后就不顾一切地对"新法"进行全盘否定，这与他慎重沉稳、虑事周密的一贯作风大相径庭，个中显然掺杂了因朋党之争而引起的意气用事、争一日之高下的成分。

第三，朋党之争使得整个国家机器的正常运转受到了极大破坏。作为朋党构成主体的官僚士大夫，一般都是国家的官员，他们担负着国家机器正常运转的责任。然而，朋党之争使得这些官僚，时而擢升，时而贬逐，来去匆匆，朝令夕改，在这种情形下国家机器的正常运作能得到维系是根本不可能的。如司马光一概排斥"新法"，蔡京、蔡卞等又一古脑地恢复"新法"；"洛党""蜀党""朔党"的轰然而来、轰然而去等现象，都可以说是这一方面的典型例证。

第四，朋党之争大大加速了导致社会大动乱的总体性危机的爆发。朋党之争所引出的吏治腐败、挽救危机的改革失败和国家机器运转失灵等种种恶果，必然会产生一系列横向的连锁反应，其中最主要的就是使社会各种固有矛盾迅速激化，最终导致社会大动乱的出现，使整个社会陷入崩溃的状态。这在中国历史上的表现，一般就是农民暴动、军阀混战或外族入侵的出现。就北宋而言，则主要体现在外族入侵这一点上。北宋后期的朋党之争，使得政治腐败到了极点，这不可能不影响到当时的民族战争上。当时，抗金名将李纲曾非常沉痛地指出："用兵与士风似不相及，而实相为表里。士风淳则议正而是非明，朝廷赏罚当功罪而人心服。……数十年来，奔竞日进，议论徇私，邪说利口，足以惑人主之听。元祐大臣，持正论如司马光之流，皆社稷之臣也，而群枉嫉之，指为奸党，颠倒是非，政事大坏，驯至靖康之变，非偶然也。"李纲对司马光的评论是否完全允当或可讨论，但他指出北宋的朋党之争与北宋亡国的相互关系，是有相当道理的。

六

在概述了北宋朋党之争的恶果之后，我想最后还有一个方面的问题也值得思考，那就是作为北宋朋党之争理论基础的"君子有党"论，是否完全可取。

明清之际的王夫之在其读史名著《宋论》一书中，曾不无感慨地说过："朋党之兴，始于君子，而终不胜于小人，害及宗社生民，不亡而不息。"这段话的意思是说，在朋党之争中，君子常败，小人常胜。事实大抵也是如此，因为历史上的党争（并不限于北宋），一般是由君子一方首先发动的，理由很简单，因为他们有着儒家所谓"修身、齐家、治国、平天下"的道义承担，不满于现实政治的腐败和黑暗，因此就会挺身而出，"以天下国家为已任"。但君子都是守正之士，他们立身处世有一定的原则，对自己的行为也能注意约束。而小人则不然，他们为了达到目的可以无所不用其极。苏东坡在其《续朋党论》中已经认识到了这一点，他说："君子以道事君，所以人主必然对之敬而远之，其关系是疏远的。可小人就善于察言观色，极力去讨人主的欢心而不违背其意愿，所以其与人主的关系肯定密切。疏远者最容易离间，亲近者就很难批评。此外，君子如果不得志，就会引退，乐道不仕。小人如果不得志，就会挖空心思试图被重用和报复别人。这就是小人必胜的原因。"这样看问题虽然有表面化的倾向，但也不能说一点道理也没有。北宋的朋党之争，其结果就是如此的。

以上仅是就表面上的所谓"君子"与"小人"之争来看朋党之争，如果我们再深一步思考的话，就应该想一想儒家的"君子"与"小人"之辨是否完全正确，以及这对概念是否会成为朋党之争的工具。儒家从"义"与"利"、"德"与"才"来区分"正"与"邪"、"贤"与"不肖"，这不能说毫无道理，但也不是无可指摘的。因为无论人群还是个人的品性都是复杂的，良莠不齐、此一时彼一时的现象很正常，机械地两分为"君子"或"小人"，而且非此即彼，显然不足以说明人的复杂性。为害更大的是，这种简单的两分往往会成为官僚士大夫群体内部政治斗争的工具，进而导致巨大的政治动荡和残酷的相互倾轧。

譬如说，司马光的邪正不并立、冰炭不同器的论述，从抽象意义讲当然不错，但任何事物都不是孤立的、静止的，司马光的失误就在于他以一时一地的表现，和纯从观念出发的理想来判断某个人绝对的好或绝对的坏，这明显是不足取的。而把王安石的"新党"统统斥为"小人"，那就更成问题。王安石实际上也是满怀治国平天下之志的人，他的《淮南杂说》一书，时人都比之为《孟子》。王安石也的确以孟子"当今之世舍我其谁也"自许，他把孟子引为自己的千古知己，在其《孟子》一诗中吟道：

沉魄浮魂不可招，遗编一读想风标。

何妨举世嫌迂阔，故有斯人慰寂寥。

王安石在没有出任宰相之职时，口碑极好，但一当了宰相并实施"新法"的改革，却马上就变成了"小人"。

这种乱贴标签的做法，只能导致情绪化的激争，本来只是方法的不同，现在一方既然自许为"君子"，那么另外一方又怎么会甘心沦为"小人"？这一点南宋的理学大师朱熹在论述"庆历党议"时就已经指出过了，他认为：一旦我以"贤"自许，谁又肯自认为是"不肖"；一旦我以"公正"自赞，谁又肯自骂为"邪曲"呢？这番话是有道理的。一个人可以把另一个人看成毫无人格之人，对方同样也可以认为此人在装腔作势地用"圣贤之道"来掩饰无能。于是双方都找出一堆"古圣""先贤"的语录或什么"祖宗宝训"来证明自己绝对正确，然后把食指戳向对方的鼻尖痛骂一通。这难道不是对儒家理想的一个极大的讽刺吗？最坏的则是一群孔子说的"小人儒"、荀子说的"俗儒"或"贱儒"，他们口诵儒家经典中的词句，称自己为"君子"，把别人则统统称作"小人"，在道德的掩盖下党同伐异、争权夺利，把儒家的思想作为谋取私利的工具，这不能不说是儒家思想的一种悲剧。

再从具体的现象上来看，一些被许多人目为"小人"的实际不尽是"小人"；反之，一些被许多人目为"君子"的实际也不尽是"君子"。如被司马光等"旧党"骂作"奸邪小人"的章惇，他的道德操行"卓而不群"，他的行政才能"聪察强毅"；而被司马光等人称为"君子"的文彦博、吕公著、韩维之流，其子弟亲戚布满要津，千方百计谋取各种特权，无德之举很多，而在治国方面却又以无才无能见载于史册。所以，无论是"新党"还是"旧党"，其中的成员因个人的政治观点、道德修养、政治才能有异而显得良莠不齐，决不能简单地进行"君子"与"小人"两分。

综上所述，无论是从"君子有党"的理论本身来看，还是从其实际的政治后果来看，这一命题都很难说有什么积极的意义，而其消极影响则十分严重。

（原载于徐洪兴、姚荣涛：《千秋兴亡·宋》，长春出版社2000年版）

唐宋间儒学的转型及其提供的思考

一、 社会大转型的时代

这二十多年来，我的研究方向大致集中在两个方面，其一是经学史，其二就是两宋的道学思潮。而二者中又以后者为重，原因有二：其一，在我看来，两宋的道学思潮是中国思想学术发展中自先秦后的第二个高峰，内涵丰富且复杂，思想家、学派林立，不是短期内就可弄通的，直到现在我觉得还有许多问题可深入下去；其二，也是更主要的，因为道学思潮是中国社会大转型时期本土价值系统对外来思想文化挑战做出的创造性回应，也是人类历史上一个典型的文化交流及文明对话双赢的例证，而这又与我们现在所处的时代颇为相似，其中许多现象值得重视，尽管历史不能重复，但其中的经验教训是值得借鉴的。

大家知道，在中国历史上，唐宋之际是一个值得高度重视的时期。因为在这一时期，中国的历史出现了重大的转折。这个转折无论是从政治、经济、社会还是思想文化角度来看，都可谓一个极其重要的分界岭。在政治上，中央皇权与地方割据势力的冲突走向结束，中央集权日趋强化，由此引出政治制度方面的种种变化；在经济上，贵族庄园经济向平民地主经济转折，由此引出了土地所有制、租佃关系的变化，农民对国家和地主人身依附关系减弱，城市兴起和商品经济发展等；就社会方面言，经济、政治格局的变动带来社会结构的变化，这种变化不仅出现在统治阶层中，同样也出现在被统治阶层中；思想文化方面的内容则更广泛了，上到民族精神、价值取向，下到礼仪风俗、衣食住行，无不发生丕变。因此，称唐宋之际为社会大转型的时代绝不为过。所以海外学者有所谓"唐宋变革说"或"宋以后近世说"，即认为这一时期的中国已进入了"近世化""近代化"或"亚近代"。

唐宋间社会转型牵涉的面甚广，这里主要侧重思想文化层面来谈。在我看来，说唐宋之际中国已进入"近代化"或"亚近代"未必准确。按一般理解，近代的经济基础是工业资本主义，而这个基础在唐宋之际的中国事实上还不存在。但如果从思想文化史的角度来看，这个说法对于唐宋之际的历史演变也不可谓无所见。因为它虽然不是以工业文明和近代科学为基础的近代化的体现，但在不少方面却与欧洲近代开始时的文艺复兴和宗教改革运动有某些类似的特点。

从总的发展趋势来看，唐宋之际中国思想文化的转型是向世俗化、平民化、理性化方向的靠拢，当然这都是相对先秦、汉魏文化而言的。如儒学由汉唐经学向宋明理学的转变、佛教的中国化及新禅宗的出现、道教的内丹化和新道教的出现、文学的散文化、知识的普及化、礼仪的通俗化等。在这一系列的转型中，最重要的部分是思想方面的，具体点说就是作为当时中国核心价值系统的儒家思想的转型。

陈寅恪先生说过："中国自秦以后，迄于今日，其思想之演变历程，至繁至久。要之，只为一大事因缘，即新儒学之产生，及其传衍而已。"[1] 陈寅恪之言实为不刊之论。而在唐宋思想文化转型中，最具代表意义的就是儒学的复兴和展开。

唐宋之际儒学的转型，从实质上看，是中国本土的价值系统在面对异域思想文化即印度佛教的挑战下，经过长期的冲突、激荡、涵化、反思、整合以后的一个创造性的回应。由此重铸了儒学的形态——宋明理学，有学者则将之称为"新儒学"（neo – confucianism）。

二、 外来思想文化的挑战

大家知道，西汉武帝时期出现的"罢黜百家，独尊儒术"事件，使得

---

[1] 陈寅恪：《金明馆丛稿二编》，古籍出版社 1981 年版，第 250 页。

儒家从先秦以来诸子中的"显学"之一，开始登上了"独尊"的地位，从而确立了中国古代占统治地位的思想意识。随时间推移，儒家思想渐渐渗透到了社会生活的各个层面。它的核心内容已不仅是儒家学者所坚持的主张，而且得到了社会的普遍认同。从历史事实来看，就塑造汉民族的文化结构——共同的生活方式、价值系统、心理状态及认知方式等——而言，两汉的儒学（表现形式是经学）起到了重要的作用。

随着汉王朝瓦解，中国的思想和学术格局又发生巨变，新思潮的崛起、外来文化的冲击，对儒家思想构成了前所未有的威胁。从魏晋南北朝到隋唐七百余年间，作为外来思想文化的佛教由小变大，逐渐风靡于中国社会，并向传统的儒道思想提出挑战。这使得中国传统的文化价值理想面临严重危机，就如北宋张方平所说："儒门淡泊，收拾不住，皆归释氏耳！"

当时并不是没有排佛的儒者，且排佛的程度也不可谓不烈，但却不得要领，收效甚微。因为其排佛的范围不出强调儒学正统、伦常纲纪、夷夏之辨及经济因素这些方面，即仅局限于在功效和价值层面的抨击，没能从理论的深度上加以批判，激烈有余而切中要害者不多。而当遭到佛教学者反击时，他们往往就不知所措了。

当时佛教徒认为，中国传统文化的哲学基础即宇宙论和心性论过于浅薄，根本不足与佛教的思想相抗衡。如唐代华严宗大师宗密，在其著名的《原人论》中就提出："佛教法中小乘浅浅之教，已超外典（儒道二家之学）深深之说。"如依佛教大乘教义，宇宙本是人心生灭妄想所变之境，其本身是虚幻不实的，因此称之为"假有"。而中国传统的"元气论"，在其看来乃是一种"迷执"，即执迷于"假有"。因此须破除"迷执"，返照心源，终归于涅槃静寂。这一推论就成为佛教心性论的基础。

佛教的这一理论虽能自圆其说，但显然不能为以儒道两家为代表的中国传统思想所接受。中国传统思想向来把宇宙看成一个生生不息、大化流行的整体，即肯定其为实有，不曾怀疑过它的客观实在性和存在的合理性问题。

在与佛教长期交涉中，经过不断的冲突、激荡、涵化和反思，儒家学者渐渐明白，佛教久排不去的症结，恰在于它拥有颇为精致的形上学理论体系。而传统儒学是以宗法血缘、伦理亲情为出发点的延伸，自孔子后所弘扬的主要是"齐家"之学和"治平"之术，它面向人生，旨在济世，侧重于伦理、政治和教化。所以当时它主要是一套伦理思想和价值规范，同时也是一种政治和伦理的典章制度，即一种由长期的历史发展所形成的以儒家思想为主干的文化实体，也就是人人必须在其中的生活世界。而儒家的道德形上学自孔子后虽也有思孟一系的阐发，却始终具体而微，不为当时的多数儒者所重，更遑论有进一步的发展了。

这个问题在两汉以前并不突出，所以没有引起儒家学者的普遍重视。但自魏晋以降，当儒学遭到佛教思想挑战后，它就变得越来越重要了。因为佛教讲生、死、心、身，其理论无不是从宇宙论、世界观和认识论出发来论证自己学说的，亦即从讨论现实世界的真幻、动静、有无，人们认识的可能、必要、真妄等出发来构建自己的论说。这就迫使儒家学者必须做出回应，首先是要对最高存在的问题加以探讨，以回应佛教的挑战，批判佛教的宇宙论，肯定宇宙的本原为实有，为重新确立中国传统文化的价值观奠定本体论的基础。因为，肯定了世界的客观实在性，也等于肯定了现实社会生活秩序，即仁义礼乐和名教规范的客观实在性及存在的合理性，由此再转向人的道德性命的修养即心性论上，重新确立儒学统摄人心的功能。

三、 唐宋之际思想转型的展开

从中唐至北宋中后期的四百余年是儒学转型的展开期，其中的过程复杂，人物繁多，内容丰富，不是三言两语就能讲清的，这里仅做一个粗线条的简单描述。大致说来，思想转型分内外两方面：对外是"攻乎异端"，对内则"拨乱反正"。

所谓"攻乎异端"，就是抨击导致儒学中衰的外部根源，包括排斥佛道二教（尤突出排佛），抨击四六时文，倡导古文运动等。

排佛道：排佛道经历了三期，中唐后以韩愈、李翱为代表，北宋庆历之际以孙复、石介、欧阳修、李觏等为代表，北宋的熙宁、元丰前后以张载、程颢与程颐兄弟等为代表。这三个阶段前后呼应，一脉相承。在内容和方法上，上面提到的那些思想家和学者不尽相同，有的主要承继前人已有的思想，有的则是通过整合佛道思想后的创新，因此理论上就有了深浅粗细之分。但不管其理论的区别有多大，在希望重振儒学、排除佛道影响这一点上是一致的。经过他们的努力，儒学渐渐地重新夺回了失去的思想阵地。南宋后，佛教在思想界的影响已不再是主流。

古文运动：四六骈文盛行，流于形式，华美而脱离现实，无法表达社会的生活与思想。这与佛教诵经、科举制度等因素有关。于是唐宋间出现了古文运动。古文运动从形式上讲是化骈为散，回到"六经"朴实的文风去；从内容上则要求文学为社会和政治服务，恢复儒家"修齐治平"理想，"文以载道"成为其核心命题。所以，这一运动就与当时复兴儒学的要求紧紧联系在一起。"唐宋八大家"是这一运动的代表人物，而其完成大致在理学基本形成的北宋后期。

所谓"拨乱反正"，就是儒学内部的更新。包括抛弃汉唐儒生的章句训诂之学，发掘传统儒学的资源进行理论的整合创新，主要体现在如下几个方面。

否定传统经学：否定传统儒学中的章句训诂之学，这是理学崛起所必须经历的一个重要环节。若不把汉唐经学的殿堂拆除，理学是不可能真正建立起来的。于是从中唐至北宋，出现了经学史上所谓的怀疑和否定的学风，否定"破碎大义"的汉唐儒生的注疏，乃至怀疑某些经典的真实性，最终完成了从训诂之学到义理之学的转型，并为性理之学的崛起扫清了道路。

从"五经"系统向"四书"系统转型：唐宋之际思想家所注重的儒经文本与汉唐时期的有所不同，经典研究的形式有所变化，所关心的时代课题也有所差异。在几经变化后，落实到《易传》《大学》《中庸》《论语》《孟子》这五部所谓的传记之书上。因为这五部书大致涵盖了理学从宇宙论到心性论的整个理论体系，并且也包含了理学的工夫论。这个过程的真正完成要到南宋朱熹《四书集注》的刊行。

孟子其人其书的升格运动：《孟子》其书由"子"入"经"，再入"四书"；孟子其人受封，最终成为"亚圣"。其中韩愈、皮日休、孙奭、柳开、范仲淹、欧阳修、孙复、石介、王安石、张载、程颢、程颐等都起到了重要的作用。之所以会有这一升格运动，与孟子的思想学说适应时代课题密切相关，这可从道统论、辟异端、谈心性、辨王霸诸方面去考察。

整合创新：在基本扫清道路之后，进入新的理论形态的创建阶段。这一任务主要是由长期出入佛老，对佛老思想有深入理解的儒者，即以周敦颐、邵雍、张载和二程兄弟（"北宋五子"）为代表的一批思想家担任的。

如何把儒家的价值理想提高到宇宙本体论的高度进行哲学的论证，如何确立儒学之体以与佛、道思想抗衡，是思想转型期的学者所共同关注的大课题。在北宋庆历前后开始出现的儒学复兴思潮中，胡瑗提出了"明体达用"的口号，所谓"体"就是"君臣父子、仁义礼乐，历世不可变者"，所谓"用"则是"举而措之天下，能润泽斯民，归于皇极者"。这是儒学的体用论，它与佛教掏空一切社会历史内容的"真空绝相"之"体"，及既否定社会人伦而又被迫承认"事相"宛然的"俗谛"之"用"，在实质性和价值取向上划清了界限。但这一阶段的儒者基本还只局限在"用"的层面，展开外围性的工作；到了"北宋五子"，才把对这一主题的探索提升到了本体层面。周敦颐的由"无极而太极"以立"人极"的思想，邵雍的"先天""后天"之学的体用关系，张载的"虚空即气""穷神知化"和"民胞物与"的思想，二程的"天理"论等，都明显加重了形上思辨色彩，但始终没离开儒学之"明体达用"的主轴。经过他们的努力，儒学转型的架构定型基本完成，由此奠定了理学的规模。南宋后则进入理学内部的发展演变阶段，且较多地是注重工夫层面的问题，基本上已不属于转型过程的内容了。

值得一提的是，在整个思想转型中，传统儒家的"外王"之学并不如后世那么遭到贬低，反之它受到了当时所有思想家的重视，地位并不下于新起的"内圣"之学。"讲学论道"开始代替"从政问俗"的重大转向，发生在北宋之后，而其原因也很复杂，如范仲淹"庆历新政"和王安石"熙宁变法"的失败使理学"外王"一面受到重挫，女真人入侵导致北宋灭亡等，这说明了巨大的政治事件常常会影响甚至改变一个时代思潮发展的进程和方向。另外，当时最偏重于内求之学的二程"洛学"一系，逐渐成为南宋学界大宗，也与此转向有关。

四、 提供的思考

唐宋之际儒学转型的成功，可认为是人类历史上一个典型的文化交流及文明对话双赢的例证。之所以说它是双赢，是因为一方面它证明了中国传统思想文化具有吸收、整合外来文化为我所用的能力；另一方面也证明了佛教传播的成功，因为它已化入中国人的日常生活之中，成为中国传统思想文化的一部分。

回到我们现在所处的时代。众所周知，在世界范围内，自近代工业文明诞生之后，世界各民族的文化大规模接触和融合，已成为不可阻挡的趋势。这一趋势随着信息、语言、交往等条件的不断改善而愈演愈烈，因此世界上各民族无可避免地都会遭遇本土文化与外来文化的沟通问题。但各种文化形态又都具有相对的独立性，每一个文化都有其地理的、生物的、经济的、历史的、政治的因素，各种文化形态的进化发展也有其自身的特性，是按其自身发展的需要进行的。所以沟通如何成为可能是我们今天所面临的重大课题。

那么，唐宋之际中国思想的转型能否为今天提供一个可资借鉴的历史经验？太史公司马迁尝言："居今之世，志古之道，所以自镜者，未必尽同。"确实，历史不可能重复，想完全借助历史经验来指导现实生活无异于守株待兔。但话说回来，我们正处在一个前所未有的社会大转型时期，外来文化的冲击之强烈也超迈了以往任何时代。中国文化如何面对外来文化，这是每个中国人都应该认真思考的大问题，尽管思考可以有深与浅、精与粗、专业与非专业之分。毕竟，从历史上看，中国文化成功地消化、整合异域文化的典型，就是佛教的中国化及宋明理学的出现。因此，"古道"虽不尽同于"今世"，但作为"自镜"仍不失其意义。

从唐宋之际中国思想转型的历史中，我们可以看到，一种外来的思想文化进入类似中国这样具有自身悠久文化传统的国家，它不仅需要时间（佛教的中国化及宋明理学的形成过程前后经历了近千年），更需要通过特定社会文化机制，才能由外来变为内在，才能逐步与本土文化相会通。这种特定的社会文化机制很多，但主要不外乎两点：其一，是要有某种社会力量作为涵化、整合、会通的主体，进行长期的、艰苦的工作；其二，也是最关键的，就是必须找到外来文化与本土文化相结合的生长点，并加以培植和灌溉，使不同文化之间的交流、对话能够真正结出新的果实。换言之，照单全收、全部引进肯定行不通，必须要"中国化"。

当然，问题并没有这么简单。鸦片战争后，西方思想文化伴随着"坚船利炮"一起打进中国，情形已与佛教和平进入中国之时大相径庭。当时的中国人没有如其前辈在吸收佛教时所表现出的那种开放自信和雍容大度，人们几乎都是从某种极端的立场出发，匆忙地表明自己的态度。于是各种理论随之而出，如"中体西用""全盘西化""西体中用"等。历史过去了一百多年，这些话题仍以各种不同的表述方式移形换位地重现。但实践证明，它们都很难走得通。

从已有的历史经验来看，思想文化的演进都是从本根上出来的，即使遭遇强大的外来文化冲击，选择、淘汰、吸收的整合还是必不可少的。而整合是有方向性的，即以本根的对外来的进行整合，前者是主，后者是次。如陈寅恪先生所说："必须一方面吸收输入外来之学说，一方面不忘本来民族之地位。此二种相反而适相成之态度，乃道教之真精神，新儒家之旧途径，而二千年吾民族与他民族思想接触史之所昭示者也。"这里仍可借用司马迁的"自镜"来喻，借助镜子可以照出我们的美丑、洁污，以便我们的整饬。外来文化的最大功能就是作为"镜子"，但我们必须要时刻记住，镜子不能取代我们本身，更何况镜子还有失真、变形的可能性。

当前，中华民族的伟大复兴已进入一个新的历史阶段。我们当然要吸收其他民族的优秀思想文化，但必须同时强调自己的本根，用今天的话说就是要有中国特色、中国风格和中国气派。因此，如何在当代条件下发掘自己传统思想文化的资源？如何比较完整、准确地把握外来的文化精神？这都是今后很长一段时期内我们所面临的课题。

（原载于《中华文化论坛》2005 年第 1 期）

儒学文化的历史演变及其现代命运

一、 "儒" 的源头与儒学的流变

孔子是儒家的创始人，孔子思想是儒学的核心，这可说是个常识。一般说来这没错，但细究起来又并不尽然。因为，孔子实际不是儒的创始人，商周时代早已经有儒；儒家的许多思想也不是自孔子才开始有的，如《易经》中的许多思想、西周的"礼乐"传统等，早在孔子以前就已存在；再者，孔子本人也不是儒家人格最高的精神代表，因为儒家人格最高的精神体现是"圣王"——尧、舜、禹、汤、文、武、周公，所谓"祖述尧、舜，宪章文、武，宗师仲尼"，孔子只是宗师。当然，这并不是贬低孔子，孔子也很伟大，他虽然只是宗师，但儒家思想成为体系却是从他才开始的。

大家知道，华夏文明起源于黄河、长江两大流域，特殊的土壤、气候、水利等自然条件为农耕文明提供了物质基础，并促成了农业与手工业的结合体——家庭，在中国很早就形成了。我们的先人以家庭为单位直接与自然界打交道，靠天吃饭、靠经验吃饭，可以万事不求人，所以祖宗的一套生活和生产方式对子孙来说已足够应用，由此引出了对祖先的崇拜，而家族宗法观念也因此渐渐得到强化，这直接影响到后来以人伦关系、"孝道"为主导的儒家思想的形成和发展。

从源头上看，儒最先是原始宗教中的一个职能分工。从甲骨文可知，殷商的儒，专职为贵族祭祀祖先、办理丧事、担当司仪等。周灭商以后，儒除继续以祭祀礼仪为职外，开始出现以"六艺"教民的"师儒"。在商周时期（严格说应是西周，因为商代文献不足征），礼乐文化可说是整个社会形态的集中体现。礼乐文化的性质不仅是宗教的、政治的，也是世俗的、文化的。它不仅是一套制度和仪式，同时也是一套文化的建构和理想，其功能涵盖了社会、宗教、政治、道德、情感乃至资源的等级分配诸多层面。这是一种理性的、有条理的生活方式，它包括了家庭生活、社会生活和政治生活中的诸种行为规范或准则，所强调的是尊重等级差异、注重举止合宜、保持仪节风度、控制意志情感，其目的则在于实现社会秩序的稳定与和谐。而儒则是这种礼乐文化主要的制定、承载和传播者。西周时代"制礼作乐"的周公就是一个大儒，孔子对他很崇拜。

西周灭亡后，中国的历史进入了动荡的春秋时代。随着周天子共主地位的沦落，王室衰微，礼崩乐坏，"学在官府"的局面维持不下去了，文化教育开始向民间下移，其表现就是以"六艺"教民的儒纷纷散落至各地。由于当时齐鲁之地文明程度较高，保持着浓厚的礼乐传统，因此这里集中了较多的儒。他们中除一些人继续从事"六艺"知识的教授外，相当多的人则凭借熟悉礼仪的本领，从事赞礼、相礼尤其是婚丧礼的活动。孔子就是这个时代出现的"儒"。

孔子是一个述而不作的教育家和思想家，是儒家思想的集大成者。他有很强的从政意识，想干一番治国安民的事业。但命运跟他开了个不大不小的玩笑，他一生在政治上很不得志，但在教育事业上却做得不错。孔子从事的教育活动属于"私学"。他不是当时打破贵族垄断教育的开创者，但可以算是当时办"私学"的一个成功者。孔子从事教育40余年，"弟子三千，贤人七十有二"，从而形成了后来被称为"儒家"的思想学术群体。

孔子以后，这一学术群体分为八个支派，成了战国时期的"显学"，以后则是孟子和荀子二支独秀。秦以后，儒家发展流变出所谓的汉唐儒、宋明儒、现代新儒家等十分庞杂的系统；又有所谓的经学、理学、朴学之分，学统、道统、政统之说等，这些就不必细讲了。我们还是简单地谈一下孔子的思想吧。

孔子的思想很丰富，但其核心不外是"礼"和"仁"，前者是他继承传统而来的，后者是他创新发挥的。前面提到，传统儒者注重礼乐文化，到孔子时代，他发现礼乐已经僵化了，徒具形式而不再富有生命力。礼乐本来只是一种象征，但象征的背后还应有其本质的东西，那是什么呢？孔子认为那就是藏在人心中的真诚。孔子把这种真诚叫作"仁"。孔子找到了"仁"，把它作为礼乐的思想基础，用"仁"来重新解释礼乐，超越礼乐的形式而直指其精神实质，以真正体现礼所象征的秩序原则和乐所象征的和谐原则。

孔子认为，"仁"是处理人与人关系的基本原则，其基础和起点是血缘关系。因为一个人来到世界上，最先发生的无疑就是家庭血缘关系，即首先是他与父母及兄弟姐妹之间的亲情关系。这种关系简称为"父子"，在这一层意义上，"仁"的体现就是"孝悌"。当然，人会长大，要进入社会，于是逐渐又会生出君臣、夫妇、长幼、朋友、同事、国人等关系，进而可衍生出个人与民族、国家、社会、自然等的关系，乃至可衍生出集团与集团、国与国、民族与民族等一系列关系。而处理这些关系的原则，就是把孝悌精神向外"推"，按儒家的说法就叫"能近取譬""推己及人"，用今天的话说就是换位思考、将心比心。所以，从"仁"进一步可推出"忠""恕"乃至"协和万邦""天人合一"等更普泛的原则。

孔子讲"仁"，吃紧处在"爱人"两字，它表现为对人的一种有差等的爱。这是一种区别善恶的智慧，其本质是强调个人生命内在价值的实现，是个人对于理想生活原则的追求。儒家所谓的"做人之道"其实很简单，那就是做好一个人。即使是一个平常人，只要顺着自己的善性，在自己的生活中，从具体的事情中去学习、去做，就能达到做人之道，实现仁的原则。一旦人把握了仁的精神，就能领悟到在一个既定的环境中自己应该做些什么和怎么去做。如果人人这样，那就可以建立起一个理性的社会秩序。这种秩序以个人修养为本，以伦理为法，以道德来施政，而个人的道德修养是政治昌明、社会稳定的基础。

孔子的思想中不乏理想主义的色彩，但他相信道德的力量，相信教化的作用，相信文化历史的传统，相信人与人之间能够建立起一种交往的道德标准，相信国与国之间也应该有某种必须遵循的交往原则，这不能不说是一种令人敬佩的、远距离的智慧。某些个人或国家也许会全然无视甚至藐视这种智慧，但作为整体的人类不会也不能这么做，否则他离自己的灭亡就不远了！

孔子以后，随着儒家学派的发展演变，其思想学说也不断围绕着孔子的思想核心而展开出去，如义利之辨问题、人性善恶问题、德性与才能问题、天理人欲问题等等。其中每一类问题都可以开展出一系列子问题，历史上的儒家各派也就是在探讨这一系列的问题，并形成了繁复的理论体系。这些理论体系尽管很庞杂，但说到底无非四个范畴：个人、家、国、天下；一个命题："内圣外王"。

二、 一百多年来儒学的遭遇

儒学作为一种农耕文明的思想文化，在经历了两千多年的发展演变后已经达到了极致。然而，当工业文明进入人类社会，世界历史成为人们的经验事实时，它所固有的结构性矛盾也开始暴露出来。如工具理性的缺失。由于儒学突出强调了现实、人世和实用，就势必造成轻视抽象的思辨、纯理论的探索，缺乏对自然界的深入观察和研究的兴趣。所以中国古代的学者一般都缺乏为学术而学术的研究精神，总是把学术与现实人世结合在一起，认为学术就只是为了"知人论世""经世济民"和"修己治人"，而其他都是"小道""小技"，不值得重视。由此也就造成中国古代理论科学研究的不发达，尽管中国古代具体的技术有相当的成就。再如，由于儒学过于重视人与人之间的关系，因此对制度层面的创设问题也关心得很不够，重"人治"而轻"法制"，"伦理社会"的性质在中国长期得以盛行。

中国跨入近代门槛后，在西方文明的严峻挑战下，中国传统文化逐渐踏上时运不济的蹇途，而儒家思想首当其冲地遭到了猛烈批判。从 19 世纪末谭嗣同在《仁学》中猛烈抨击占统治地位的儒家正统意识形态及政治体制为"乡愿"和"大盗"，到五四新文化运动中以陈独秀、李大钊、鲁迅、胡适、吴虞等为代表的一批先进知识分子提出"打倒孔家店"，要请西方的"德先生"和"赛先生"来帮助中国人解决民族"劣根性"的"顽症"，总之，当时最先进的中国人几乎一致认定，中国传统文化在现代化过程中已彻底失败，"吾人之最后觉悟"，说到底，就是"孔子之道"、儒家思想不再适合现代生活了。

必须承认，与中国现代化进程相适应的，新文化运动中的文化批判和伦理革命，有其历史进步意义及合理性。因为，从历史发展进程和儒家思想历史地位来看，儒家历来与佛教、道教不同，后者总以"方外"自居，即始终与现实社会保持一定的距离；而前者却总是处在历史舞台中心，与国运浑为一体，忧乐共当，在中国历史上长期担当着治国安邦和导向文化的重任。这自然也会带来一些负面的影响，如政治上的君主专制、经济上的重农轻商等，尽管我们可以说，中国历史上的专制和抑商并非完全由儒学所致，但儒家思想也确实应该负相当的责任。所以，自鸦片战争后，中国国运维艰，社会经济、政治结构出现剧变。当一些先进的中国人为了砸碎旧世界、创造新中国，把希望的目光转向西方寻求"真理"之时，其愤怒的情绪自然地转向对传统思想尤其对作为正统文化象征的儒家思想的批判，这应该说不难理解。因为当时这些先进中国人的思考和追问，始终深契于"落后挨打""中国向何处去"这些关乎中华民族命运的大问题。

当然，肯定其历史进步意义，并不等于承认"五四"先辈的每一个批判都必然具有思想文化意义上的理性。反之可以说，由于心态上的不平衡和运思上的片面性，"五四"的许多文化批判仅停留在激进和空洞的呐喊上，缺乏一种实事求是、具体分析和理性的批判态度。我们自不必去苛责"五四"的先辈，他们有那个时代的特殊语境。这里我只想指出一点，当时过多情绪化、片面化的批判，逐渐形成了一个认识上的误区，即认为中国的传统文化都是过时的、有害于现代化的，应予以全盘否定。更令人遗憾的是，这种误区竟又成了一种共识，反传统遂成为百年来中国反复而常新的强势话语，反传统的思潮也一波接一波在 20 世纪的中国出现。

然而，传统从来就不是你想不想要的问题，它"剪不断，理还乱"。近代以来，中国人始终面对着一个悖论：一方面，中国必须走向现代化；另一方面，走向现代化的中国无法完全摆脱传统。而现代化是中国的现代化，传统也是中国的传统。你主观上想要摆脱儒学文化，它却并不甘愿接受被简单抛弃的命运，所以它依然顽强地存在着，并以各种形式表现出来；它在中国意识形态上的主导地位虽然丧失了，但在中国传统文化价值上的地位并未随之消失殆尽。时至今日，尽管我们的经验和生活世界已发生极其深刻的变化，尽管我们的意识伴随社会总问题的转换而出现认识上的断裂，尽管人类不同思想文化间的交流和影响日益深广，但儒学文化不能不说仍是汉语世界基本的精神价值之所在。

中国传统文化历来强调物极必反。这不，最近几年来，"国学"这个词似乎又热了起来。所谓"国学"——如果不去深究其来历而方便地说——也就是指传统文化。近年来，似乎有越来越多的人开始重视我们的传统文化问题了，这其中不仅包括一些政府官员、企业领导，还包括了不少民营企业家，当然更少不了那些以吸引人们眼球为务的传播媒体。国学热同时还传到了国外，以"孔子"命名的汉语教学机构这几年都以二位数的速度在世界各国建立，截止到 2007 年 6 月，全世界的孔子学院已有 156 所，据说目前还有两百多个提出申请的机构。

于是，一个老问题又被人们翻了出来重新加以思考——儒家思想在现代中国还有没有意义？老实说，一百多年来，对这个问题的讨论或争论一直就没有真正中断过，虽然其程度时有不同。

三、 儒学文化在现代社会还有没有意义？

中国近代特殊的历史环境，造成了激烈的中西文化冲突，由此引发的种种争论在中国人心里留下了并不都是愉快的记忆。可时移事异，今天已进入 21 世纪，我们再回过头来平心静气地探究一下儒学文化在现代中国还有没有意义这个老问题，这对准确把握中国传统文化，促进传统文化现代化，构建和谐社会，加强人类不同文明之间的对话与交流，让儒学这一地区性的人文资源真正参与到世界历史进程中去为全人类做出更多的贡献，应该说都还是有意义的。

探究的目的绝不是提倡国粹主义，全盘继承，颂古非今，而在于了解历史，接续历史。一个不吸收其他文化的民族固然很难有所发展，而一个割断历史、抛弃祖先、遗忘过去、不尊重自己传统的民族更是注定没有前途的。任何文化都不能截断众流、凭空产生，只有接续传统才能开创未来。人类的历史早已昭示，历史传统的反思与当下意识的追寻，是一个民族现代化不可或缺的两个支点。就前者言，人们总是通过对其前人所创造的价值观念、行为准则、思想理论的理解和解释，建立起自己与传统的联系；同时又在理解和解释中，使传统获得进入现时代的途径和继续发展的契机。所谓途径和契机，并不意味着照搬照抄，而只是提供借鉴，展现理据，启示方向。这里我仅举一方面的例子来说。

人们在探讨儒家思想与现代化相结合的问题时,大多把注意力放在儒家的伦理道德这一层面,这是有理由的。因为一方面,儒家思想在这些领域里可发掘的资源很丰富;另一个也是更重要的方面,即"五四"后的这么多年来,我们传统的人伦关系受到巨大冲击,而新的、适应现代社会的人伦关系却始终未能真正确立起来。时至今日,我们已陷入一个尴尬境地。当前,市场经济正在中国蓬勃地展开,它固然为我们民族的崛起注入了新的活力,但我们也不能不正视"市场取向特征"所带来的道德困境。就人伦关系言,人与人之间正日趋以现实利益作为彼此来往的基础,以功效价值作为衡量关系的标准,人的情感联系和心灵交往则日趋淡薄,各种人际关系大有渐渐被市场关系和业务关系所吞没、所取代的趋势。功利至上的价值取向正使得我们的人伦关系变得外在化、冷漠化,因此往往会令人不时有一种疏离、孤立乃至苦闷、彷徨的感觉。我们正处在社会的大转型时期,古人尝说,"世异则事异,事异则备变",当代中国社会的人伦关系亟须重新定位。但如何定位?以什么规范和原则来定位?这是值得我们深思的一个现实问题。在当代人伦关系的重新定位中,儒家所一贯强调的人伦思想是否还有价值?回答应该是肯定的。

这里所说肯定的意思主要有二:其一是,有些儒家伦理思想只需稍加当代转换和诠释即可继承发扬。如孝、悌、忠、信、仁、义、礼、智等,历史上儒家要讲、能讲,难道我们就不要讲或不能讲了吗?其二是,有些儒家的伦理思想可以为我们提供一些新的思考角度和方向。这些角度和方向并不一定能直接导向问题的解决,但至少我们可以从中间接地引出一些不同的观点,开出一些不同的视野,从而有助于我们研究如何防治现代化所带来的问题。

例如儒家讲的"孝道",在当时的社会经济和政治基础中,它强调的是"父父子子"的"父为子纲",因此对之虽不能如"五四"先辈那样简单地骂倒,但也不能盲目地提倡。今天我们的亲子关系与过去不同,它是在经济、政治、人格上平等和独立的基础上的血缘和情感关系。记得"五四"时有这样的白话文诗:"我不再认你作父亲,我们都是朋友,互相平等。"现代社会强调独立人格,这本身没错,但我们完全还可以在独立人格的平等基础上，既做朋友也仍然"认作父亲"。儒家强调的"敬老"也是同样，它不应该再是天经地义的论资排辈规范、秩序、制度和习惯，而是对老人过去所做的家庭贡献、社会贡献的充分肯定和道义回报，更是对一般人性的尊重，因为每个人都会有老去之时，从这层意义上讲，尊重老人也就是尊重我们自己。

总之，一旦我们建立起对自己传统的自信，剔除它的弊病，消解对它的怨恨而平心静气地面对自己的祖先、自己的传统，那就可以与悠远的历史接上脉，滋养健全的道德、价值和生活方式，学会如何安顿自己的身心，如何与人打交道，如何去开创未来。儒学文化中许多有价值的思想，如诚信、和谐、慎独、知耻、礼貌、好学、敬业、崇德、修身养性、见利思义、恻隐之心、浩然正气、自强不息、珍生务义……都是前人留下的宝贵的精神遗产，都可以成为我们现代人的精神资源。

（原载于《文汇报》2008 年 2 月 3 日第 8 版）

"天下为怀"

——明代名士们的爱国情怀

　　我给这个演讲起了一个题目叫"天下为怀"。为什么是天下为怀呢？实际是出自顾炎武的一句名句，那就是"天下兴亡，匹夫有责"。

　　顾炎武在《日知录》中讨论魏晋南北朝玄学兴起时，提到一个非常严肃的问题。他在书中说，有"亡国"和"亡天下"两种不同的说法，那么，它们的差别在哪里？什么叫亡国？什么叫亡天下？按他的说法，易姓改号，谓之亡国；一个朝代更替了，是亡国。还有一种是仁义闭塞，而至于率兽食人，人将相食，谓之亡天下；也就是说天下大乱，人吃人，这个叫亡天下。所以顾炎武说"保国者，其君其臣，肉食者谋之"。你保卫一个小朝廷，一个国家，那是当官的、当权的人思考的问题。但是保天下者，"匹夫之贱，与有责焉耳矣"。但如果是保天下，那么一个普通的人，一个平民百姓，就都有责任。这句话非常有名。后来到了近代资产阶级革命的时候，梁启超就把这段话提炼成八个字，叫作"天下兴亡，匹夫有责"。

　　顾炎武所说的天下兴亡，不是指一家一姓的王朝的兴亡，而是指我们中国人生存的这块土地，这个民族文化的延续。所以从这个角度来谈，每个人都有责任来关心这里的事情，所以是天下兴亡，匹夫有责。这是一个具有深远意义和影响的口号，成为激励我们这个民族不断奋进的一种精神力量。

　　从这句话我想引出这样一个话题，就是"天下为怀"。当然首先还是要简单地了解一下顾炎武其人。顾炎武本名绛，字忠清，后来清朝打进来，他改名炎武，是江苏昆山人，出身于书香门第。青少年时代，顾炎武勤奋读书，14 岁那年就考中了秀才，青年时代常常议论朝纲，还遍访中国的名山大川，潜心治学，所以学问做得很好，而且志向也很高。但后来明朝灭亡，而他正好是明清之际的人物，所以有亡国和亡天下的切肤之痛。

为什么他认为明朝覆亡是"亡天下"呢？比方说李自成发动起义，推翻了明王朝，那只是亡国，只是一个朝代的更替。但清兵入关，对汉族人来说就是亡天下。他早年做学问的兴趣很广，在考据学、音韵学方面有不少成就。但他后来放弃了这些，专门考察西北地理。他去时带两匹马、两匹骡子，骡子上面驮着的都是书，两匹马自己换着骑，他遍访西北的名山大川，到那里画地图，写下了一本书，名叫《天下郡国利病书》，主要就是把西北的地理风貌描述清楚，因为他认为入侵中原的是西北人，希望后来的中原人收复失地的时候，对他们有充分的了解。

他还有一本类似日记的书，叫《日知录》。里面记录了他的哲学思想、政治思想、经济思想等，所以顾炎武被清朝认为是清学的开山祖师，清代学问的第一人。他的学问最大的特点是经世致用，就是讲究实效。他认为以往的宋明理学太虚了，在玩概念，所以大家就认为是他开了有清一代的学风，这个学问就叫"朴学"。他在《日知录》中提出了近代的启蒙思想，他对君权有许多批判，他认为天下之权应该集于天下之人，反对君主专权。而这个时代基本上和西方的文艺复兴时代相近，代表着我们中国早期的一种启蒙思想。当然同时代的黄宗羲也讨论了这个问题，即亡国和亡天下的问题。

由于我们的题目是"天下"，那么我们首先要讨论为什么明代的这些读书人有这么高的情操与情怀。实际上，他们是有思想基础的。基础来自哪里？远一点讲来自先秦的孔子、孟子，近一点说来自宋明理学，有这样的思想训练，他们才有可能有这样高的情怀。

儒家追求做人的人格，按照孔子的说法，儒家讲的人格可以分好几个档次。从正面来说，常人、君子、仁人、志士、贤人、圣人，按照阶梯来分可以有许多等级。当然，孔子说过，圣贤凤毛麟角，所以"圣人不可得见，得见君子可矣"。对一般人来说，能够做到君子那就很不错了。君子的意思是什么？比方说大家考试 60 分合格，君子就相当于 70 分，圣贤就是 80 分、90 分，不能说没有，但很少。对大多数人来说，做君子就够了。孔子的这种思想主要针对士大夫。在古代，士大夫首先是读书明理的人，也是做官管理国家事务的人。孔子对士提出这样的要求，认为"士不可以不弘毅，任重而道远""死而后已，不亦远乎"，也就是一辈子都要履行这个职责，所以这条道路很长，不是偶尔地去做一下就可以了。而且孔子进一步提出，志士仁人，"无求生以害仁，有杀身以成仁"，这就是人应该追求的一种人格，古人又叫"气象"，做人的气象。

到了孟子，孟子讲天下、国家，天下之本在国，国之本在家，家之本在身。所以孟子提出"居天下之广居，立天下之正位，行天下之大道。得志，与民由之；不得志，独行其道。富贵不能淫，贫贱不能移，威武不能屈，此之谓大丈夫"，做人就要"乐以天下，忧以天下"。儒家经典《大学》里面讲，"大学之道在明明德，在亲民，在止于至善"。具体怎么做呢？"格物、致知，诚意、正心、修身、齐家、治国、平天下"，这样一步一步推出去。

必须注意，这里都有一个共同的观念——"天下"。

我们可以再举一些具体例子，如东汉的党锢领袖李膺说，"欲以天下风教是非为己任"；另外一个党锢领袖叫陈蕃，他说"大丈夫处世，当扫除天下"。他们都把"天下"作为一个理论架构提出来，这些都可以说是"天下兴亡"这句话的源头，是其学术渊源和文化传承。

到了宋代，儒家进入一个发展期，即所谓宋明理学阶段，继续着眼于先秦儒家提出的理想人格，强调要以圣贤的精神境界作为人生追求的目标。过去我们对宋明理学有一种错误的理解，认为宋明理学都很迂腐。实际上宋明理学境界极高，它强调了做人之道，人要有精神境界。人怎么样才能有精神境界呢？要讲气节，要讲品德操守，能发奋立志，能修身养性、自我节制。所以宋明理学实际上志向都很高。如范仲淹在《岳阳楼记》中提出："先天下之忧而忧，后天下之乐而乐。"把个人道德修养与国家兴亡联系在了一起。北宋大儒、宋明理学的创始人之一张载说："为天地立心，为生民立命，为往圣继绝学，为万世开太平。"还有南宋大儒朱熹曾说："自任以天下之重。"

我们讲点历史吧。南宋最后的时期，元朝和南宋打仗。当时，元朝的军队横扫欧亚大陆，蒙古铁骑一直打到欧洲。欧洲人惊呼来了一支"闪电战"的部队,把蒙古军队叫作"上帝的鞭子"。成吉思汗的儿子最远打到莫斯科边上,建立了一个国家叫金帐汗国。但就是这样一支蒙古军队,过了长江以后就过不去了。宋朝的军队非常软弱,而蒙古人在战争史上可以说是打遍天下无敌手的。但是蒙古人碰到的最顽强的抵抗却来自最弱的南宋。从公元 1235 年元军第一次攻打南宋,到 1279 年广东崖山之战宋朝最终灭亡,战争持续了 40 年。蒙古的大汗本人,蒙哥大汗 1259 年死于合州(今重庆合川区)的钓鱼城下。大家都看过金庸写的武侠小说《射雕英雄传》,里面有个郭靖,守襄阳城,就是当时的南宋。元朝的军队 1267 年包围了襄阳,把全城围得水泄不通,蒙古人却打了 6 年才把这个城市攻破,而宋军最后是因为粮食没了,武器也没了才守不住的。这是人类历史上守城战当中一个很难破的记录,一批最弱的人对一支世界上最强大的军队能够坚守 6 年。

当时,岳麓书院、白鹿洞书院等出来的那些年轻的文弱书生,本来手无缚鸡之力,到这个时候都投笔从戎,死伤无数,包括状元宰相文天祥。文天祥就是理学家,他百折不挠,最后被俘。忽必烈怎么诱惑他,他都不投降,写下了堂堂正正的《正气歌》:"天地有正气,杂然赋流形。下则为河岳,上则为日星。于人曰浩然……"还有《过零丁洋》中"人生自古谁无死,留取丹心照汗青"的名句。这是一个高考状元,全国第一名,是个文人,诗文写得不错,但根本不会打仗,却有这样的骨气。最后在广东崖山,元军把南宋小朝廷逼到了海边,最后一个宰相,进士出身的陆秀夫背着 8 岁的小皇帝跳海自杀。所以说不要以为当时读书人没骨气,实际他们从小受的是儒家思想、宋明理学的熏陶,他们都有一种爱国的情怀,一种献身的精神,明明知道是去送死,但还义无反顾地冲向战场。今天我们的读书人,真的应该比照一下古人。

到了明朝,我们看到读书人还是这样。宋朝对读书人比较宽松,但明朝政府不一样,从朱元璋开始,明朝政府对读书人非常残酷。但明朝的读书人中有骨气的也很多。明初的方孝孺,建文帝的宰相,拼死抵抗明成祖朱棣。最后被明成祖抓起来灭十族,我们一般说九族,可连他的学生都被杀了,成了十族。海瑞怎么去见嘉靖皇帝的?他买了口棺材,说"我讲了这个话就准备马上进棺材",然后指着嘉靖的鼻子说:"你的年号叫嘉靖,老百姓怎么说你呢?什么嘉靖?家家都穷得干干净净。"嘉靖皇帝气得马上要把他杀掉，没想到嘉靖皇帝很快就死掉了，海瑞真是命大，后来关了几个月就被放出来了。

再以后大家看到东林党人。东林党人都是读书人，被称为社会的"清流"，清流就是我们现在说的正能量，风气很正的人。为什么叫东林党呢？因为他们基本上每周都要聚集到江苏无锡的一个书院——东林书院，在里面一边读书一边议论时政，批评现行的政治，所以这批人就被称为东林党。东林党人坚信儒家思想，认为君子当自强不息，当以天下为己任，应该忧国忧民，东林书院最有名的就是门柱上的那副对联："风声雨声读书声声声入耳，家事国事天下事事事关心。"东林党人及其后人都是这样的一批爱国人士，比如王夫之，他协助南明抵抗清朝，抵抗了很长时间，后来南明灭亡，他不愿意留辫子，就躲到湖南的大山里，在那里反思，著书立说，写到纸都没有了，只能写在乱七八糟的废纸上。

我们读顾炎武的《日知录》，其中特别突出的就是读书人要有道德情操，这个道德情操就是中国传统文化所讲的"礼义廉耻"。当然这个话是在先秦的《管子》这本书里面说的，儒家一直强调："礼义廉耻，国之四维，四维不张，国乃灭亡。"所以一个国家看谁？就看这个国家的读书人。一个社会看什么？就看这个社会的民气风俗，民风纯朴不纯朴。按孔子的说法，读书人是社会的良心，他讲："君子之德风，小人之德草，草上之风必偃。"读书人起到一个社会导向的作用，读书人就要道德情操高尚，社会上文化低的人都看着你们呢。如果读书人的眼睛都盯着钱，这个社会就要出事的。中国读书人的骨气到什么时候受到了最重大的打击？清朝。为什么？清朝的文字狱杀了那么多读书人，以后就是理学精神的失落。总体上我们可以说宋明的那批读书人都是些爱国志士，他们有自己的哲学基础，他们的理学背景支撑了他们的理想。

我们讲历史，是可以从中提炼出一些东西的，比如今天我讲的"天下"这个问题。"天下"是中国人非常重要的价值观。比方说《礼记·礼运》开篇就说"大道之行也，天下为公，选贤与能，讲信修睦"。《大学》里面讲"修身、齐家、治国、平天下"。"天下"是个典型的中国概念，现在这个概念转换成了另一个概念叫"世界"，世界不是中国的传统概念，而是印度佛教的。"世"在佛教当中讲的是迁流、时间性的问题，"界"讲的是方位、空间性的东西。这在佛教的《楞严经》当中讲得很清楚，世界在时间、空间上的位置，过去、现在、未来，东南西北、上下等方位这些问题。我们现在所讲的"世界"，在汉语当中渐渐流行起来是魏晋南北朝以后的事，大家现在只知道"世界"，很少有人知道"天下"了。

在古人那里，"天下"才是我们讲的世界的概念，当然这只是其一。"天下"在中国是一个内涵很丰富的概念，它既可指中国与四方合一的世界，也可指人文与自然交会的空间；既可以是"巡狩所及，声教所被"的"五服之内"，也可以是"日月所照，风雨所至"的"普天之下"。在古人那里，"天下"不仅是个地理概念，更是一个与"国"相对的价值体，是一种理想的政治秩序，是现实的以"国"为基本形态的政治秩序的合法性的最后依据。同时，"天下"也是古人处理不同文化的民族国家间关系的理论依据，如"先王耀德不观兵"，这是"推己及人"的理想主义，即依靠自身的声威和德化感召使别的民族和国家归附；"王者不治夷狄"，这是"和而不同""反求诸己"的现实主义，即以合情合理的方式来处理民族间文化和利益上的矛盾冲突而不必强求改变"他者"。

古代中国人很少强调、突出民族，因为中国人始终强调的是"天下"的问题，比如梁漱溟说，中国是"国家即天下，天下即国家"。所以衡量一个民族不是以民族为单位，而是以文化为单位的。古人讲"礼失求诸野""尽弃所学而学之"等说法，那是很普通的。因此，中国人吸收外来的东西比较容易，只要比我好的东西就要学，因为我们以文化作为标志。所以你看中国人，各种宗教在中国的争斗就不严重，我跑到江浙两省的乡下去，跑到农民家里一看，怪怪的，儒、佛、道什么都有，好像互相都不矛盾，和平共处。中国人不强调冲突而重和谐，你有好东西我们就吸收。中国人心胸特别开阔，这在其他任何讲宗教的地方很难想象。

我到美国做访问学者时，要考察各种教堂，了解外国的文化。他们发现有一个中国人来，不反对你，而是大家都看着你，没有声音，看得我直发怵。一个陌生人来了，眼睛都看着你，这是一个非常独特的现象。因为中国始终有一种"天下"的观念，所以梁漱溟说，中国从来不是一个民族国家，而是一个文明国家，是以文明作为评判标准的，因此当我们科学技术落后了，我们"礼失求诸野"，向西方学习，学习他们的科学民主；当我们发现我们对生命存在等终极关怀问题的思考不多，我们就向佛教学习。

人类历史进入近代，随着西方工业文明的兴起和资本依其本性的扩张，中国在走向现代化的过程中经历了一个由"天下"缩变为"民族国家"的痛苦历程。可"民族国家"（nation–state）只是一个西方近代以来"国际法"的概念，以表示国家的内外主权，在学理上它并不高于国家理论，更没有任何高于国家的理想和价值观。因此，尽管中国人被迫接受了这个概念，但"天下大同"（康有为）、"天下为公"（孙中山）、"胸怀祖国，放眼世界"（毛泽东），仍然是一个多世纪以来最先进的中国人不懈追求的理想信念。我们古人讲的"天下"观念，实际就是讲以天下为己任，就是一种责任心；以天下为己任，你就有爱国心，这是我们这个民族的优秀传统，中华民族从来不是狭隘的民族主义者，因为我们始终有个天下观。

对世界负责任，而不仅仅是对自己的国家负责任，这不仅是中国哲学的视野，也是马克思主义的基本立场。马克思曾犀利地预见，资本的行为是全球化的，但每一个做出这个行为的主体却受制于狭隘的利益——无论是资本的私人占有还是民族性。因此，马克思期望通过国际主义、共产主义来破这个困局。

当然，进入近代以后，中国人被迫接受西方民族国家的概念。到今天，"天下"这个概念还有没有价值？我认为还是有价值的。现在整个世界的趋势是什么？全球化、一体化，所谓的"地球村"时代。但我们人类现在正面临着许许多多的问题无法解决，如环境污染问题、能源匮乏问题、世界大战问题。美国人开口闭口就是国家利益，如果每个国家都以国家利益为单位的话，人类所面对的共同问题就无法解决。因为你有你的国家利益，我有我的国家利益。我们现在有联合国，联合国处理什么问题？联合国没有天下的概念，所以它没法解决问题。实际上，要把人类作为一个整体来看待，而不是要突出强调我是什么国家，你是什么国家。你是"他者"，他者就是自己的坟墓——这是西方哲学中的一种说法。如果人人都把他者作为自己的坟墓的话，人类必然走向灭亡。所以中国的"天下"观念即使在今天也有其世界性的意义。

比方说，现在世界气候大会，为什么条约都签不下来？那些早先发达的国家他们发展起来了。如英国工业革命时，雾霾比我们今天严重得多，伦敦是有名的"雾都",可现在发展多好;泰晤士河原先脏得不能再脏了,现在可以养鱼了;哈佛大学边上是查尔斯河,查尔斯河当时臭得要命,20世纪50年代在哈佛读书的杜维明先生,他说从查尔斯河掉下去,身上的臭味一个月都洗不掉,可现在查尔斯河清晰得可以见底。他们发展了以后,利用第三世界的能源、资源、廉价劳动力,积累了大量的资本,然后花大钱去搞环境治理,搞好了。现在后发的现代化国家也要起来了,我们讲的"金砖五国"也要发展,但是这个发展肯定要造成大面积的建筑垃圾、空气污染、碳排放量等等,所以联合国说大家要出钱治理环境,先发展的资本主义国家都不同意多出钱,《京都议定书》美国签字又反悔,本来你早发展起来,占用资源多了,应该多出点钱,他说不,如要出十块钱,十个国家一个一块,我一个子都不多给,那穷的、后发的国家当然不同意了。碰到这样的问题怎么办?如果没有一种"天下为怀"的情怀,对世界整体的把握,什么生态保护、绿色和平、可持续发展等等,能做到吗?你在这里保护,那边却在破坏。比如上次日本的海啸,核电厂里的反应堆破了,那就是全世界的问题。现在两极的臭氧层已经破坏到什么程度?没有国家去管,这是一个全人类的问题,全球的问题。如果没有这种"天下"胸怀的话,实际上是没法处理的。我们从中国古人的天下为怀的情怀当中,不仅可以体会到每个人对自己国家的责任,同时还应该体会到更大的对人类的责任。

因为当前西方任何一个国家的理念,都没法解决人类当下的困局,他们缺乏一种全球文明秩序的世界性的价值理念,所以人类没法保证对世界负责,没法保证世界的和谐发展,因为牵涉到国家利益。所以美国人老在讲国家利益,我们没有必要跟在美国人后面鹦鹉学舌,我们要超越他们,国家利益只是一个局部的利益,还有更高的利益。我们要以"天下""人类"作为政治、经济利益的优先分析单位,从天下、人类的角度去理解当今世界的种种问题,开创出一条中国人讲的实现"天下大同"的"王道",这将是中华文明对今日世界的最大贡献——一种价值理念的贡献。

当然,有人会担心现在民族国家盛行,你提倡"天下为怀"不切实际,在实践中会起副作用,这有没有道理?有道理!但这不是一种哲学的思考,而是现实政治的计算,我们知道当下世界单边主义、霸权主义通行无阻,但这个绝不能成为人类的理想,否则人类必然走向灭亡。因为这样就是弱肉强食，就是丛林原则，谁的拳头大，谁的力气大，谁就有道理，那就没有道理可讲了。所以这是一套理想，这种理想未必是马上就可以实现的东西，不一定是实然的而是一种应然，即应该是这样的。人类应该往这个方向去追求才有可能继续生存下去，否则人类到最后会同归于尽。

我们通过了解古人，从顾炎武讲的"天下兴亡，匹夫有责"这一价值理念中，体认到把自己个体的责任与群体的责任、人类的责任联系在一起，那么你就可以有一种情怀，小到个人、中到家庭、大到国家，再大一点是世界、人类、未来。我觉得我们的古人确实有许多有价值的思想，"天下"观念只是其中之一而已。

（原载于《光明日报》2014 年 7 月 7 日）

"商战"·"议院"·"中体西用"

——早期改良派

就在洋务运动蓬勃展开之时，中国社会中还有一股新崛起的力量颇值得大家注意，那就是学术界通常称为"早期资产阶级改良派"的那一批人物。早期改良派的身份比较复杂，他们与洋务派成员有着不解之缘，但又不完全等同于洋务派。他们中的许多人大多直接接触过西方的学术和文化，受过较多西方资本主义文明的熏陶和影响，有的人甚至还有相当深的西学造诣。所以，说这批人是当时一群学贯中西的学者也不为过。他们的经历和所受的教养，使他们十分推崇和向往西方的文明，也成为当时"西学"的积极传播者。和前人相比，他们的思想可以说前进了很大一步，有不少新的内容。但又由于他们都是从传统文化中走出来的人物，所以又具有相当坚定的中国传统文化意识，这是一种混合型的人物，他们的思想也大抵应作如是观。早期改良派是当时那个时代特有的产物，他们那些颇有矛盾的思想学说，在中国近代史留下了自己的痕迹，其中有一些内容，直到今天还能引起学术界的思索、讨论乃至争论，所以值得我们在这里辟出一节来谈谈这些人及其主要思想观点。

一、 早期改良派的代表人物

早期改良派的人物有不少，其中有代表性的人物有：冯桂芬、王韬、容闳、薛福成、马建忠、陈炽、郑观应、何启。以下就对这几位人物稍做介绍。

冯桂芬（1809—1874），字林一，号景亭，江苏吴县（今苏州吴中区）人，道光进士。曾与林则徐、魏源等道咸间经世派有一定的过往。太平天国事起，他在苏州办团练，抵抗太平军，以后成为李鸿章的幕僚，赞成李鸿章"借洋兵"打太平军的主张。冯桂芬改良思想的代表作是《校邠庐抗议》，出版于1861年，书中的思想可谓中国近代维新思潮的最初表现，其中最有名的就是"中体西用"思想的提出。

王韬（1828—1897），初名利宾，字仲弢，号紫铨，别号弢园老民等，江苏吴县（今苏州吴中区）人。秀才出身。青年时代在上海英国教会办的"墨海书馆"工作，曾上书献策进攻太平天国。后又化名"黄畹"为太平军出主意，遭清政府通缉，逃往香港。1867—1870年随英国教士理雅各赴英译书，游历过英、法、俄等国。回国后在香港主编《循环日报》，积极鼓吹变法自强。晚年在上海主持格致书院。其著作有《弢园文录》等。

容闳（1828—1912），字纯甫，广东香山人。少时入澳门马礼逊学堂，1847年留学美国，1850年考入美国耶鲁大学，后加入美国籍。1855年回国，曾到天京向洪仁玕提出新政建议，因未被采用而离开太平天国。1863年，因曾国藩委托为筹建江南制造局而赴美国购买机器。1867年，通过江苏巡抚丁日昌向清政府建议组织合资汽船公司、选派留学生、开采矿山、禁止教会干涉人民词讼等。此后历任清政府留美学生的监督、驻美副使等职。其著作有《西学东渐记》等。

薛福成（1838—1894），字叔耘，号庸庵，江苏无锡人。初为曾国藩的幕僚，后又入李鸿章幕，跟随李鸿章一起办洋务和外交。主张革新政治，振兴工商业。中法战争时，在浙江镇海协助提督欧阳利见击退法国军舰的进攻。以后曾以左副都御史之职出使英、法、比、意四国。著作有《庸庵全集》等。

马建忠（1845—1900），字眉叔，江苏丹徒人。青年时代即好研究西学。1875年被派往法国留学。回国后入李鸿章幕，协助李办洋务和外交，曾到过印度、朝鲜。马建忠学问渊博，尤长于语言文字学，精通英、法、希腊诸国语言文字和拉丁文。其改良思想的著作有《适可斋纪言纪行》；学术著作有《马氏文通》，此书从中国经典中选出例句，参考拉丁文法，专门研究中国古代汉语的语法规律，是中国第一部较全面系统的汉语语法著作。

陈炽（1855—1900），字次亮，号瑶林馆主，江西瑞金人。光绪举人，曾游历过港澳，以后曾历任户部郎中、刑部郎中、军机处章京。主张关税自主，兴工商、设报馆、办学校，仿效西方的政治，设立议院等。1895 年，与康有为等发起组织"强学会"。著有《庸书》《续富国策》等。

郑观应（1842—1922），本名官应，字正翔，号陶斋，别号杞忧生，广东香山人。早年在上海任洋行买办，后独立经营。以后长期在洋务派创办的几个大企业（上海织布局、上海电报局、轮船招商局等）中担任重要职务。其代表作为《盛世危言》，这是早期改良派各种论著中最有影响的一部著作。

何启（1859—1914），字迪之，号沃生，广东南海人。毕业于香港中央书院，后留学英国，回港后做律师。他创办了香港雅丽氏医院，并且成为香港立法局华人议员。后又支持孙中山革命活动。他与胡礼垣一起写了大量鼓吹变法的论著，其中出名的是《新政真诠》。

从上可知，早期改良派与洋务派的关系十分密切，其中的许多人几乎很难确定究竟属于哪一派，因为他们中的许多人就是洋务派要员一手培养或提拔起来的，而且大多是洋务大吏的得力助手，他们中的大多数人又直接参与了大量的洋务活动，有不少人当过洋务派官员，有人甚至还当过买办商人。他们的思想主张，在不少方面也与洋务派基本一致。当然，他们中的一些人对洋务运动有所批评，但就其批评的内容来看，更多的是针对洋务运动中的一些不足之处而已，并非针对洋务运动本身。所以，所谓早期改良派，实际上可视为洋务派的同路人，在本质上他们与洋务派并没有太大的不同，他们的思想主张、理论实践也与整个洋务运动息息相关。

当然，如果说，他们与奕䜣、曾国藩、左宗棠、李鸿章、张之洞这些洋务派要人之间毫无区别的话，那也是不完全准确的。首先，奕、曾、左、李、张等都是一些洋务大吏，而早期改良派更多的是一批中下层的官员或知识分子，他们许多人是以思想家的面目出现的；其次，奕、曾、左、李、张等洋务大吏所热衷的洋务主要集中在所谓的"西艺"，即"师夷之长技"以达到富国强兵，而早期改良派的兴趣更为广泛，不少人还着眼于洋务派并不太感兴趣的"西学"和"西法"方面；其三，早期改良派人士大多到过外国，至少去过香港、澳门这些受殖民式统治的地区，所以他们对西方科技和文化的了解，都远在洋务大吏之上，因此其思想更富西方色彩，在对学习西方问题上也比洋务大吏走得更远，有人甚至提出了"君民共主"的君主立宪设想，这是洋务大吏所不敢说甚至不敢想的。正因为有这些方面的区别，当维新变法运动兴起之时，早期改良派中的一些人士，才能勇敢地从洋务运动中走出来，投身到维新运动中去，从而成为鼓吹改良变法的人物。

早期改良派的思想，在很大程度上与洋务派差不多。但有一点不同的是，他们已经意识到，洋务派的那一套只是袭西方人的皮毛，不能从根本上解决问题。所以，他们在激烈批判顽固派的同时，也批评了洋务派。他们认为，欲使中国富强起来，必须全面学习西方人在政治、军事、经济、文化各方面的成就，对中国进行全面的改革。他们除了提出"变革"思想之外，还提出了其他一系列思想，如实行"商战"，从法律上保护和扶助中国的民间资本；实行君主立宪，建立上下议院制度，适当改革内政；扩大绅士的权力，改革税赋制度；废除科举制，开办现代学堂；等等，这里我们没有必要对这些思想一一加以讨论，我想集中谈一谈几个最重要的方面。

二、"以工商立国"与"商战"

早期改良派中的不少人士在洋务运动中被派出国，或自己由于某些原因而出过国。他们亲身接触了西方资本主义的"富强"，深切地感到了中国的落后，这促使他们认真地研究西方诸国富强的原因，并认真思考和探索如何才能使中国也同样真正地"富强"起来。他们研究西方国家富强的原因得到的结论是：西方列强的工商业特别发达，西方列强实行"商战"的竞争。所以中国也必须走发展工商业和实行商战的道路。

早期改良派所认为的发展工商业，与洋务派所办的洋务企业是不同的。早期改良派虽然是从洋务运动中走出来的，但他们已经不满足于洋务运动，还看到了洋务运动的许多不足之处。在他们看来，洋务派在学习西方的问题上，仅仅是"袭其皮毛"，因此洋务运动是"小变而非大变"，是"貌变而非真变"，靠洋务运动并不能把中国引向富强。因为洋务派只是用原有的封建官僚体系和制度来办近代企业，完全不讲究经济效果和经济规律，反正是花"国家"的钱,个人做官并乘机发财,企业的亏损与个人没有关系,所以就可以毫不在乎。这种官办企业当然要亏本乃至垮台,这又怎么能使中国真正富强起来呢?洋务运动中有所谓的"官督商办",在早期改良派看来,"官督"就是封建主义加在资本主义"商办"头上的枷锁。如何才能摆脱这种枷锁呢?只有发展中国民族资本主义的工商业。

在19世纪60年代,早期改良派都是"船坚炮利"的洋务主张之积极拥护者。但到70年代以后,即当对西方世界有了进一步深入的了解后,他们几乎一致认为,要想使中国能够御侮和自强,并不能光靠"船坚炮利",而首要任务是改变中国生产落后、经济衰退、人民贫困的现状,设法使中国先富起来。在"强"与"富"之间,他们认为,富才是基础和前提,他们反复申论,"求强以致富为先""民富而国自强""富则未有不强者"。那么,又如何才能"治贫求富"呢?他们认为,根本途径就在于发展中国的民族资本主义工商业,如郑观应说:"欲攘外,亟须自强;欲自强,必先致富;欲致富,必首在振工商。"早期改良派指出,欧美200多年来之所以日益富强,就是由于它们能努力发展本国的商务、工务、矿务等,这是"导民生财"的结果。而中国则反之,"中国之矿务、商务、工务无一振兴,坐视民之困穷而不为之所"。

从以上这样的立场出发,早期改良派要求清政府允许商民在中国自由兴办各种新式企业,"皆许民间自立公司","不使官吏得掣其肘"。让民间的老百姓有权利自己去开发矿产、制造机器、兴筑铁路、建造轮船等,"一体准民间开设,无所禁止,或集股,或自办,悉听其便"。当然,他们所说的老百姓实际是指中国的民族资产阶级,而并非普通的穷老百姓。早期改良派代表了刚刚出世不久的中国民族资产阶级,提出要求自由发展资本主义工商业的强烈愿望,所以他们对洋务派以"官办""官督商办""官商合办"的名义垄断经济、排斥个人资本的做法展开了批评,认为这是"以仇民之计为误国之谋,以假公之名为济私之实"。这些批评是一针见血的,反映了中国民族资产阶级渴望摆脱清王朝的封建束缚。

要扶植民族工商业,就必须限制西方资本在中国的肆意扩张。早期改良派因此提出了对西方列强实行"商战"的著名主张。他们已经意识到,光靠"船坚炮利"不足以抵御西方列强的侵略。因为,侵略可分"兵战"

和"商战"两种，"兵战"只是暂时的，而"商战"却是长期的；"兵战"是标、是末、是"形战"，"商战"才是本、是"心战"。西方列强之所以会对中国进行军事侵略的"兵战"，其真正目的还在于企图在经济上获得最大利益，亦即"商战"。有关这一方面的思想，郑观应在其《盛世危言·商战》中讲得最具体，他说：

> 泰西各国以商富国，以兵卫商，不独以兵为战，且以商为战。况兵战之时短，其祸显；商战之时长，其祸大。

> 西人以商为战，士、农、工为商助也，公使为商遣也，领事为商立也，兵船为商置也。国家不惜巨资，备加保护商务者，非但有益民生，且能为国拓土开疆也。

> 习兵战不如习商战……商战为本，兵战为末。

早期改良派所谓的"商战"，就是要从经济上寻求对策，对付西方列强的经济侵略。如何与西方列强展开"商战"？早期改良派提出了许多具体的建议，其中最核心的思想就是保护中国的民族工商业。其中比较重要的有这么几点建议：一、清政府应该采取积极有效的措施，保护和奖励民族资本，建议在中央设立"商部"，在各省设立商务局，保护中国的工商业者。二、清政府应该立即裁撤"厘金"，"厘金"是清政府在对太平天国作战时为筹集资金而额外征收的一种商业税，是当时民族工商业者的一种沉重负担，它遍布全国各地，纯属压制民族资本的苛捐杂税，为民间商人所深恶痛疾。三、对外商加税。自鸦片战争签订不平等条约后，外商利用"协定关税"的保护，以低价倾销商品，严重损害了中国民族工商资本的利益。因此必须修改不平等条约，增加进口税以保护民族工商业。四、收回海关大权。自中国的大门被列强打开后，中国的海关总税务司一职，长期由英国人赫德（Robert Hart）担任，这对中国发展资本主义是极为不利的。因此，早期改良派中的许多人都强烈要求收回中国的海关权力。此外，"商战"还包括大力发展本国的民族资本主义工商业，扩大商品生产，同西方列强在国内外市场进行经济竞争等内容。

以上这些，在当时都是比较新鲜的思想。尽管它们还很微弱，也还多限于纸上谈兵，但它们却有着正在日益兴起的中国民族资本的客观物质基础，所以并没有因此而一闪即灭，而是在不断发展，逐渐形成一股社会思潮。

三、"议院"和"立宪"

西方列强之所以富强,在经济上是由于它们"以工商立国",保护和奖励资本主义工商业的发展。但是,在一些早期改良派看来,这还不是最根本的原因。他们认为,实行议会制度,人民享有民主权利,这才是西方国家富强的"根本"之所在,即经济制度还必须得到政治制度的保障,这才能够真正富强起来。

早期改良派这些思想的产生,有一个发展的过程,在 70 年代的马建忠、薛福成或更早的冯桂芬那里,我们还看不到有关这方面的具体的想法,有的也只是一些比较空泛的介绍西方社会政治制度的内容。到了 80 年代的郑观应、王韬、陈炽、何启、胡礼垣等人那里,这些思想才渐渐成熟,甚至变得急切起来。其原因除了对西方世界的认识深入了这一点之外,还在于中国在 1884 年中法战争中莫名其妙的失败,洋务派的"船坚炮利"主张在现实面前受到了怀疑,人们开始反思,光有新式武器而政治极端腐败能抵御外国侵略吗?另外,早期改良派一再强调鼓励发展民族资本、保护民族工商业、对西方列强实行"商战",但清政府却始终置若罔闻,还是拼命压制、阻挠民族资本主义的发展,这使他们对封建政治这一上层建筑表示出了怀疑,开始逐渐产生如何设法使自己能干预政治、争取政治权力,从而能自上而下地维护新兴的民族资产阶级的经济利益的思考。

于是,西方资本主义的代议制度成为当时早期改良派感兴趣的话题,他们注意、介绍、赞扬西方的"议院""立宪""民主"等政治形式,把这些东西看成"救亡之道"和"富强之本"。所谓"泰西富强之道,在有议院以通上下之情,其他皆所末";"议院为欧洲近二百年振兴根本……议院为其国政之所在,即其国本之所在";"泰西议院之法……合君民为一体,通上下为一心……强国富兵,纵横四海之根源也"。与此同时,封建的君主专制政治,也遭到了早期改良派的批判。他们批判君主专制"权偏于上",从而造成"上下不通",民心、下情无法上达,君民之间离心离德,甚至处于对立的状态。这就是中国当时的病根之所在,也是中国衰败的原因所在。所以,中国要富强起来,就必须在政治上进行改革,而改革的途径就是学习西方，设立议院，实行立宪。

当时，提出以上政治改革主张的早期改良派人物很多，他们的议论也相当多，但如果把他们的思想特点归纳一下，大致有两大特点：

一、为救国而求设议院、立宪。早期改良派在宣传议院、立宪制度，批判封建专制制度时，都贯穿着一条救国的主线。几乎每个人都是先谈一通议院、立宪制度如何能使君民一心，国强民富，专制制度如何使君民阻隔，国弱民穷，然后得出的结论就是要救国必须改制。郑观应在其《盛世危言·议院》中的一段话可谓最集中，也最具代表性：

> 故欲行公法，莫要于张国势；欲张国势，莫要于得民心；欲得民心，莫要于通下情；欲通下情，莫要于设议院。中华而终自安卑弱，不欲富国强兵，为天下之望国也，则亦已耳；苟欲安内攘外，君国子民，持公法以保太平之局，其必自设立议院始矣。

早期改良派的这些议论，当民族矛盾尖锐之时，呼声就更高更急，如1880年中俄伊犁交涉紧张之际、1884年中法战争激烈展开之时，包括到后来1894年中日甲午战争爆发的时候，无不如此。所以，早期改良派要求变专制制度为议院、立宪制度，首先是从爱国主义和挽救中国的民族危亡出发的。

二、政治改革以低标准为追求的目标。早期改良派政治改革主张的重要特点之一，就是目标定得不高。他们认为，美国、法国式的议会制度"权偏于下"，"法制多纷更"，因此只有英国、德国式的君主立宪制度，是比较适合中国国情的。他们的理想是既要民权，又害怕民权过重；既要求参与政权，又不敢独占政权；既不满君主专制，又不愿抛弃君主；既不满清朝统治，又不想推翻清朝。此外，他们中的一些人还提出，参与政权的人必须要有相应的财产限定。因此他们所设想的议院是：自王公大臣至各衙门堂、翰林院四品以上的官员，"均隶上议院"，由"军机处主之"；堂官四品以下人员，及翰林院四品以下官员，"均隶下议院"，由"都察院主之"。而地方上的"省议员"由进士中推出，"府议员"由举人中推出，"县议员"由秀才中推出。最终的"军国大政"，还是得由"君上"决定。这样的设想，一方面说明了早期改良派与封建主义仍保持着密切的联系，不可能一下子就脱离；另一方面，则反映了他们作为新兴的民族资产阶级对参与政权的向往。这些目标，过去一直遭到人们的非难，被说成中国民族资产阶级软弱性的典型表现。确实，这话说得也不能算错。但是，如果我们仅限于这种认识的话，那就大有苛求前贤之嫌了。实际上，这种低标准比起一般高亢的空论来说要来得现实得多。因为理想与现实之间总有很大的一段距离，而从理想转向现实又是极其关键的一步。我们知道，从魏源的《海国图志》起，中国的那些有眼光的知识分子，都还仅处在对西方民主制度歆羡的境界，而早期改良派的具体设想，恰恰标志着中国知识分子对于先进的社会政治制度，从一般的赞赏变为具体实践的第一步，这对中国封建专制制度具有最为直接的战斗意义。所以，尽管这第一步是歪歪扭扭的，可议论和可批评处甚多，但它毕竟是一个巨大的历史进步。如果连这一点都不愿意承认，而坚持要以今天的眼光来评判前人的话，那就不足以与之讨论历史上的任何问题了。

除了议会制度和立宪制度外，早期改良派还提出其他一些很具体的政治改革主张，如：一、精简机构，裁撤冗员，以改变清政府从中央到地方的政府机构过于庞大臃肿、重叠的弊病；二、改变"用人论资格"的积习，规定文武官员退休的年限；三、废除官员公开贪污的种种"陋规"，同时适当增加官吏的俸禄；四、设立新的政府机构，适当改变用人的办法，如中央应设立商部、学部、外交部等。其中特别值得一提的是对于教育制度的改革。早期改良派人士认为，中国传统的八股取士的科举制度，不仅不能培养有用的人才，而且严重地摧残人才。所以他们对八股文和科举制度展开了尖锐的批判，强烈要求废除八股文和科举制。他们认为，要开发民智，培育人才，当务之急就是办新式学堂，以改革中国的传统教育。他们主张，应该学西方，在全国范围开办新式学堂，以培养中国自己的科技人才和政治人才，适应变化了的形势之需要。

四、"中学为体， 西学为用"

"中学为体，西学为用"，简称"中体西用"，这是中国近代的一个极其重大的理论命题，它关涉中外思想文化冲突时的总体的价值取向问题，因此也可视为中国近代史上最重要的哲学命题。同时，这个思想也可以说是早期改良派与洋务派以及这一时期所有主张向西方学习的中国人所共同主张的观点。

"中学为体，西学为用"是一个具有深刻时代烙印的命题。它实际包含了两对范畴，一是"中西"，一是"体用"。"中"与"西"是西学东渐之后产生的一对相互对待的概念，它们不仅仅是地域上的区分，而且含有不同生活方式、不同思想文化、不同价值取向等十分丰富的内涵。至于"体"和"用"，那是中国传统哲学中固有的一对十分古老且重要的范畴，其含义颇为复杂。用比较通俗的话来讲，"体"和"用"最主要有两层含义：其一，"体"是指实体，"用"是指作用；其二，"体"是指本体（本性、本质等），"用"是指现象。它们又和更古老的范畴"道"与"器"、"本"与"末"、"理"与"气"等对应的范畴经常发展关联，有时甚至也是同义的，这方面的具体内容这里就不必详说了，我们主要还是针对近代史上的这个命题来说。

从目前所掌握的资料来看，最早提出这个思想的是冯桂芬，时间是 19 世纪 60 年代初。冯桂芬在其名著《校邠庐抗议》中有这么一句话基本上体现了这一思想：

> 以中国之伦常名教为本，辅以诸国富强之术。

以后，表述这一思想的人越来越多，如薛福成说：

> 今诚取西人气数之学，以卫吾尧、舜、禹、汤、文、武、周公之道。（《筹洋刍议·变法》）

这里虽未标出"体用"，但实际含义与冯桂芬是一致的。王韬这方面的话更多，如：

> 器则取诸西国，道则备自当躬。（《弢园文录外编·杞忧生易言跋》）

> 形而上者中国也，以道胜；形而下者西人也，以器胜，如徒颂西人而贬己所守，未窥为治之本原者也。（《弢园尺牍》）

郑观应也说：

> 中学其本也，西学其末也。主以中学，辅以西学，知其缓急，审其变通，操纵刚柔，洞达政体，教学之效，其在兹乎。（《盛世危言·西学》）

道为本，器为末；器可变，道不可变。庶知可变者富强之术，非孔、孟之常经。（《盛世危言·凡例》）

正式一字不差地提出"中学为体，西学为用"的是沈毓桂（沈寿康）。1895年4月，他在《万国公报》上发表《匡时策》，文中是这么说的：

夫中西学问，本自互有得失，为华人计，宜以中学为体，西学为用。

但是，现在人们一般把张之洞于1898年5月发表的《劝学篇》作为近代"中体西用"思想的系统总结和全面发挥。张之洞是这么说的：

新旧兼学。四书五经、中国史事、政书、地图为旧学；西政、西艺、西史为新学。旧学为体，新学为用。（《劝学篇·设学》）

中学为内学，西学为外学；中学治身心，西学应世事。（《劝学篇·会通》）

不可变者，伦纪也，非法制也；圣道也，非器械也；心术也，非工艺也……法者，所以适变也，不必尽同；道者，所以立本也，不可不一……夫所谓道本者，三纲四维是也……若守此不失，虽孔孟复生，岂有议变法之非者哉？（《劝学篇·变法》）

从19世纪60年代到90年代，"中学为体，西学为用"成为当时中国的一股社会思潮。从宣扬"中体西用"的人来看，他们各自的目的并不完全一致，所以对这一思想的理解和强调的侧重点也不尽相同。洋务派以"中体西用"为理论纲领，本意是以"西用"来捍卫"中体"，这其中包括采用先进的"西技""西艺"，对内镇压民众的反抗，对外防范列强的侵略，而根本目的在于巩固已经摇摇欲坠的清王朝。早期改良派也以"中体西用"为理论纲领，但其本意是在陈腐、僵化的旧文化一统天下的现实中，为新思想的立足和生长打进一个楔子，是让"西用"得以在"中体"之中存身。

就"中体西用"思想的实质而言，它是试图在维护"中体"的名义下采纳"西学"。这里所说的"西学"，已不仅是指西方的器物之学，也包含了西方的一些法律和制度方面的内容。但这个在过去是被作为包庇封建罪而遭到严厉批判的。但是，如果实事求是地来看，在当时的中国，要在充斥封建主义旧文化的天地里容纳若干资本主义的新文化，除了"中体西用"之外还不可能有更好的办法。如果没有"中体"作为前提，"西用"就无所依托，它在中国是进不了门、落不下户的。因此，"中体西用"毕竟让中国人看到了另外一个世界的一部分，并且试图把那部分西学的内容引进到中国来，它成为中西文化经过接触后在当时条件下可能结合起来的一种形式。这种结合曾经产生了某些有益的东西，如在引进技术中建立了中国最早的一批工矿企业，造就了中国最早的一批工人阶级，使中国僵化的社会结构发生了某些异变等，这些无疑是封建文化中的异端，其力量尽管有限，但终究促进了中国社会的前进。

再就"中体西用"的理论论述而言，它也存在着明显的缺陷，因为它割裂了"体用"的一物两面的不可分割性，是二元论而非一元论，是机械论而非辩证论。但是，从历史的观点来看，"中体西用"思想的提出，对千年来盛行不衰的"夷夏大防"的中国传统文化观念来说，无可争辩地体现出了它的开通和明智的一面。从认识的水平来看，它也是中国历史上思想进步的一个重大突破。从社会的效用来看，它又是缓解矛盾、排除障碍，使"西学"得以在中国这块土地上存身立足的"保护伞"和"安全岛"。所以，在戊戌维新变法以前，"中体西用"思想有其产生的历史必要性与合理性，因而较多地体现出历史作用的积极的一面。

再进一步说，"中体西用"思想的出现，证明在世界范围内自近代工业文明诞生后，世界各民族文化的大规模接触和融合，已经开始成为一种不可阻挡的历史发展趋势；也证明近代人类的新的文化价值，已经在一定程度上为中国开明的人士所认同，尽管这种认同是依附在种种现实的，甚至十分保守的政治功利目的之下的，从而或多或少地歪曲乃至篡改了近代文化的本来面目，但它毕竟还是为古老的中华文化走向近代、走向世界，提供了一种初步的模式。从中国近代历史的过程看，如果说种族观的"夷夏大防"自鸦片战争后开始动摇了，那么文化观的"夷夏大防"在洋务运动和早期改良思潮出现后也开始动摇。这对中西文化的进一步交流、碰撞提供了可能。无独有偶，在日本"明治维新"时期，日本维新派人士提出了"和魂洋才"的口号，这与中国的"中体西用"口号可谓遥相呼应，而就其实质性而言也基本相同，尽管中日近代化的结果大相径庭。这说明世界进入近代以后，各民族都会遇到一个本土文化与外来文化的沟通问题。

"中体西用"还引发出一层文化学上的意义。首先是文化的民族性问题。文化具有相对的性质，它牵涉到的许多问题是价值观的问题，所以光讲文化的人类性是不够的，任何一种文化形态都是具体而非抽象的，每个文化形态都有自身的地理环境、历史发展条件，这是一个民族区别于其他民族的主要标志。19 世纪的西方社会学、文化人类学、民族学、历史学等学科普遍通行"文化进化一元论"和"达尔文主义"，认为文化发展从低级到高级、从简单到复杂，人类文化是普同的，进化是单一的、直线的。这实际是"西方中心论"的观点，即以西方文化为价值尺度来衡量，其他文化都是落后、愚昧的。这个观点是导向"文化人种论"（如殖民主义、希特勒"雅利安文化最优秀"等）的来源之一。20 世纪开始，国际学术界开始重视人类文化演进的多元论，认识到各种文化形态具有相对独立性，每一个文化都有其地理的、生物的、经济的、历史的、政治的因素，各种文化形态的进化有其自身特性，按自身发展的需要进化，因此是多线而非单线进化的，文化的价值是相对的而非绝对的，各民族过去和现在所创造的文化在价值上是平等的，每一种文化都有自己的独创性和价值标准。

最后，还有一个问题我们也应该思考，即如何才能真正发展民族文化，或曰发展民族文化的立足点究竟何在。这个问题直到今天仍有意义，在 20世纪 80 年代的"文化热"中，有不少人对此展开热烈的探讨，如李泽厚还提出了"西体中用"的说法，结果当然是有人赞同，有人反对。读者诸君以为如何？

（原载于徐洪兴：《千秋兴亡·清》，长春出版社 2000 年版）

下篇

传统文化的历史演变研究

疑古与信古

——从郭店竹简本《老子》出土回顾 20 世纪关于老子的争论

1993 年 10 月底，湖北荆门市四方乡郭店村一号战国楚墓出土了 800 多枚竹简，这批竹简包含了多种先秦子书古籍，其中有属于道家的著作二种，《老子》（甲、乙、丙三组）和一篇佚著《太一生水》；属于儒家的十四篇，《缁衣》《五行》《鲁穆公问子思》《穷达以时》《性自命出》《成之闻之》《尊德义》《六德》《唐虞之道》《忠信之道》和《语丛》四篇，其中也颇多佚著。竹简经专家们的整理诠释后，已于 1998 年 5 月，由文物出版社以《郭店楚墓竹简》之名正式刊行。

郭店一号楚墓地处东周时期楚国都城纪南城北面约 9 公里处，历年考古资料证明，这里曾是当时楚国贵族的墓地。从一号墓随葬品之一漆耳杯底部"东宫之师"的刻铭推断，该墓主可能是当时楚国太子的老师。墓主下葬的年代，据参加发掘的考古专家鉴定，为战国中期稍后，至迟不会晚于公元前 300 年。①

郭店竹简的出土，是继 1973 年冬湖南长沙马王堆三号汉墓帛书出土后，上古文献的又一重大发现，其在中国哲学史、思想史、学术史、文化史上的地位、意义与价值非同寻常，许多以前似成定论的问题，现在看来都有待进一步重新估定。如"老学"在中国上古"哲学突破"中的地位与作用究竟应如何评价？先秦时期"道家"思想的演变过程究竟是怎样的？儒家

---

① 参见《中国文物报》1995 年 3 月 19 日第 1 版《荆门出土老子等五部竹简》，《文物天地》1995 年第 6 期《荆门楚墓的惊人发现》，《文物》1997 年第 7 期《荆门郭店一号楚墓》等报道。

"六经"的次序究竟定于何时？荀子提到的子思、孟子一派的"案往旧造说"之"思孟五行"究竟如何评价？《礼记》究竟成书于何时？宋明儒争论不休的《大学》"三纲"中"亲民"还是"新民"的问题究竟孰是孰非？传统上对先秦儒道两家关系的评价是否准确？楚文化在先秦地域文化中的地位与作用究竟如何？如此等等，都将成为学界同仁共同去研究的课题。

本文的旨趣，则在于通过郭店竹简本《老子》的发现，回顾20世纪以来有关老子其人其书的争论，并试图总结一些经验教训。

一

英国的汉学家李约瑟博士（Dr. Needham）曾把老子称为"朦胧的老子"，这可谓一个比较形象的说法。因为老子其人，司马迁在写《史记》时就已经弄不太清楚了。在《史记·老子韩非列传》中，司马迁同时立了三个老子：与孔子基本同时的李耳（老聃）和老莱子，还有战国时的周太史儋。但他的基本倾向是老子就是李耳，即老聃。据司马迁说：老聃姓李，名耳，字聃，楚国苦县（今河南鹿邑）厉乡曲仁里人，曾做过周王室的"守藏室之史"，即掌管图书的史官。他是一个学问广博的人，相传孔子曾向他请教过关于"礼"的一些问题，他把孔子教训了一通：

> 子所言者，其人与骨皆已朽矣，独其言在耳。且君子得其时则驾，不得其时则蓬累而行。吾闻之，良贾深藏若虚，君子盛德容貌若愚。去子之骄气与多欲，态色与淫志，是皆无益于子之身。吾所以告子，若是而已。（《史记·老子韩非列传》）

看来老子的年龄要比孔子大一些，所以孔子非但没有生气，而且当其弟子问及老子时，孔子把他比作深不可知、能"乘风云而上天"的"龙"。老子晚年，见周王朝日益没落，便辞官西去。至函谷关，关令尹喜请他著书，迫于无奈，老子著书上下篇，"言道德之意五千余言而去"，那就是后来的《老子》一书，也称《道德经》或《老子五千文》。

司马迁以后，关于老子其人的说法也还出现了不少，如说他姓李，名耳，字伯阳，一名重耳，外字聃，号伯阳父；说他"生而皓首"，"身长八尺八寸"，其母怀他"七十二年而生"（一说八十一年），且是"割左腋而生"，如此等等，不一而足。① 但这大多为后来神仙家们的附会之说，实不足为凭。对老子其人及其姓氏、名字、籍贯、年龄、仕宦、生活时代和生卒年的考定，在历代学者中向有不同意见②，但较多学者基本上还是同意司马迁的观点的。

与老子其人密切相关，《老子》其书也是一个历来争论不休的问题，且争论的激烈程度要大大超过对老子其人的争论，至今尚不能完全统一，而争论焦点则主要聚集在成书年代及其真伪问题上。

如果从一般的文献资料来看，我们可以断定，《老子》一书至迟在战国后期就已经有了相当的传播。正因为如此，韩非子才有《解老》《喻老》的注解，这是据目前所知最早的《老子》一书的注释。今本《老子》一书，是经西汉刘向校订过的，以后《汉书·艺文志》《隋书·经籍志》及其他公私目录均有著录，为之作注者历代都有不少，粗粗统计一下就不下数百种，可见其流传之广泛。今通行本的《老子》，以西汉河上公《老子章句》本、三国魏王弼《老子注》本和唐傅奕《道德经古本编》本为最普遍。

二

就《老子》一书的成书年代及其真伪问题而言，历史上北魏的崔浩曾略有疑问，但直至宋代以前应该说无甚大的争论，一般学者多仍维持旧说。自宋代开始，疑古风气稍开，遂有陈师道、叶适、黄震等提出《老子》一书或成于战国中期以后，但杨时、罗从彦辈不同意此论，坚持《老子》成书于春秋之说。以后，清代的毕源、汪中、崔述等主"晚出说"；而明代的焦竑，清代的王夫之、阎若璩、宋翔凤等主"早出说"。但他们也只是发一家之言，并未引起学界的广泛重视和介入，因此也无所谓争论。

对《老子》一书的争论，20世纪初以来开始转烈，尤其是二三十年代"古史辨派"发起的疑古思潮之风行，更助长了这一争论。

先是梁启超对胡适《中国哲学史大纲》（卷上）中把老子列于首位表示

---

① 有关这方面的内容，详可参看《史记》本传的《正义》《索隐》所引《玉札》《神仙传》《上元经》等资料。

② 有关这方面的内容详可参看《古史辨》第四册中的有关内容。

异议。他发表了《论〈老子〉书作于战国之末》一文，认为《老子》一书来历不明，恐为战国晚期的作品，由此拉开了论战的序幕。陆续参与争论的学者颇多，其中不乏名流大家，如梁启超、胡适、钱穆、顾颉刚、罗根泽、冯友兰、唐兰、马叙伦、张西堂、孙次舟、张煦、叶青、高亨、张季同（张岱年）、熊伟、谭戒甫、杨荣国、金景芳等，他们从《老子》一书的文献征引、思想系统、语言风格、文体特征、韵律特点等各个方面展开了激烈的论辩，而这一争论又自始至终与对老子其人的考证纠葛在一起，因此更显得错综复杂。争论的结果，基本形成两种对立的意见，即以梁启超、冯友兰等为代表的"晚出论"，和以胡适、张煦等为代表的"早出论"。双方争论的文字，后来比较集中地收在了由罗根泽主编的《古史辨》第四册和第六册中，另亦可参看《伪书通考》等有关书籍。

"早出论"一派的意见比较简单，那就是坚持传统的观点，即《老子》成书于孔子之前，是老聃的著作。如胡适就提出了这么几条理由：其一，《史记》的《孔子世家》和《老子列传》都记有孔子曾见过老子，孔子是与南宫敬叔一起适周见老子的；其二，《左传》记有孟僖子将死，命孟懿子与南宫敬叔从孔子学礼；其三，清人阎若璩据《礼记·曾子问》考定，孔子适周问礼于老子在鲁昭公二十四年，孔子三十四岁时，此说基本可信；其四，今传的《老子》一书已非原本，原本当无结构组织（今本所分的篇章），且今本的内容有后人妄加妄改的地方。①

"晚出论"一派的观点则是向传统说法挑战，而他们的意见也不尽统一：有人认为《老子》成书于战国中期；有人认为当在战国后期；极端的意见则认为其成书更晚，大约要在西汉初期的文景之世。但是，其一致处在于都认为《老子》成书远在孔子之后。归纳"晚出论"一派的观点，大致有这么几个方面：其一，据《史记》所载老子的系谱，老子八世孙与孔子十三世孙同仕于汉，这不合情理；其二，孔子、墨子、孟子对老子未置过一词，说明老子其人其书是晚出的；其三，《史记》老子本传的史料，多来源于《庄子》，而《庄子》一书"寓言十九"，难以作为历史依据；其

---

① 参见胡适：《中国哲学史大纲》（卷上），商务印书馆1987年版，第47—50页。又《古史辨》第四册，上海古籍出版社1982年版，第303—305页。

四，《礼记·曾子问》中有关老子拘谨守礼的记载，与《老子》一书中激烈的反礼精神截然相左；其五，从思想体系和语气上说，《老子》中的话太激烈、太自由，不大像春秋时代的人所说的言论；其六，《老子》一书中许多语词、名称、概念非春秋时代所有，如"尚贤""王侯""取天下""上将军""偏将军""万乘之君"等等，尤其是"仁义"两字的连用，那是孟子的"专卖品"，孟子之前是没有的。

此外还有一些补充的理由，如冯友兰提出的三点：一、孔子以前无私人著作①，《老子》不能早于《论语》；二、孔孟著作的体裁都是问答体，《老子》一书非问答体，故应在《论语》《孟子》后；三、《老子》一书的行文为简明的"经"体，可见其为战国时之作品②。

对"晚出论"者的以上观点，"早出论"者撰文进行了逐条的批驳，有的批驳相当有力，但有的也存在证据不足之嫌，限于篇幅，这里就不具引。从当时两派的阵容来看，似乎同意"晚出论"的学者人数略多，但谁也无法说服对方，于是变成各说各的，根本无法达成共识。

之所以会有这样截然相左的结论，究其原因，一方面在于，有关老子其人其书的历史资料太少，为各种怀疑和猜测留下了很大的余地；另一方面，也与争论双方在考证已有史料时的观点和原则不同有关。

后来，胡适在其《评论近人考据老子年代的方法》一文中提出一个折中的建议，他说：

> 我至今还不曾寻得老子这个人或《老子》这部书有必须移到战国或战国后期的充分证据。在寻得这种证据之前，我们只能延长侦查的时期，展缓判决的日子。怀疑的态度是值得提倡的。但在证据不充分时肯展缓判断（suspension of judgement）的气度是更值得提倡的。③

确实，在双方争执不下，而又没有新的证据来帮助说明问题之时，胡适这个暂时搁置起来的建议应该说是中肯的。但这在当时要想做到却很困难，如冯友兰就马上出来反驳道，他写中国哲学史，就总要把老子放在一

---

① 此点实为当时罗根泽所力主，详可参看其《战国前无私家著作说》一文，载《古史辨》第四册，上海古籍出版社 1982 年版，第 8—68 页。

② 参见冯友兰：《中国哲学史》，商务印书馆 1947 年增订版，第 210 页。

③《古史辨》第六册，上海古籍出版社 1982 年版，第 410 页。

个地方：

> 如果把《老子》一书放在孔子之前，我觉得所需要的说明，比把它放在孔子以后还要多。因为现在我们对于先秦历史的认识，与以前大不相同。就现在我们对于先秦历史的认识，把老子放在孔子以后，是最说得通的办法。

冯友兰还郑重声明，他所强调的《老子》一书的时代问题，"至于孔子以前或同时有没有名老聃的一个人，我认为是无关重要的。总之《老子》一书是出于孔子以后的"①。

这场大讨论最后就这样以没有结果而暂告结束，这在当时也属无可奈何之事。以后，学者们在论及先秦子学中老子之学时，往往都是据自己的判断，或主"早出论"，或主"晚出论"。据我接触到的论著来看，似以主"晚出论"者为多，当然他们之中又有前后几百年的差别，大致说来，内地（大陆）学界的"晚出论"者多偏向于"战国中期说"，而港台地区及海外学界的"晚出论"者则多主"战国晚期说"。

三

从中国学术史发展的角度来看，众所周知，清代的"乾嘉学派"在历史文献的考证方面曾做出过重大的贡献。乾嘉时期的许多学者，以其毕生的精力从事审订文献、辨别真伪、校勘谬误、注释文字及典章制度和考证历史地理沿革等工作，为后来的研究者提供了许多比较可靠的历史文献材料，也使后来的读书人能够读通读懂许多向来号称难读难解的古籍。一直到目前为止，谁想要研究或了解中国古代的文化遗产，我想都不会拒绝利用"乾嘉学派"的研究成果。但是，"乾嘉学派"的考据学也有其不足的一面，其中比较突出的一点就是他们往往偏重于对已有文献的归纳整理。这一点当然不能完全怪他们，因为这也与当时考古出土的实物资料缺乏有关，他们中的一些重视实物证据的大家如钱大昕、王昶等，所能重视都还集中在金石碑刻方面。

---

① 《古史辨》第六册，上海古籍出版社 1982 年版，第 417 页。

这一情况，从 19 世纪末开始有了很大的改观，随着考古学的兴起，许多埋藏于地下的遗物相继出土，为我们研究古代的历史和文化提供了非常宝贵的实物资料。诚如王国维所说的：

> 吾辈生于今日，幸于纸上之材料外更得地下之新材料。由此种材料，我辈固得以补正纸上之材料，亦得证明古书之某部分全为实录，即百家不雅驯之言亦不无表示一面之事实。①

地下材料的出土，为我们进行"二重证据法"的研究提供了可能。就《老子》一书而言，胡适当年的愿望，在 1973 年和 1993 年两项重大的考古发现中得以实现。

1973 年冬，湖南长沙马王堆三号汉墓出土的帛书中，有《老子》书二种，被名为甲本、乙本，翌年即由文物出版社出版了这两种本子及其注释。帛书《老子》二种的发现，对澄清 20 世纪二三十年代关于《老子》一书的那场大争论，提供了不少有力的证据，而证据又是明显地偏向于"早出论"的，这主要体现在：

其一，帛书《老子》甲乙二种均是《德经》在前，《道经》在后，与韩非子的《解老》《喻老》相吻合，说明今本与古本确有不同；

其二，帛书的出土，进一步证明墨子所谓"书之竹帛"的事实，也证明了战国时期不仅有竹简，而且有帛书，书写工具并不如以前想象的那么困难。换言之，孔子以前有私人著作也并非不可能，且由清儒章学诚提出的孔子以前无私人著述一说，也未必见得有很大的根据；

其三，《老子》一书中"夫佳兵者不祥之器"一章，在帛书中亦有。"晚出论"者多次强调此章为晚出的说法，对此"早出论"者过去只能以王弼本无注，可能为后来所加予以回答，这实际上都成了无根之谈；

其四，帛书《老子》甲本中有 22 处"邦"字，而乙本则全易为"国"字，说明甲本抄写于刘邦称帝之前，故没有避刘邦的名讳，而乙本抄于刘邦称帝之后，故因避讳而改"邦"为"国"。这一点，使得"晚出论"中《老子》成书于西汉文景之世的说法不攻自破；

其五，帛书《老子》甲本中凡提到国家时，"邦"字占绝对多数，而

---

① 王国维：《古史新证》第一章，载《古史辨》第一册，上海古籍出版社 1982 年版，第 265 页。

"国"字仅二见,"莫知其极,可以有国。有国之母,可以长久"。其余 22 处皆以"邦"称"国",如"大邦者以下小邦,则取小邦;小邦以下大邦,则取大邦""小邦寡民"等。这一点十分重要和有力,因为古代用"邦"称"国"始于分封诸侯,西周多用"邦"称"国",一直到春秋末期这一现象还很普遍。《论语》就是例证,《论语》中"邦"字凡 48 见,其中 47 见为"国家"之义,一见为与"封"字通假,而"国"字仅 10 见①。这个"邦"字至战国时期,随着封邦诸侯的逐渐消亡也渐渐少用了,取而代之的是"国"字变得普遍起来,这只需翻翻《孟子》《荀子》《韩非子》等战国时期的子书就可知道。所以,帛书《老子》甲本,倒是与《论语》的用字法十分接近,这可以从一个侧面证明《老子》一书的成书年代与《论语》相近。

帛书《老子》的发现,虽然澄清了一些问题,但由于其毕竟是出土于汉墓,因此还不足以完全动摇"晚出论",尤其是其中的成书于"战国中期说"。有不少学者继续坚持《老子》一书成于战国中期的观点,如在中国大陆的学界,一直到不久前,这个观点依然颇为通行。因此,关于《老子》一书年代的说法,仍存在上下二三百年的差异。

时间又过了整整 20 年,我们终于又有了新的重大发现,那就是郭店竹简的出土。郭店竹简中有《老子》书三种,整理者名之为"甲组""乙组""丙组"。这三组抄本,尽管因墓葬数经盗扰,而缺失颇多,但它们的出土,为我们进一步澄清《老子》成书年代提供了新的、更有力的证据。

首先,它使得"晚出论"的所谓《老子》成书于"战国中期说"也变得难以成立了。因为,尽管我们还无法断定《老子》一书确切的成书年代,也无法断定郭店竹简本《老子》之前是否还有更原始的本子,但只消根据常识即可断定,简本《老子》的书写时间肯定应早于该墓主下葬的年代,至于书的著作年代自然应更早一些,此书成于战国前期应不成问题。

其次,从简本现存的内容来看,其绝大部分文句与今本《老子》相近或相同,但没有《德经》《道经》之分,且章次与今本也不相对应。说明该

---

① 以上统计据杨伯峻:《论语词典》,载杨伯骏:《论语译注》,中华书局 1980 年版,第 246—247、273 页。

本子早于帛书本，也早于韩非子解读的本子。因此，这是迄今为止所发现的年代最早的《老子》传抄本。也同时证明《老子》一书的本子，确实经历过多次的改造变化，今本与古本之间的差异甚大，以今本的文字来推断《老子》一书的成书年代是不可靠的。

再次，简本《老子》的具体内容，也为我们提供了不少有力的证据，证明当时"晚出论"者的观点仅是主观推测之辞，不足为据。试举二例如下：

其一，"晚出论"者如梁启超、杨荣国等，他们都曾以"仁义"对举是孟子的"专卖品"和"手笔"为由，证明《老子》一书当出于孟子之后，这一点在当时还相当有说服力，而"早出论"者的辩驳则不甚有力。但简本《老子》的丙本中却明明有"仁义"连用字句，其谓：

> 故大道废，安有仁义？六亲不和，安有孝慈？邦家昏□，安有正臣？①

这说明孟子以前有"仁义"连用的，再者，《墨子》一书中也有许多"仁义"连用的地方，亦可作为旁证，证明"仁义"连用现象实际早于孟子。

其二，"晚出论"者提出：《礼记》中记载的老子拘谨守礼与《老子》书中激烈的反礼精神相左；《老子》书中的话太激烈，不大像春秋时人说的话。这固然都有相当道理，但问题在于那些话多是出现在今本《老子》中的，并非《老子》古本即如此。如上引的那段材料，与今本在意思和文气方面都大相径庭，简直可谓完全相反，试比较一下今本此章的文字：

> 大道废，有仁义；智慧出，有大伪；六亲不和，有孝慈；国家昏乱，有忠臣。（《老子·十八章》）

前者与后者之截然不同一目了然，不需要再做什么说明。又如帛书《老子》和今本《老子》中都有：

> 绝圣弃智，民利百倍；绝仁弃义，民复孝慈；绝巧弃利，盗贼无有。（《老子·十九章》）

---

① 荆门市博物馆编：《郭店楚墓竹简》，文物出版社 1998 年版，第 121 页。由于排字问题，这里所引用的为释文，非竹简原字。

而简本则作：

　　绝智弃辩，民利百倍；绝巧弃利，盗贼亡有；绝伪弃诈，民复
孝慈。①

　　这里并没有出现"绝圣""绝仁弃义"这类激烈的言论，说明早期的
"老学"一派并不是激烈的反礼乐仁义者。同时反过来也证明了，至迟从帛
书本起，这段话就让后来的"老学"一派中人改动过了。

　　总之，从帛书本到简本《老子》的出土，已经把"晚出论"的立论基
础都抽去了②。

四

　　到郭店竹简本《老子》的出土为止，我们可以说，20世纪初以来的关
于《老子》成书年代及其真伪问题的聚讼，基本已经尘埃落定，有了一个
比较明确的结论，那就是传统的说法大致是正确的，而"晚出论"观点则
不能成立。由此亦可推论，司马迁所记是有所据的。所以，老子其人应是
老聃，他稍早于孔子，孔子曾向他问"礼"，他是《老子》一书的撰写者等
记载，应该也是基本可信的。

　　当然，承认以上的结论，并非就是说当时持"晚出论"观点的学者们
的探究一无是处，因为事实的真相恰恰是通过新材料以及这许许多多矛盾
的陈述及辩难，逐渐清理出来的。此外，"晚出论"者的许多考证，至少也
可以帮助说明今天流传的《老子》一书已经过数度演变，已掺杂了不少后
来的内容。

　　反思20世纪以来关于老子的争论，我觉得它给我们留下了一些研究方
法上的教训，这教训至少可以归纳为这样两点：

　　其一，在对古代历史和文化研究时，盲目信古固然不足取，但疑古太
甚同样有害。就以20世纪前期出现的"古史辨派"和疑古思潮来说吧，它

①荆门市博物馆编：《郭店楚墓竹简》，文物出版社1998年版，第111页，其中"诈"字释文据裴锡
圭的解释。
②"晚出论"还有一些论据早在20世纪二三十年代的大争论中就已经被驳倒了，详可参《古史辨》
中张煦等人的文章。

对打破当时中国长期留存下来的"唯古是信"的观念，起到了相当大的推动作用。它主张用历史演进的观点和大胆疑古的精神，吸收西方近代考古学、社会学等的方法，对上古历史和典籍进行重新研究整理，这本身是可取甚至是应该的。但"古史辨派"在研究中明显存在矫枉过正的地方，"大胆怀疑"有余，"小心求证"不足，武断片面的地方颇多，由此造成了不少"冤假错案"。老子其人其书的问题仅是其中的一个，其他如《孙子兵法》《晏子春秋》《尉缭子》《文子》等古籍，一度都被判为伪书。可是后来在山东银雀山、湖南马王堆、河北定县等地汉墓中出土的残简或帛书，恰恰证明了这些古籍不伪，"古史辨派"的许多观点不攻自破。

其二，在研究哲学史、思想史时，不能为了构建自己的解释体系而牺牲历史事实。哲学史、思想史的研究并非建构或阐发个人的哲学思想，可以随己意去构建一个什么体系。因为思想史、哲学史并非个人头脑里的东西，它们是过去客观存在过的观念演变过程，尽管你可以根据自己的理解对之做出不同的解释，但实际上它们并不会因为某人的需要而产生什么改变。还是回到老子这个话题上来吧，1958 年胡适在台北商务印书馆重印其《中国哲学史》时，曾作了一个《自记》，煞尾处有一番感慨值得一引：

> 有一天，我忽然大觉大悟了！这个老子年代的问题原来不是一个考证方法的问题，原来只是一个宗教信仰的问题！像冯友兰先生一类的学者，他们诚心相信，中国哲学史当然要认孔子是开山老祖，当然要认孔子是"万世师表"，在这个诚心的宗教信仰里，孔子之前当然不应该有个老子。在这个诚心的宗教信仰里，当然不能承认一个跟着老聃学礼的孔子。试看冯友兰先生如何说法："在中国哲学史中，孔子实占开山之地位。后世尊为惟一师表，虽不对而亦非无由也。以此之故，此哲学史自孔子讲起。"（冯友兰《中国哲学史》，页二九）懂得了"虽不对而亦非无由也"的心理，我才恍然大悟：我在二十五年前写几万字的长文讨论"近人考据老子年代的方法"真是白费心思，白费精力了。

确实，仅仅根据自己一厢情愿的理解，来解释哲学的历史或思想的历史，那是会把历史说歪的。这大概也是王国维"可爱"与"可信"之两难的另一种表现吧。当然，今天可知，胡适的心思和精力实际并没有白费。

但类似胡适所感慨的情况，在今天所见国内外的中国思想史、哲学史著作中仍不鲜见，这倒是应该引起重视的。

　　以上仅是就郭店竹简本《老子》的出土，对 20 世纪前期那场大争论所具有的价值和意义的探讨，及由此引发的一些个人的反思，不当之处，尚祈方家指正。

（原载于《复旦学报》1999 年第 1 期）

孔子与"六艺"

在 20 世纪二三十年代的中国学坛上,"古史辨派"(又称"疑古派")无疑是一个十分重要的学术流派,其创始者及主要代表是顾颉刚和钱玄同。1926 年《古史辨》第一册问世,标志着该派的正式形成,以后,《古史辨》又持续出到第七册,参与的作者不少,形成了较大的影响。

"古史辨派"受胡适在新文化运动中倡导的"整理国故"思想的影响,主张用历史演进的观念和大胆疑古的精神,吸收西方近代社会学、考古学等的方法,来研究中国古代的历史和典籍。"古史辨派"的观点涉及颇多儒家经学内容,其中关于孔子与"六经"的关系问题是其比较重要的一个观点。撮其大要即认为:"六经"是周代通行的几部书,并不是如古文经学家所谓的"六经皆周书之旧典",也不是如今文经学家所说的"六经皆孔子之作品",孔子没有删、述或制作过"六经","六经"原是互不相干的几部书,其配成当在战国后期。[①]

应该承认,"古史辨派"在当时对破除长期存在的"唯古是信"的传统观念,将经典作为历史文献来进行"实事求是"的研究等方面,是起到过积极作用的。"古史辨派"的许多研究成果,至今仍是研究儒家经典颇有参考价值的学术文献。当然,我们也不能否认,在"古史辨派"的研究中,有一些武断片面的东西。所以,有必要重新探讨一下孔子与"六经"的关系问题。

---

① 参见《古史辨》第一册,钱玄同:《答顾颉刚先生书》。

一、孔子以前的"六艺"

儒家学派的形成过程，同时也是儒家经典的结集过程。后世把首出的儒经称为"六经"，其排列次序，今文经学家的观点是《诗》《书》《礼》《易》《春秋》①，而古文经学家的观点则为《易》《书》《诗》《礼》《乐》《春秋》。有关这一差异，此处不拟细论。从历史事实来看，孔子时代并没有"六经"的说法。"六经"之名，最先见于《庄子·天运》篇：

> 孔子谓老聃曰：丘治《诗》《书》《礼》《乐》《易》《春秋》六经，自以为久矣。

但这个名称在当时并不通用。汉代以前一般都把六经称作"六艺"，这在《史记》中随处可见。刘歆在编撰《七略》时，著录六经经籍，名之曰"六艺略"，班固的《汉书·艺文志》则完全袭用其名。"六艺"实际就是"六经"更早的名称。

"六艺"之名实，有一个颇为复杂，且就今日而言已难究其详的演变过程。大致言来，在孔子以前，早已有"六艺"，但经由孔子重新编集，再经过数百年的传授与不断修订，到战国晚期才基本固定化，开始被人们称为"六经"，但"六艺"之名仍未废。这里，我们先考察一下孔子以前的"六艺"。

"六艺"非始自孔子，孔子以前就已有"小学"的"六艺"和"大学"的"六艺"，其内容不尽相同。但是，"六艺"从一开始就与"儒"结下了不解之缘②。周灭商后，以"六艺"教民的"儒"，《周礼·太宰》曰："儒以道得民。"郑玄注云："儒，诸侯保氏有'六艺'以教民者。"《周礼·地官·大司徒》也说："联师儒。"郑玄注云："师儒，乡里教以道艺者。"这里所谓的"六艺""道艺"中的"艺"即《周礼·地官·大司徒》中所说的"礼、乐、射、御、书、数"。又《周礼·地官·保氏》亦云：

---

① 今文经学派以为《乐》本无经，存于《诗》《礼》之中，因而只提"五经"。
② 关于"儒"之含义、性质、起源、演变诸问题，又是个十分复杂的课题。从20世纪初起，章太炎、胡适、冯友兰、郭沫若、钱穆等对此就有过激烈的争论，直至晚近仍有不少学者在探讨此问题。此问题这里不作展开。

养国子以道，乃教之六艺：一曰五礼，二曰六乐，三曰五射，四曰五驭（御），五曰六书，六曰九数。

一般认为，《周礼》成书当在战国，而非周公制礼的实录。但它所记述的制度应有所本，不能完全凭空创制。西周时期有以"六艺"教民的"儒"，基本上是可以得到肯定的。

以上所说的"六艺"教学，大致属于"小学"，即贵族子弟的基础教育。其中"书"即文字，"数"即计数，这是学习文化的基础知识，大体上像今天的语文和算术。"礼"和"乐"是当时贵族从事政治活动与宗教活动的基础知识。"射"指射箭，"御"指驭车，这二者则是关于战争活动的基本技能。小学的六艺主要是对贵族子弟进行的知识和技艺的必要教育和训练，培养能文能武的初级人才，当时未必形成固定而统一的课本。

西周时代还有"大学"。《礼记·王制》中记："大学在郊，天子曰辟雍，诸侯曰泮宫。"大学属于高等教育，其基本课程有诗、书、礼、乐"四术"。《礼记·王制》曰：

乐正崇四术，立四教，顺先王诗、书、礼、乐以造士。

与小学相比，"诗"是新设的课程；"书"不再仅是孩子所学的"六书"造字原则①，而是读训典之类（历史文献）；"礼"与"乐"也不仅是礼仪、音乐，而且还要学习理论。在大学里，既然是理论学习，不可能全凭口耳相传，一定还会有些课本。可惜，这些课本今天已无法窥其全貌了。从西周到春秋末期数百年间，尽管各诸侯国教育制度变化多样，辟雍与泮宫兴废无常，但官学仍然存在，以诗、书、礼、乐为主要课程也是沿袭不变的。大约后来又陆续加进了"易"和"春秋"（泛指历史）两门课。马端临《文献通考》中曾引金华应氏所云，谓：

乐正崇四术以教士，则先王之诗、书、礼、乐，其设教固已久。《易》虽用于卜筮，而精微之理非初学所语；《春秋》虽公其纪载，而策书亦非民庶所得尽窥。故《易象》《春秋》，韩宣子适鲁始得见之。则诸国之教未必尽备。盖自夫子删定、赞系、笔削之余，而后传习滋

---

① 许慎《说文解字》叙云："周礼，八岁入小学，先以六书，一曰指事……"

广，经术流行。①

应氏之语尽管属推测之论，但也不无道理。所以，"大学"课程合计应为六门（各诸侯国并不统一），因其沿用"小学"的"六艺"之名，遂有"六艺"之称。其基本情况大致如下。

《诗》是古代的歌谣选集，它被列为第一门课是当时社会现实的需要。各诸侯国在政治、外交上的来往，包括贵族们平时的社交活动，往往是用诗来应对的。如《左传》《国语》中屡屡见到的在朝聘、会盟、酒宴等场合，人们引诗述怀、赋诗喻意，乃至冷嘲热讽、钩心斗角。所谓"赋诗断章"（《左传·襄公二十八年》），所谓"不学《诗》，无以言"（《论语·季氏》），就是指用诗来应对、比喻，这可说是当时的惯例。周王室也十分重视对民间诗歌的搜集与整理，定期派"行人"（"遒人"）到民间去"采风"，然后由太师整理编定。孔子的十世祖正考父就曾"校商之名颂十二篇于周太师"（《国语·鲁语》），除了"名颂"之外，还有其他作品未被正考父校录②。经历了长期不断的采集与编排，孔子以前已形成"风""雅""颂"三部分诗。据《左传》记载，鲁襄公二十九年（当时孔子约七八岁），吴公子季札聘鲁，"观于周乐"，演奏的就有"国风""小雅""大雅""颂"，这与今天所见的《诗经》，在编次上已差不多了。

《书》是历史文献的选编。早在殷商时代，就已有了典籍，周公在训"殷顽民"时说，"惟殷先人，有册有典"（《尚书·多士》），周公或见过殷人的典册。今人研究殷墟卜辞，发现甲骨片上多有钻孔，且有"册六"等字样，显系典册编号。说明典册观念在殷商已经存在，而且殷商的巫史们已在尝试建立档案并加以分类。到了周代，有所谓"左史记言，右史记事，事为《春秋》，言为《尚书》"（《汉书·艺文志》），这些话当然不必全信，但档案记录的存在应该是不容怀疑的。周王室收藏了数量不少的典册，从

---

① 《文献通考》卷一百七十四《经籍考一》
② 周王室的采诗，现存最早的记载仅是汉代的。据汉代典籍追记，周代有采诗、献诗的习尚，王室派"行人"（"遒人"）采诗，由太师总汇编纂。《汉书·艺文志》称："孟春之月，行人振木铎徇于路以采诗，献之太师，比其音律，以闻于天子。"这种说法或以为受到汉代乐府制度"采诗观风"的启示。但参之《国语·周语》的"故天子听政，使公卿至于列士献诗，瞽献曲"之说，又对照周代官制确有"行""太师"等职守，再考之《诗》的作者阶层之广泛，涉及地域之辽阔，周代有采诗、献诗之制是基本可信的。到春秋中叶后，周王室衰微，政令不能及于列国诸侯，采诗之制也就大致终结了。即如孟子所谓："王者之迹息而《诗》亡，《诗》亡然后《春秋》作。"（《孟子·离娄下》）

中选取一些篇章，作为"大学"中"书"这一课程的"教材"，供贵族子弟学习，这或许就是《书》的最早源头。及至春秋时代，列国割据以后，这门课的教学内容也就很不一致了。例如，楚庄王派一位名叫士亹的人去辅导太子学习，士亹向楚大夫申叔时请教，申叔时说了很长一段关于如何对贵族子弟实行教育的话，其中说道：

> 教之春秋，而为之耸善而抑恶焉，以戒劝其心；教之世，而为之昭明德而废幽昏焉，以休惧其动；教之诗，而为之导广显德，以耀明其志；教之礼，使知上下之则；教之乐，以疏其秽而镇其浮；教之令，使访物官；教之语，使明其德，而知先王之务用明德于民也；教之故志，使知废兴者而戒惧焉；教之训典，使知族类，行比义焉。（《国语·楚语上》）

这里，"令""语""故志""训典"之类，实际都是重要的典册文献。学习这些东西，也属于"书"的教学范围。

"礼"是从"小学"到"大学"都必须学习的课程。"礼"的意义在古代相当广泛，其起源和核心一般认为是尊祖及祭祖，以后逐步扩大化、系统化、规范化和制度化。经历了夏、商、周三代的演化，就有了所谓"夏礼""殷礼"和"周礼"，汇集了一整套典章、制度、规矩、仪式。"夏礼""殷礼"的实际情况，在孔子时已无法确考。周朝统治者则把"礼"奉为立国之本，这个情况一直延续到春秋，先秦典籍有关这方面的论述极多，试拈数例如下："礼，国之干也"（《左传·襄公三十年》）；"礼，国之纪也"（《国语·晋语四》）；"礼，政之舆也"（《左传·襄公二十一年》，杜预注："政须礼而行。"）；"礼，王之大经也"（《左传·昭公十五年》）。这些记载都反映了当时从贵族到士人对"礼"的普遍重视。 "小学"教育中的"礼"，主要是教贵族子弟"执礼"。"不学礼，无以立"（《论语·季氏》），学礼是日后成为"君子"的基本条件。"礼不诵"（《论语·述而》，何晏注引郑玄语），大概在"小学"中，学礼没有死记硬背的课本。只有到了"大学"的课程时，才从大量烦琐的礼仪制度中选取一些重要的内容，以文献形式来教学。"大学"学礼的目的，已不仅仅是要成为"君子"，更重要的是把礼作为统治的手段来学，"夫礼，所以整民也。故会以训上下之则，制财用之节；朝以正班爵之义，帅长幼之序，征伐以讨其不然"（《左传·庄公二十三年》)。前面引到的那位申叔时的话，"教之礼，使知上下之则"，说的正是"大学"中"礼"的教育的情况，尽管他说得很简单。

"乐"和"礼"一样，是从"小学"学到"大学"的一门基础课。这门课具有一定的特殊性，因为它从一开始就与诗、礼以及歌舞结下了不解之缘。《礼记·内则》中云：

> 十有三年学乐，诵《诗》，舞《勺》。成童舞《象》，学射、御。二十而冠，始学礼，可以衣裘帛，舞《大夏》。

《周礼·春官·大司乐》中曰：

> 大司乐：掌成均之法，以治建国之学政，而合国之子弟焉……以乐德教国子中、和、祗、庸、孝、友；以乐语教国子兴、道、讽、诵、言、语；以乐舞教国子舞《云门》《大卷》《大咸》《大濩》《大夏》《大磬》《大武》；以六律、六同、五声、八音、六舞、大合乐，以致鬼神示，以和邦国，以谐万民，以安宾客，以说远人，以作动物。

这些记载所勾勒出的大致是从"小学"到"大学"的"乐"这门课。从中已不难看出，"乐"的教育不在于单纯的娱乐性情，更有很大的社会效应和政治效应，如申叔时所谓的，"教之乐，以疏其秽而镇其浮"，就强调的是移风易俗的功能。当时，从天子、诸侯、大夫到士，用乐都有规定，包括乐队的规模、舞队的人数、演奏的乐章、歌唱的诗篇等，这也是礼的一种体现，即权力、地位、等级的象征。孔子以前，这门课有没有教本现在已难知晓。推想应有乐谱一类的东西，老师或许也讲一些"乐德""乐语"及音律、舞蹈方面的知识，但未必一定有文字形式表达的课本。

乐正以诗、书、礼、乐"四术"造士，说明在早期的"大学"里，是没有"易"和"春秋"的，这两门课应是后来才增设的，但确切的年代现在已难以断定。

《易》原为上古筮书的泛称。《周礼·春官》中曾提到：大卜"掌三《易》之法：一曰《连山》，二曰《归藏》，三曰《周易》"。相传，《连山》为伏羲所作，《归藏》为神农（一说黄帝）所作；又传，夏代之《易》为《连山》，商代之《易》为《归藏》。这类传说虽已无法查考，但《周易》在周代已有却是事实。《周易》最早可能萌芽于殷商之际，《系辞》云："《易》之兴也，其当殷之末世，周之盛德邪？当文王与纣之事邪？"又云：

"《易》之兴也其于中古乎？作《易》者其有忧患乎？"现代考古发现证明，在甲骨卜盛行的商代已有筮占存在。据当代学者的研究，从筮占到《周易》文本的形成，其中经历了相当长的时间，其经文并非出于一时和一人之手，当系长期积累的产物。至迟在孔子以前，"易"已经被列入"大学"的课程。《左传·昭公二年》载，晋侯派韩宣子出使鲁国，"观书于太史氏，见《易象》与鲁《春秋》"。可见，在当时鲁国的官府之学中已有读《易》之事。

《春秋》泛指编年史书。把"春秋"作为一门课，约在春秋时代。当然，编年史著作的起源很古老。殷周时代，设有史官，按年按月地记录国家大事。孔子以前，编年史书已经是贵族子弟的教科书。晋悼公听说叔向"习于《春秋》"（《国语·晋语七》），便把他召来辅导太子。这《春秋》当为楚国之编年史。各国都有《春秋》，泛指各种编年史书。① 至于后世儒家经典《春秋》，原为鲁国编年史书中的一种。韩宣子在鲁国的太史那里看到的鲁《春秋》，显然也是一种编年史书。

综上所述，以《诗》《书》《礼》《乐》《易》《春秋》合称的"大学"六艺，在孔子以前就存在了。这"六艺"是由于教育需要而编集或设置的，相当于今天的普通教科书，其本身并不含有什么神圣的意义。因为它们是从大量的古籍文献中选取出来的，所以可认为是上古文明的结晶。此外，我们还可以说，古代文化是依附教育而保存，又是依附教育而发展的。孔子以前的"大学"六艺，为儒家经典的诞生准备了基础材料。没有这"六艺"，也就没有孔子的新"六艺"，同样也就不会有儒学这个中国传统文化的主干了。

二、 孔子与新 "六艺"

孔子在创立儒家学派的过程中，把官方的"大学"六艺改变为儒学课本即新的"六艺"，这是中国古代文化史上的一件大事，其影响之深远实难

---

① 除上举例证外，墨子也曾说"吾见百国《春秋》"，并具体说到"周之《春秋》""燕之《春秋》""宋之《春秋》""齐之《春秋》"（《墨子·明鬼》）。

以估量。

孔子毕生从事教育活动，教学内容既有基础教育的"六艺"，即礼、乐、射、御、书、数这些技能训练；同时又有理论学习，主要是诗、书（历史文献）、礼、乐。《史记·孔子世家》中说："孔子以诗、书、礼、乐教，弟子盖三千焉。"这四门课程的名称与排列次序，均沿用了以前的"大学"六艺那一套。孔子晚年才研究《易》，并编定《春秋》。这两门课大概比较精深，不能用作普通教本，只有少数高才生才能学习。所以《史记·孔子世家》又说："身通六艺者七十有二人。"理论性课程总需有些教本。孔子以前已有"大学"六艺课本，但那些基本上属于"官府之学"。随着时代变迁与学术下移，旧课本大多散乱或者残缺，而且又因列国纷争，政治局面动荡多变，各国的教育情况显得有点五花八门。孔子所办的私学，不同于官学，必须设置一套适应新形势需要的课程。当然，新与旧课程之间，既有因袭的关系，又有创新的内容。

于是，一个千百年聚讼纷纭的大问题出现了：孔子与"六艺"（后曰"六经"）的关系究竟是怎样的？古文经学家说孔子是编不是作，今文经学家说是作不是编，现代疑古派（"古史辨派"）学者则认为既没有编更没有作，孔子与"六经"没有什么关系。看来，要从矛盾的陈述中清理出事实的真相，首先必须摒弃学派上的偏见，坚持对历史资料做出历史主义的分析。应该承认，司马迁《史记》所提供的资料，还是比较系统的。对此，我们既不可盲目信古，但也不可疑古太甚，取舍标准只能是客现存在的史实。

孔子与"六艺"的关系，我们以为应与他的教育活动联系起来看。从孔子的教学实践中可知，他确以"六艺"（"六经"）为教，这在《论语》之外的其他典籍内也有不少记载。如《礼记·经解》曰：

孔子曰：入其国，其教可知也。其为人也，温柔敦厚，《诗》教也；疏通知远，《书》教也；广博易良，《乐》教也；洁静精微，《易》教也；恭俭庄敬，《礼》教也；属辞比事，《春秋》教也。故《诗》之失，愚；《书》之失，诬；《乐》之失，奢；《易》之失，贼；《礼》之失，烦；《春秋》之失，乱。

这就是说，可从人们品德知识的不同表现，来分析判断"六艺"教育的效果。另外《史记·滑稽列传》中记：

> 孔子曰："六艺于治一也，《礼》以节人，《乐》以发和，《书》以
> 道事，《诗》以达意，《易》以神化，《春秋》以道义。"

这是从"六艺"教育对治理国政可能发生的作用而言的。两则材料已充分说明孔子对"六艺"施教的重视。既然孔子如此重视"六艺"，那么，他完全有可能整理编纂过以往的"六艺"，以作为授徒的教本。

接下来的问题，孔子是怎样整理编纂新课本的？参之周予同先生的研究成果①等，我们可略作如下观：

第一，删《诗》。《史记·孔子世家》中说：

> 古者《诗》三千余篇。及至孔子，去其重，取可施于礼义，上采
> 契、后稷，中述殷、周之盛，至幽、厉之缺，始于衽席。故曰《关雎》
> 之乱以为《风》始，《鹿鸣》为《小雅》始，《文王》为《大雅》始，
> 《清庙》为《颂》始。三百五篇，孔子皆弦歌之，以求合《韶》《武》
> 《雅》《颂》之音。礼乐自此可得而述，以备王道，成六艺。

对于这一说法，唐代的孔颖达、宋代的朱熹、清代的崔述等都曾表示过怀疑。其主要理由是，《论语》两次说到"《诗》三百"，且都标明为"子曰"②，似乎孔子时代《诗》原本已经是三百余篇，孔子未删去那么多古诗。千百年来，围绕着"古者《诗》三千余篇"与孔子"去其重"的问题，众说纷纭而莫衷一是。从司马迁的话来看，"重"是重复的意思；"三千"恐非实指，而是泛指众多的意思，如"弟子三千"、古《尚书》"三千篇"之类。我们以为，说孔子没有删过《诗》，恐怕难以成立。《论语·子罕》中云："子曰：吾自卫反鲁，然后乐正，《雅》《颂》各得其所。"这番话虽是论"乐"，但也是论《诗》。因为，在古代乐和诗是相配的，"不歌而诵故谓之赋，叶于箫管故谓之《诗》"③。孔子应该是删过《诗》的，但删得不会像司马迁所说的有十分之九那么多。在孔子以前，《诗》的选本似已较完整了，已按"风""雅""颂"编次。孔子搜集了各种不同的本子，经

---

① 这里主要参考的是周先生的《"六经"与孔子的关系问题》一文，收在朱维铮先生编的《周予同经学史论著选集》）。

②《论语·为政》"子曰：《诗》三百"章，又《论语·子路》"子曰：诵《诗》三百"章。

③ 章太炎：《国故论衡·辨诗》。

过整理删定，较早就编好，作为教科书中便于诵读记忆的一部，供弟子们学习之用。所以，"六艺"中见于《论语》者以《诗》为独多，凡十八处，超过提到《书》《乐》《易》之处的总和①。

第二，编《书》。孔子以前，《书》作为历史档案文件选编，势必因各诸侯国政治情况而异，不可能像《诗》那样容易定型化，而获得普遍认同。孔子必须根据搜访到的大量历史文献，包括以前的选本，重新加以选取、整理与编集。司马迁在《史记·孔子世家》中说孔子：

> 追迹三代之礼，序《书传》，上纪唐虞之际，下至秦缪，编次其事。

《汉书·艺文志》也说：

> 故《书》之所起远矣，至孔子纂焉。上断于尧，下讫于秦，凡百篇，而为之序，言其作意。

《史记》《汉书》所说孔子编次《尚书》，应不是无根之谈。《论语》中曾三次提及《书》②，证明孔子不仅引《书》、读《书》，而且把《书》作为教本向学生传授。然而，秦始皇"焚书"后《书》的散佚，使得问题变得复杂化了，如《论语》中所引的《书》语，就不见于现存的《今文尚书》。古本《尚书》是否确为百篇，《书序》是否确为孔子所作等问题，历代学者多有争论，至今仍属疑问。又自乾嘉以来，今存《古文尚书》是伪作的论定，《今文尚书》中《尧典》《皋陶谟》《禹贡》《甘誓》是战国时人拟作的论定，使得有人提出否定孔子编《书》的传统说法。我们认为，倘说今存《尚书》（《今文尚书》）篇篇出于孔子所定，那是信古太过，但如果认为孔子与今存《尚书》毫无关系，那就有疑古太甚之嫌了。《论语》所引的《书》语不见于《今文尚书》，只能表明汉时所传的《书》已非旧貌；传世本中有孔子以后的托古之作，也只能说明它经过后世儒家的增订补充；伪《古文尚书》与孔子是否编《书》无涉。从先秦古籍来看，墨家、道家都称引过《书》，说明《书》在战国时已流传颇广。既然孔子那时已经有集录的

---

① 据钱玄同统计，《论语》中提及《诗》十八则，《书》四则，《乐》六则，《易》三则，见《古史辨》第一册。

② 见《论语·为政》"或谓孔子曰"章、《论语·述而》"子所雅言"章、《论语·宪问》"子张曰《书》云"章。

《书》，孔子还将它作为教本，那么孔子完全有可能对它进行过筛选。只是孔子编次《书》的具体过程，以及古本《尚书》的初始面貌，因"文献不足征"而无法搞清楚了。

第三，订《礼》。从西周至春秋末，"礼"始终是重要的课程。孔子对"礼"深有研究，尝自信地说：

> 夏礼，吾能言之，杞不足征；殷礼，吾能言之，宋不足征。文献不足故也，足，则吾能征之矣。（《论语·八佾》）

他曾搜访过夏礼和殷礼，做过比较研究。至于周礼，他更是谙熟而推崇备至。同时，孔子对"礼教"也极为重视，这在《论语》中随处可见。他对礼制做了订正，并用来教育学生。前面提到，"礼"的教学以实习为主，"礼不诵"，不在于死背条文。孔子似乎也以实际礼仪的训练为其"礼教"的主要内容，而以讲解为辅，如其在流亡途中仍不忘教弟子演习礼即是一例。孔子在对学生讲礼时，是否也会编些文字形式的材料现在已难确知。从一些古籍的记载中得知，有人认为孔子与《礼》有关联。司马迁说过，"《书传》《礼记》自孔氏"（《史记·孔子世家》）；《礼记·杂记下》中记："恤由之丧，哀公使孺悲之孔子学士丧礼，《士丧礼》于是乎书。"不过，现存的《周礼》《仪礼》，学术界基本认定为战国时期成书的作品。

第四，正《乐》。孔子具有很深的音乐造诣。他向鲁国乐官师襄子学鼓琴，一曲《文王操》练到师襄子三次赞好仍不停止，直至练到自觉演奏时仿佛有文王在前方觉满意（事见《史记·孔子世家》）。他歌也唱得好，除遇丧事外没有一天不歌①；"子与人歌而善，必使反之，而后和之"（《论语·述而》）；甚至能以歌来表达不想说的话（事见《论语·阳货》，孔子拒见孺悲）。他还能指点鲁国太师即乐官长怎样指挥乐队，使演奏自始至终充满感情（事见《论语·八佾》"子语鲁太师乐"章）。孔子一生中，花了不少时间来搜集和整理古乐，"子在齐闻《韶》，三月不知肉味，曰'不图为乐之至于斯也'"（《论语·述而》），这是孔子三十六岁前的事；"吾自卫反鲁，然后乐正，《雅》《颂》各得其所"，这则是孔子晚年的事。司马迁也曾说过："三百五篇，孔子皆弦歌之，以求合《韶》《武》《雅》《颂》之音。"

---

①《论语·述而》："子于是日哭，则不歌。"

如前所说，此话既论《诗》也论《乐》。就《乐》而言，"雅"指朝廷乐歌，"颂"即郊庙祭祀的歌舞乐章。孔子为了恢复古乐，尤其是朝廷庙堂音乐的本来面貌，对"乐"做过一番审定和整理，这是历来没有什么争议的。问题只在于"乐"这门课有无课本，即孔子有没有编定过《乐经》。后世围绕这个问题有很大争论。

第五，论《易》。《周易》的流传，远在孔子之前。孔子"五十以学《易》"（《论语·述而》），但此说因其中的"易"字于《鲁论语》作"亦"（见《经典释文·论语音义》），因而引起少数学者的怀疑，有人甚至认为孔子未尝学《易》[①]。但大多数学者还是从司马迁之说。《史记·孔子世家》中记：

> 孔子晚而喜《易》，序《彖》《系》《象》《说卦》《文言》。读《易》，韦编三绝。曰："假我数年，若是，我于《易》则彬彬矣。"

《汉书·艺文志》中也说：

> 孔氏为之《彖》《象》《系辞》《文言》《序卦》之属十篇。

此说汉唐儒者不疑。自宋儒欧阳修起，《易传》为孔子所作的说法遭到怀疑。近人研究论定，《十翼》是战国时的作品。《易传》是否孔子所作虽有争论，但我们认为《易经》通过孔子而流传则是可信的。《易经》因为占卜之书而得免于"秦火"，故其传授系统在"六经"中最为清晰，《史记·仲尼弟子列传》中记：

> 孔子传《易》于瞿，瞿传楚人馯臂子弘，弘传江东人矫子庸疵，疵传燕人周子家竖，竖传淳于人光子乘羽，羽传齐人田子庄何。

《汉书·儒林传》中也有差不多的记载：

> 自鲁商瞿子木受《易》孔子，以授鲁桥庇子庸，子庸授江东馯臂子弓，子弓授燕周丑子家，子家授东武孙虞子乘，子乘授齐田何子装。

两则记载中之人名和次序的微异，历来论者颇多，此不具论。但子木（商瞿）传《易》之说，历代《易》学家大多认同，因此是比较可靠的。至于《易传》的问题，我们认为，在孔子出世以前的春秋中期，即存在若干为《易》的卦辞所作的"传"文，到春秋末期及战国初期，孔门师徒则

---

① 施畸：《孔子未尝学〈易〉考》，《学术月刊》1961 年第 8 期。

参与了这些传文的增删修订工作，战国中后期的儒者又进一步修改补充之，方形成传世的《易传》十篇。

第六，修《春秋》。现存《春秋》是孔子所作的说法，是由孟子最先提出来的，孟子说：

> 世衰道微，邪说暴行有作，臣弑其君者有之，子弑其父者有之。孔子惧，作《春秋》。《春秋》，天子之事也。是故孔子曰："知我者其惟《春秋》乎!"（《孟子·滕文公下》）
>
> 孔子成《春秋》而乱臣贼子惧。（同上）
>
> 王者之迹熄而《诗》亡，《诗》亡然后《春秋》作。晋之《乘》，楚之《梼杌》，鲁之《春秋》，一也。其事则齐桓、晋文，其文则史。孔子曰："其义则丘窃取之矣。"（《孟子·离娄下》）

司马迁也说孔子：

> 因史记作《春秋》，上至隐公，下讫哀公十四年，十二公。据鲁，亲周，故殷，运之三代。约其文辞而指博。……为《春秋》，笔则笔，削则削，子夏之徒不能赞一辞。（《史记·孔子世家》）

孔子与《春秋》关系密切，这是无法否认的。但是，这种关系并不是说孔子自己创制了《春秋》。孔子只是对鲁国《春秋》加以整理删订，用他自己的话说就是"述而不作"。当然，经过孔子笔削而成的《春秋》，是不同于早先的鲁国《春秋》的，其中加进了孟子所说的"义"，即后来《春秋》学家们所谓的"微言大义"和"《春秋》笔法"。孔子晚年修成的《春秋》，文字简约古朴，与《易》一样是供高才生所学的。

由上可见，"六艺"（"六经"）与孔子的关系应该说是十分密切的。为了教学上的需要，孔子陆续设置了"诗""书""礼""乐""易""春秋"六门课程，还亲自编订了一些教本。这些教本的材料都属于古代文献，孔子"信而好古"，因此基本上保留了这些文献的史事内容与文字风格。

当然，课本总会体现出教育者的一定意图。孔子也是依据自己的政治、哲学、伦理、艺术、历史等观点，对大量古代文献进行了筛选，然后才编成新的课本。例如，孔子本着"不语怪、力、乱、神"的精神，把上古文献中大量鬼神上帝之类的内容删弃了，使新"六艺"显得不那么怪诞神秘。又如，孔子按照自己的思想，把古文献中有关"仁""礼"的内容凸显了出来，因此就使新"六艺"带上了浓厚的人文色彩。从这个意义上说，孔子编定新"六艺"，既是"述"，又有些"作"了。

孔子的新"六艺"，比以前"大学"六艺更完善、丰富，在我国古代学术文化史上具有极其重大而深远的意义。此意义简言之有三：

首先，孔子把"六艺"加以定型化、凝固化，使之成为保存春秋以前重要文化遗产的长久性载体。我们知道，古代文化的发展固然是绵延不绝的，但就某种特定文化而言，如果不善于发掘、整理与保存，也很快会有中断甚至绝灭的危险。西周以降，"大学"六艺处于变动不居的状态之中，往往因时因地而异，差别性大于划一性。至春秋末，礼崩乐坏，《诗》《书》残缺，出现一派衰颓的情景。孔子的不可磨灭的功绩之一，就在于比较完整地保存了"六艺"，使上古文化有了继续发展的条件。正如章太炎指出的，"追惟仲尼闻望之隆则在六籍"，"令人人知前世废兴，中夏所以创业垂统者，孔氏也"①。

其次，孔子把西周以来传统"王官之学"的"六艺"，一变而成为"私学"的新"六艺"，让文化知识为更多人所学习和掌握。早先"大学"，完全属于贵族子弟教育的范围，春秋时期"官学"虽日渐崩溃，但"六艺"的传播范围还是非常有限的。及至孔子正式创办"私学"，施行"有教无类"，弟子三千，贤者七十，使"六艺"传播更广、影响更深。章太炎说："微孔子则学皆在官，民不知古。"② 学习"六艺"成为当时士人了解与掌握古代文化的主要途径。

最后，孔子的新"六艺"作为儒家学派的标准课程及经典，直接影响着后世文化的发展方向。"六艺"本身属于孔子以前的文学作品与历史、政治、哲学等方面的文献，但经过孔子整理、删节与编纂，以达到某种教育目的，"兴于诗，立于礼，成于乐"（《论语·泰伯》），这样，"六艺"也就具有了特定的时代意义和历史价值。换言之，孔子做了一番文献价值转换的大事业。因此，新"六艺"不仅是孔子在教育方面的一套完整课程，而且其中的教本也成为孔子阐述自己思想体系的重要典籍。孔子教授新"六

---

① 章太炎：《检论》卷三《订孔上》。
② 章太炎：《检论》卷三《订孔上》。

艺"，而新"六艺"也就成了儒家学派的教科书，成了儒家的代表作品，尽管战国诸子也多习"六艺"。当然，有一点我们必须明白，孔子时的"六艺"，还只是教学课程与课本而已，尚未被赋予特殊意义。后世把"六艺"视为"为万世垂法"的神圣经典，那是孔子所始料不及的。

（原载于复旦大学哲学系编，潘富恩、徐洪兴、朱志凯主编：《孔子思想研究》，上海古籍出版社 1999 年版）

孟子论"教""学""知"

在旧时的中国，尤其是宋代以后，孟子可算是个家喻户晓的人物，这大概还得拜南宋后出现的发蒙读物《三字经》所赐。《三字经》劈头就讲"人之初，性本善"，这可是孟子的意思；第二句"性相近，习相远"，那才是孔子的话。

说到孟子，我们一般都会讨论他的"性善"论、"养气"论、"王霸"论、"民本"论、"仁政"论等热门的议题。那些题目确实是孟子思想的华彩部分，但今天我想换个话题，来谈谈孟子关于教育、读书与求知这方面的思想。在我看来，如果了解了孟子有关"教""学""知"的思想，将有助于更深刻地理解孟子的那些思想核心。

一、 总叙

《孟子》给人留下深刻印象的首先大概是夫子的"狂狷"气质吧。如"说大人则藐之"（《孟子·尽心下》，下引《孟子》仅举篇名）、"当今之世舍我其谁也"（《公孙丑下》）等，这可都是孟老夫子留给我们的豪言壮语。

不过，孟子也有他崇拜的人物，那就是儒家学派的创始人孔子。孟子一生最服膺的就是孔子，认为"自生民以来，未有盛于孔子也"（《公孙丑上》）；以"予未得为孔子之徒"（《离娄下》）而只是"私淑"略感遗憾；但他一生以学习孔子为志愿，说："乃所愿，则学孔子也。"（《公孙丑上》）正因如此，孟子的生平经历，与其所崇敬的孔子也颇多相似之处，如与孔子一样，他也有强烈的从政愿望，希望把自己的政治理想付诸实践，因此中年开始也周游列国游说，而"仆仆于道路"的结果和孔子也差不多，没有哪位国君真正愿意接受其政治主张；再如与孔子一样，他也长期开门授徒，即使在游历诸国时，学生们还伴随其左右；三如与孔子一样，晚年时孟子也退居故里，与学生一起讨论学问、著书立说。

孟子有著名的"君子三乐"之说，曰：

> 君子有三乐，而王天下不与存焉！父母俱存，兄弟无故，一乐也；仰不愧于天，俯不怍于人，二乐也；得天下英才而教育之，三乐也。君子有三乐，而王天下不与存焉！（《尽心上》）

孟子用先秦特有的强调句式即前后的复句，来表达他的"君子三乐"，而从事教育在他眼里居然比称王天下更有价值，占据了其人生最高价值中的一席之地。

看来，孟子确实在长期的教学活动中获得过很大慰藉。由于长期从事教育，孟子的学生尽管没有孔子"弟子三千，贤人七十有二"那么多，但可以想见也一定不少。如他在游历齐国时，已经是"后车数十乘，从者数百人"（《滕文公下》），这所"从"的"数百人"，应该都是他的学生。只是由于没有类似司马迁为孔子学生专作的《仲尼弟子列传》这种比较可信的资料，所以我们对孟子学生的情况了解不多。现在能确定的也仅有乐正子、万章、公孙丑、公都子、陈臻、充虞、咸丘蒙、陈代、彭更、屋庐子、桃应、徐辟、孟仲子等十几人，他们都见诸《孟子》书中。后世有学者在这方面曾做过一些颇有学术价值的研究和考证，但所增的人数也实在有限，不提也罢。

曾听说过一个有关比较文化的说法：古希腊的精神传统注重人与自然的关系，故其学问主要指向知识论；古印度的精神传统注重人与神的关系，故其学问主要指向宗教神学；而古代中国的精神传统注重现实的人与人关系，故其学问主要指向人之为人的伦理学。这当然只是大而化之的论说，但也不能说毫无见地。就中国的精神传统来看，尽管也有探求"自然之道""致知之道""终极关怀"等方面的内容，但其最大成就无疑在"做人之道"——古人所谓"安身立命之学"也。中国主流（主要是儒家）的传统学问，强调通过思问与传习，找到个人在宇宙和社会中的位置，能在环境与命运的各种遭际与挑战前做出从容的反应，并保持心灵的安静平和，而其最终目标则在于个人精神人格和道德人格的自我建立和自我完成。因此，说中国古代的学问重在做人这一点上，"虽不中不远矣"。

我们知道，在先秦诸子中，道家是以"反知"著称的。如老子曾说："慧智出，有大伪"（《老子·十八章》），"绝圣弃智"，"绝学无忧"（《老子·十九章》）等。庄子在其《养生主》中更有一段名言："吾生也有涯，而知也无涯。以有涯随无涯，殆已！已而为知者，殆而已矣！"他认为人的生命有限而认知对象无限，以有限的生命去追求无限对象的认知必然会陷入困境。老庄的观点自有其言之成理的一套诠释，这里不必多说。

儒家的见解与道家不同。儒家认为，学习知识、增长智慧，也是人生的一个重要价值取向。所以，"智"（知）成为儒家的"五常"之一。我们知道，孔子以好学著称，他"十有五而志于学"，以后曾师从多人，"于周则老子；于卫，蘧伯玉；于齐，晏平仲（婴）；于楚，老莱子；于郑，子产；于鲁，孟公绰"（《史记·仲尼弟子列传》），另外，据说他在周曾向苌弘问乐，在鲁曾向师襄子学琴。至于孔子主张"学而不厌""学而时习之""学则不固""学如不及""敏而好学，不耻下问""博学于文"……那都是大家耳熟能详的千古名言。孔子重视"仁"，但他认为光有"仁"是不够的，所以说："好仁不好学，其蔽也愚。"（《论语·阳货》）因此"知"在孔子那里受到高度重视，他常把"知"和"仁"对举，如"知者乐水，仁者乐山；知者动，仁者静；知者乐，仁者寿"（《论语·雍也》）；更把"知"列为君子"三达德"之首，曰"知者不惑，仁者不忧，勇者不惧"（《论语·子罕》）。

孔子所讲的"学"，就科目而言，就是"六艺"，首先即周朝官学传统的"礼、乐、射、御、书、数"。至于"受业身通者"，大概要学更高层次的"六艺"——《诗》《书》《礼》《乐》《易》《春秋》，所以孔子曾为此花了很大精力去整理古籍，编订教科书。经孔子删（《诗》）、编（《书》）、订（《礼》）、正（《乐》）、论（《易》）、修（《春秋》）的这些"教材"，以后就成了儒家的"六经"。

当然，儒家讲学习知识、增长智慧的"学"，与我们今天所讲的"学"有很大区别。如果用现代学科分类来说，儒家讲的大致是经、史、哲、文等人文学科，而不是数、理、化、生等自然科学。孔子虽也曾说过学《诗》可以"多识鸟兽草木之名"（《论语·阳货》），在《论语》中，我们也读到孔子讲观天、看地、察物，如讲川河流逝（《论语·子罕》）、众星拱北辰（《论语·为政》）、棠棣之花开合（《论语·子罕》）等，但孔子讲这些有关自然方面的知识，其用意主要是借物喻人、借自然以明人事，并不是就研究自然本身来说的。他讲"逝者如斯"，是强调人应珍惜时间；讲"譬如北辰"，是喻国君当用德治；讲"唐棣之华，偏其反而"，是喻行"权"合"道"。所有这些内容，就思想性来看都有相当高的价值，但对自然科学本身的发展则没有什么益处，这应该是不言而喻的。

正因为孔子重视的只是"修己安人"之学，所以他的学生樊迟想学稼、学圃，结果被孔子骂作"小人"（见《论语·子路》）。自然科学在儒家学者的眼里，即使不被排斥的话，也充其量只是"小技""小道"。孔子的学生子夏说过，"虽小道，必有可观者焉，致远恐泥，是以君子不为也"（《论语·子张》）。"小道"虽也有可观之处，但深入研究可能会"玩物丧志"，所以君子是不学的。而在子夏看来，"贤贤易色，事父母能竭其力，事君能致其身，与朋友交，言而有信，虽曰未学，吾必谓之学也"（《论语·学而》）。即尊贤人而轻女色，侍奉父母尽力，为上级办事忠心，交朋友讲诚信，那才叫学问。

不过，即便是儒家学者，他们也有程度的差别。一般说来，孟子就不像孔子（更不必说荀子）那样重视学礼习乐，重视读书。有学者曾做过这么一个统计：《论语》中"学"字凡 64 见，约占全书的 0.5%；《孟子》的篇幅大于《论语》，但其中"学"字仅 32 见，占全书的 0.09%[1]。这大概也可算是孟子不如孔子重视和强调学习的一个"量化指标"吧。正因如此，我们对孟子曾说过的"学问之道无他，求其放心而已矣"（《告子上》）这样的话，就大可不必惊讶不已了。

但孟子虽说过"求放心"是学问宗旨的话头，但并不等于教育和读书学习就不必讲了。实际上，孟子对教育和学习还是很重视的。谓予不信，请看其言：

> 仁言，不如仁声之入人深也；善政，不如善教之得民也。善政，民畏之；善教，民爱之。善政，得民财；善教，得民心。（《尽心上》）

---

① 参见杨泽波：《孟子评传》，南京大学出版社 1998 年版，第 350 页。

"善教"可是孟子"仁政"思想的一个重要支撑点，千万不能忽视。当然，孟子这里的"教"主要是指向伦理的，即如其所谓的"谨庠序之教，申之以孝悌之义"（《梁惠王上》）；"明于庶物，察于人伦"（《离娄下》）；"夏曰校，殷曰序，周曰庠，学则三代共之，皆所以明人伦也。人伦明于上，小民亲于下"（《滕文公上》）。这里所谓的"人伦"，方便说法就是，如何去处理人与人之间各种关系的道理，也就是古人常说的"做人之道"。按儒家的观点，最重要的人伦关系有五种，称为"五伦"，即父子、君臣、夫妇、长幼（兄弟）、朋友。孟子以孔子的传人自许，对伦理问题的关注不啻是其思想的题中应有之义，且可说是极其重要的一个组成部分。就目前所知，最早对儒家"五伦"关系做出具体规定的正是孟子：

> 人之有道也，饱食、煖衣、逸居而无教，则近于禽兽。圣人有忧之，使契为司徒，教以人伦：父子有亲，君臣有义，夫妇有别，长幼有序，朋友有信。（《滕文公上》）

孟子借历史说事，说明儒家的"五伦"是通过教育实现的。所以，对于孟子"求放心"与教育和学习这两者间的关系，在我看来也可以套用他关于"大体""小体"的论述，即两者要有兼顾但又需分出主次。

翻检《孟子》一书，我们可以发现，在为学、教人、求知方面，孟子也有许多精彩的论述，当然，此"学"（中国的）非彼"学"（西方的）也是很明显的。下面我们就来简单地梳理一下孟子这方面的思想。

二、 博学与自得

少时特定的环境没有机会读传统经典，所以我初读《孟子》很晚，是40年前上大学时才完整过了一遍。记得第一句让我留下深刻印象的是这句话：

> 孟子曰："博学而详说之，将以反说约也。"（《离娄下》）

孟子说这句话是想告诫我们：读书学习必须注意"博"与"约"的关系问题。首先，要做到广博地学习，详尽地阐述，"好学深思，心知其意"，对各种知识有充分的了解。而博学详述的目的，就在于增广知识，夯实基础，加深理解，达到融会贯通以后，才能进入更高的境界——简约，即执简驭繁，直奔主题，抓住问题的实质。这两者的关系，可以说"博"是"约"的基础，"约"是"博"的目标。还没"博"就想"约"，古人称之为"躐等"——不按次序。"梅花香自苦寒来"，千万别指望能一夜成名、一年成"大师"，那是做梦。能"博"而不能"约"，虽好于前者，但细碎烦琐，不得要领，缺少了向上一级的突破和透悟，那会变成个"两脚书橱"，终究还是落入"下乘"。

> 孟子曰："孔子登东山而小鲁，登泰山而小天下。故观于海者难为水，游于圣人之门者难为言。观水有术，必观其澜。日月有明，容光必照焉。流水之为物也，不盈科不行。君子之志于道也，不成章不达。"（《尽心上》）

孟子此章首先讲的是境界问题，人只有学识达到了一定的层次才会有一定的境界。其次，是讲"求道"之循序渐进问题，这与上面那一章可联系起来解读。"圣人之道"虽然广大悉备、境界甚高，却是有其扎扎实实的根基的，有志于圣人之道固然很重要，但那只是起点，如不经过努力学习和刻苦修炼，没有达到一定的境界，那还是不能通达的。这就如同观看水流，一定要观看它的波澜；太阳和月亮有光辉，一定要能有容纳光线的地方；同样，流水这东西，如不注满坎坎洼洼之地是不会前行的。"君子之志于道也，不成章不达"，更是如此！

> 徐子曰："仲尼亟称于水曰：'水哉，水哉！'何取于水也？"
> 孟子曰："源泉混混，不舍昼夜，盈科而后进，放于四海。有本者如是，是之取尔。苟为无本，七八月之间雨集，沟浍皆盈；其涸也，可立而待也。故声闻过情，君子耻之。"（《离娄下》）

孔子有"逝者如斯夫，不舍昼夜"（《论语·子罕》）的名句，通常的理解是孔子借河水的奔流不息，感叹光阴之流逝，人生短暂、时不我待。以上理解绝无问题，但孟子则做出了另一层意义的发掘和解读：从源头上流出的泉水滚滚奔流，不分白天黑夜，注满低洼后继续前进，一直流到大海。有本源的东西也正是这样的，孔子取的就是这一点。假如没有本源，就像七八月间雨水多的时候，沟沟洼洼里水都满了，可它们的干涸，不一会儿就可等到的。孟子解经确有其独到的风格，他以此来喻人的名声与实际学问，指出不符合实际的名声就如同无源之水，那是为君子所不齿的。

读书实际上也是一样的，不刻苦、系统地去学习，东看一点，西抄一点（现在更"先进"了，有"谷哥""度娘"帮忙，实际不堪一问），那就是没有本源，是决不会有所成就的。

> 孟子曰："君子深造之以道，欲其自得之也。自得之，则居之安；居之安，则资之深；资之深，则取之左右逢其原。故君子欲其自得之也。"（《离娄下》）

> 孟子曰："尽信《书》，则不如无《书》。吾于《武成》，取二三策而已矣。仁人无敌于天下，以至仁伐至不仁，而何其血之流杵也？"（《尽心下》）

这两章可以放在一起来读，其主旨是：读书除了讲求"有本"之外，更需讲求"深造""自得"。所以必须自己去做、去看、去想、去经历，孟子所谓"深造""自得"，强调的是要把握最本质的东西，要有自己独特的心得体会，这样才能左右逢源；否则妄随人转，难免轻薄。这既与一个人做学问的方法有关，往大里说也是在阐述一个人应该如何做功夫，即如何修养德性。所以，我们读书，一定要注意保持自己的独立思考和独立判断，千万不要以为印成铅字、装订成册了，其中的内容就一定都是对的。"尽信《书》，则不如无《书》"，这里的"《书》"，指的是被儒家尊为经典的《尚书》，孟子怀疑其中《武成》篇所记载的"武王伐纣"历史事件的真实性。孟子怀疑的具体内容这里可以不论，就其读书的态度而言却值得我们效法，即哪怕是世所公认的经典，也不能盲目崇信。

> 孟子谓高子曰："山径之蹊间介然，用之而成路；为间不用，则茅塞之矣。今茅塞子之心矣。"（《尽心下》）

> 孟子曰："有为者辟若掘井，掘井九轫而不及泉，犹为弃井也。"（《尽心上》）

"高子"的名字在《孟子》中共出现四次，其身份学术界有不同意见，这里的"高子"似乎是孟子的学生，所以孟子对他很严厉。孟子善用比喻，山上本来没有路，一直去走，也便成了路。求道就像走山路一样，如果不坚持或不能专一，人的心路就会被堵塞。掘井也是如此，没有挖到泉水前，挖得再深还是口废井。所以为学做事不能全靠聪明机灵，还必须专心致志，切实努力，持之以恒，有始有终，困知勉行，方能有成。

三、 教人之法

在中国历史上，大凡知名的儒家学者，往往都兼有做老师的经历，许多人甚至都是大教育家。孟子自不例外。所以，在教人方面，孟子颇有心得，我们不妨也来看看：

孟子曰："羿之教人射，必志于彀，学者亦必志于彀。大匠诲人，必以规矩，学者亦必以规矩。"（《告子上》）

孟子曰："梓匠轮舆能与人规矩，不能使人巧。"（《尽心下》）

公孙丑曰："道则高矣，美矣，宜若登天然，似不可及也。何不使彼为可几及而日孳孳也？"

孟子曰："大匠不为拙工改废绳墨，羿不为拙射变其彀率。君子引而不发，跃如也，中道而立，能者从之。"（《尽心上》）

这三章可以放在一起读。孟子的意思是：教育是讲规则、有法度的，就如同射手射箭、匠人制造器物一样。所以教师必须要用规则和法度来引导学生，也就不能因为某个受教育者的才能、悟性低下而去改变原则性的东西。从这里我们也可读出学贵自得的意思。作为一个教师自然应该循循善诱、引而不发；而作为学生则更应充分发挥自己的主观能动性，师父带进门，修行靠自身，一切还得靠自己用心去理解体悟和融会贯通，把书本上的知识变成自己脑子里的东西，否则你不就白读了吗？

孟子曰："君子之所以教者五：有如时雨化之者，有成德者，有达财者，有答问者，有私淑艾者。此五者，君子之所以教也。"（《尽心上》）

教育要讲规则、有法度，这仅仅是一个方面。因材施教同样也很要紧，所以孟子这里又提出了五种教人的方法：一是适当点拨如时雨之润化，一是培养其德性，一是发挥其才干（这里的"财"通"才""材"），一是解答其疑难，一是以自身的品德学问影响那些不能登门受业的人。

孟子曰："教亦多术矣，予不屑之教诲也者，是亦教诲之而已矣。"（《告子下》）

公都子曰："滕更之在门也，若在所礼而不答，何也？"

孟子曰："挟贵而问，挟贤而问，挟长而问，挟有勋劳而问，挟故而问，皆所不答也。滕更有二焉。"（《尽心上》）

除了以上教人的五种方法外，孟子还提出了五种"不教之教"的刺激教法，即拒绝对某人的教诲，其实那也就是在教诲他。滕君之弟滕更"挟贵""挟贤"而问，孟子不予回答，这实际是在启发他学习要诚心诚意，要做到尊师重道。

孟子曰："人之患，在好为人师。"（《离娄上》）

孟子曰："贤者以其昭昭，使人昭昭；今以其昏昏，使人昭昭。"（《尽心下》）

当然，孟子对一些不合格的教人者也有严厉批评，以上两章便是。孟子这里主要批评的是那些缺乏自知之明和骄傲狂妄的人，就其文脉推，多半是在批评当时的那些统治者，他们自己还糊里糊涂，什么都不明白，却又要担负起教化民众的责任。"以其昏昏，使人昭昭"后来就成为一句著名的成语，用来讽刺那些一知半解、不懂装懂而又想教导别人的人。

在孟子论"教"法中，有一段言论很独特——曰"易子而教"：

公孙丑曰："君子之不教子，何也？"

孟子曰："势不行也。教者必以正；以正不行，继之以怒；继之以怒，则反夷矣。'夫子教我以正，夫子未出于正也。'则是父子相夷也。父子相夷，则恶矣。古者易子而教之，父子之间不责善。责善则离，离则不祥莫大焉。"（《离娄上》）

按孟子的观点，父子之间不能责善。因为责善是朋友之道，父子之间如责善会伤及感情，如他与弟子公都子议当时齐国大将匡章之"不孝"（见《离娄下》）就持此论（匡章"子父责善"之原委，可参看《战国策·齐策一》）。所以，孟子有"易子而教"之说。"易子而教"，这是一种权变、一种回避。儒家一般都不主张亲自教育自己的子女，为的是尽可能避免因教育带来的副作用。朱熹《集注》云："易子而教，所以全父子之恩，而亦不失其为教。"[1] 所以大学问家朱熹就把自己的儿子交给了当时另一个大儒——金华的吕祖谦去教育，这种例子在古人中不少。

_____

[1]《四书章句集注》，中华书局 1983 年版，第 284 页。

四、 知言和知人论世

古代汉字中"知"之义有三：一是认知、知道，作动词；二是知识，作名词；三是聪明、智慧，作形容词或名词，那是通假字。如孔子说过："知之为知之，不知为不知，是知也。"（《论语·为政》）前两句中的"知"都是第一义，最后那个"知"是第三义，应该读去声，即今天常用的"智"字。

按孟子的观点，做学问是有境界之分的，能读懂、弄通书上讲的是什么，那固然已经不错了，可做到这一点只能算是最基本的要求、最低的境界。再进一步，那就需要讲求"知"了，即"知"什么，怎么"知"。

先论孟子的"知言"和"知人论世"。

何为"知言"？大致意思就是"善于分析洞察别人的言辞"。这是孟子在与其弟子公孙丑讨论关于"不动心"和"知言养气"的问题时提出来的，公孙丑问老师有何特长，孟子说"我知言，我善养吾浩然之气"：

"何谓知言？"

曰："诐辞知其所蔽，淫辞知其所陷，邪辞知其所离，遁辞知其所穷。生于其心，害于其政；发于其政，害于其事。圣人复起，必从吾言矣。"（《公孙丑上》）

孟子说的"知言"，从上文看就是："听到偏颇的言辞，就知道哪里片面了；听到过分的言辞，就知道哪里失误了；听到邪僻的言辞，就知道哪里背离正道了；听到躲闪的言辞，就知道哪里理屈词穷了。"孟子认为，这四种言辞危害极大，"如果从内心产生，便会在政治上产生危害；如果体现于政治举措上，便会妨害国家各种事务"。孟子非常自信地认为，"即使圣人再出现，也必定会赞同我说的这些话"。读书学习做学问，能做到孟子所说的"知言"，那是很不容易的，所以是读书人应该追求的理想境界。

下面再来看"知人论世"：

孟子谓万章曰："一乡之善士斯友一乡之善士，一国之善士斯友一国之善士，天下之善士斯友天下之善士。以友天下之善士为未足，又尚论古之人。颂其诗，读其书，不知其人，可乎？是以论其世也。是

尚友也。"（《万章下》）

此章谈交友。孟子认为，除了要与乡、国、天下的善士为友，还要与古人为友，学习古人优秀的东西。如何与古人为友？当然就离不开"颂诗""读书"了，即假途于读古书尤其是传统经典，直接与古人进行思想的交流沟通。如北宋大儒王安石，他一生服膺孟子，把孟子引为千古知己，有《孟子》诗为证："沉魄浮魂不可招，遗编一读想风标。何妨举世嫌迂阔，故有斯人慰寂寥。"

在上面这章中，孟子提出了中国哲学中的一个重要命题——"知人论世"。当你读这本书时，你有没有考虑过作者为什么要这样说、这样写呢？老实说，就书论书，往往是读不出来这其中的答案的，因此你也很难回答这样的问题。怎么办？那就需要你考察、了解作者的社会历史背景、人生经历、心路历程等一系列相关的东西。只有这样，才有可能真正理解作者著书的用心，读出书背后的意义，这大概就可以叫"知人论世"了。现代西方哲学中有一个流派叫"诠释学"（hermeneutik），强调研究"作者"与"文本"及与"读者"之间的"张力"（tensions），这其中可引出诸多现代西方哲学的热门问题。"诠释学"的这一层意思，在我看来孟子早在两千多前就已经涉及了，那就是言简意赅的"知人论世"。

接着我们不妨来看看孟子是如何读《诗》的：

> 说《诗》者，不以文害辞，不以辞害志，以意逆志，是为得之。如以辞而已矣，《云汉》之诗曰："周余黎民，靡有孑遗。"信斯言也，是周无遗民也。（《万章上》）

> 公孙丑问曰："高子曰：'《小弁》，小人之诗也。'"

> 孟子曰："何以言之？"

> 曰："怨。"

> 曰："固哉，高叟之为《诗》也！有人于此，越人关弓而射之，则己谈笑而道之；无他，疏之也。其兄关弓而射之，则己垂涕泣而道之；无他，戚之也。《小弁》之怨，亲亲也。亲亲，仁也。固矣夫，高叟之为《诗》也！"

> 曰："《凯风》何以不怨？"

> 曰："《凯风》，亲之过小者也。《小弁》，亲之过大者也。亲之过大

而不怨，是愈疏也；亲之过小而怨，是不可矶也。愈疏，不孝也；不可矶，亦不孝也。孔子曰：'舜其至孝矣，五十而慕。'"（《告子下》）

孟子认为，读书不能仅抓住书中的片言只语就望文生义，更不能因为某些艺术性的夸张修饰而对之做机械的理解。要学会"以意逆志"，即用心去领会作品全篇的精神实质，再加上自己切身的体会，去探求作者的志趣、意向。此可谓孟子"知人论世"的具体表现之一。《小弁》《凯风》两诗主题近似，但孟子能根据具体情况做出不同的评价。首先，他发挥了孔子诗"可以怨"（参见《论语·阳货》）的精神，肯定"怨"是可以的；其次，他又强调应根据作者的遭遇、亲人过失大小等的不同进行判断，可怨可不怨，不必偏固于一说。这就是孟子的智慧。

当然，孟子讲的"知人论世"，绝不仅仅局限于读书一事。推而广之，它也是儒家，大而言之是中国传统文化所主张的一种修身的方法和成人的道理。孔子曾说过："道不远人，人之为道而远人，不可以为道。"（《中庸》）这话确有道理，道是不能离开人的，离开了人来行道，那就不可以行道了。孟子也说："言近而指远者，善言也；守约而施博者，善道也。君子之言也，不下带而道存焉；君子之守，修其身而天下平。"（《尽心下》）一个"君子"就应该"善言""善道"。何为"善言"？语言平实而道理却在其中。何为"善道"？修饬自身而使天下太平。

从上面这一点引申开来说，"道"是离不开"人"的，人又是离不开"世"的，所以我们就需要"知人论世"。记得《红楼梦》中有副对联："世事洞明皆学问，人情练达即文章。"这不就是"知人论世"的最好诠解吗。曹雪芹能如此深契于中国文化传统的精神实质，不简单！但"群众是真正的英雄"，在中国老百姓中更有一语中的大白话——"不识字还有饭吃，不识人没饭吃"。至于这其中的得失利纯如何，我就不多说了，大家可以想一想。

五、 知天与知命

最后，我们来谈孟子所谓最高级的"知"——"知天"与"知命"。

中国古代的哲学家或思想家与西方的哲学家不同，他们在谈人的认识与知识时，很少专门去探讨宇宙和自然的问题，他们对人生问题感兴趣，但又不孤立地谈这一问题，而是把宇宙、自然与人生、社会——按他们的说法这叫"天道"与"人道"——紧密地结合在一起来加以探讨。他们把"人"看成"宇宙"的一个有机组成部分，着重想探究的是"人"在这个"宇宙"中究竟处于一个什么样的位置，"人"对"宇宙"又能发挥什么样的作用。这种思想，汉代"儒宗"董仲舒在其《天人三策》中称之为"观天人相与之际"，后来其学生司马迁提炼成一句经典——"究天人之际"。

在中国古代，"天"历来有两重含义，一是指自然存在，即与地相对的天；一是指有人格意志的最高主宰以及命运之"天"。一般说来，后者讲得更多，因此也更重要一点。如孔子说，"天何言哉？四时行焉，百物生焉，天何言哉"（《论语·阳货》），这是指前者；又说，"天生德于予"（《论语·述而》），"获罪于天"（《论语·八佾》），"欺天乎"（《论语·子罕》），"天厌之"（《论语·雍也》）等，这是指后者。同样，在孟子那里也有类似的区别，如他说，"天之高也，星辰之远也，苟求其故，千岁之日至，可坐而致也"（《离娄下》），"天时不如地利，地利不如人和"（《公孙丑下》）等。这里所说的"天"，都是指自然存在的"天"。至于孟子讲的最高主宰的"天"和命运之"天"，下面再论。

从出土的甲骨卜辞来看，"天"的观念在殷商时代已经出现，但还没有至上的"神格"。所以"天"的后一层意思，学术界一般认为是在西周时代才正式形成的。[①] 周人推翻了殷人统治，认为这是"天"的眷顾，提出了"有命自天，命此文王"（《诗经·大雅·大明》）的说法。以为"天"有意志，能致"命"于人，决定人类命运，于是渐渐地形成了"天意""天命"等观念，进而演变为比较完整的"天命论"。

天命论认为："天"命其"子"（这叫"授命"）在人间代行权力，让他"替天行道"，护佑四方。"天子"统治人间既然受"天"之命（这叫"受命"），因此他必须有德；"受命"的天子要革去前一个天子所受的命（这叫"革命"），因为那个"天子"表现不佳，祸国殃民，已不能替天行

---

① 殷人崇拜的最高主宰是"帝"不是"天"，这在甲骨文中随处可见。大约到了周人那里，把殷人"帝"的观念与"天"结合起来，"天"开始具有最高主宰的品格。这方面的具体情况，可参看陈梦家：《殷虚卜辞综述》，中华书局1988年版。

142

儒学文化的历史演变研究

道了。"天命论"以后根深蒂固地保留在中国历史上的政治生活中。

从"天命论"中又可引出"命"的观念。每个人都有"命"，它指决定人一生吉凶、祸福、贫富、贵贱、寿夭等的一种异己力量。设定这种力量的当然是"天"，所以从这个意义上说每个人都"受命于天"，"命"由"天"赋。

需要指出，"命"与"天命论"中讲的"天命"是有区别的，"天命"的落实处是政治的、道德的，所谓"天命靡常"（《诗经·大雅·文王》），"皇天无亲，惟德是辅"（《尚书·蔡仲之命》），"天命"只有通过帝王或圣贤的道德权威和杰出的施政能力来展现，通过人的主观努力，"天命"是可以受影响甚至改变的。而"命"生而注定，并不因为人的主观努力、品德操行、贤愚如何就能改变，所以"命"是超政治伦理的、无法抗拒的。

孔子既重视"天"，也重视"命"，强调"不知命无以为君子"（《论语·尧曰》），但他发现"天"与"命"有矛盾。因为"命"虽受之于"天"、由"天"决定，但"天"却又是遥远的、空洞的甚至与"命"脱节的，所以他常把"天"与"命"分开讲。他以"天生德于予"自居，但游说诸侯，仆仆于列国而其道不行，无法扭转"礼崩乐坏"的时局，于是只能归因于"命"："道之将行也与？命也；道之将废也与？命也。"（《论语·宪问》）就像他的好学生冉伯牛，染上恶疾，"天"也无能为力，孔子只能慨叹："命矣夫！斯人也而有斯疾！斯人也而有斯疾！"（《论语·雍也》）所以，孔子讲君子"知命"，就是讲君子必须明白，人是有很大局限性的，有许多事情不是光靠主观愿望就行的，更主要还得看"天意"和"命运"。孟子基本上是在继承孔子的思想基础上又有所发展的。

> 莫之为而为者，天也；莫之致而至者，命也。匹夫而有天下者，德必若舜、禹，而又有天子荐之者。故仲尼不有天下。（《万章上》）

这段话截取自《万章上》之第六章。它是孟子为"天"和"命"下的简洁而明确的定义，突出强调的就是其非人力所能及这一点：不是人力所能办到却办到了，那是天意；不是人力所能招致却自然来了，那是命运。一个普通人却能拥有天下，他的道德一定得像舜和禹那样优秀，而且又有天子的推荐，所以孔子就没能拥有天下。后来汉儒有孔子为"素王"说，所谓"素王"者，即"有王之德而无王之位"，之所以没有"王"之

"位"，原因就在于这个"命"。

　　以上孟子为"天"和"命"下的定义，初看起来与道家的说法没有太大的不同，有学者因此以为这是孟子受到了道家的影响①。孟子长期客居齐国，齐国"稷下学宫"是当时道家的大本营，孟子受道家学者的影响不是没有可能。但必须指出的是，在对"命"的态度与取向上，儒家与道家又是不同的。道家对"命"采取的是"委心任化"的态度，认为"知其不可奈何而安之若命，德之至也"（《庄子·人间世》），主张"无以人灭天，无以故灭命"（《庄子·秋水》），这是一种"安时而处顺"的态度。儒家则恰恰相反，虽然它也承认人生有"命"，但在"命"之限定面前，儒家却并非一味地"委心任化"，而是主张在认识"天命"的前提下积极有为，尽量发挥人的主观能动性。这就高扬了人的主体性那一面，以"知其不可而为之"（《论语·宪问》）、"发奋忘食，乐以忘忧，不知老之将至"（《论语·述而》）的精神来积极入世做事，从而在"有命"的人生中自觉地挺立起自己的"天命"。

　　　　孟子曰："尽其心者，知其性也。知其性，则知天矣。存其心，养其性，所以事天也。夭寿不贰，修身以俟之，所以立命也。"（《尽心上》）

　　《孟子》的这一章历来受到学者的重视，因为短短数语中，包含了儒家的八个重要概念："尽心""知性""知天""存心""养性""事天""修身""立命"。这些概念不仅反映了孟子的认识论、人性论、工夫论、伦理观、天命观等诸多思想，而且儒家所谓"身心性命之学"中的身、心、性、命等问题，在这里都有了着落。有关这些方面的具体内容，此处就不展开了。

　　就此章文本言，按孟子的意思，一个人通过内省，穷尽自己的本心（不忍人之心），就可以懂得人性；而懂得了人性，就是懂得了天命；存养心性，就可以事奉上天；一个人无论能活多久，都只是培养身心，等待"天命"。"天命"不是个人所能左右的，长短难定，但不必怀疑。人只能尽力去做到"知天""事天"，即尽心、知性和存心、养性，这就是对"天

　　① 参见翟廷晋：《孟子思想评析与探源》，上海社会科学院出版社1992年版，第49页。

命"的基本态度。孟子的这一思想，也可说就是儒家"安身立命"的态度。后世儒者对孟子的这些思想有很多发挥，尤其以宋明时代的理学家为甚，如张载在其著名的《西铭》中就提出过，"存吾顺事，没吾宁也"，这是一种非宗教的、达观的人生态度，对中国人的影响极大。

> 孟子曰："莫非命也，顺受其正；是故知命者不立乎岩墙之下。尽其道而死者，正命也；桎梏死者，非正命也。"（《尽心上》）

本章是接着上一章继续说"命"。朱熹《集注》云，"所以发其末句未尽之意"，即阐发上一章"立命"的意蕴。立者正也，"立命"者立"正命"也。

把"命"分为"正命"和"非正命"，这是孟子的发明，也是他对儒家"天命"思想的发展。我们知道，孟子时代，墨家思想十分流行，墨家强调"非命"，对儒家的"天命"思想多有批判。墨子批评儒家的"天命"思想有宿命论的倾向，这不能算错，但这仅能在理论本身上立论。他忽视乃至无视了儒家历来强调的立场，即在认识"天命"的前提下积极有为，尽量发挥人的主观能动性的思想，那就错了。

在《孟子》此章中，我们看到，孟子的主张是：命运虽非人力所能改变，但如果人遵循命运的必然趋势行事，尽到了自己本身应有的努力，不管结果是否能尽如人意，都是得"命"之"正"，是符合"正命"的。反之，如果人的行为违反事物的必然趋势，一意孤行，如明明已知那是堵危墙还硬要往墙边上去站，那被压死只能说是找死；又如明知国家法律禁令，还要以身试法，结果锒铛入狱、被处极刑，这都属于"非正命也"。

> 孟子谓宋句践曰："子好游乎？吾语子游。人知之，亦嚣嚣；人不知，亦嚣嚣。"
>
> 曰："何如斯可以嚣嚣矣？"
>
> 曰："尊德乐义，则可以嚣嚣矣。故士穷不失义，达不离道。穷不失义，故士得己焉；达不离道，故民不失望焉。古之人，得志，泽加于民；不得志，修身见于世。穷则独善其身，达则兼善天下。"（《尽心上》）

这里的宋句践是谁，今天已很难考证了，赵岐说他是"好以道德游，欲行其道者"。战国时代，游说之风盛行，孟子亦难免俗，当时的纵横家固然属于游说之士，而孟子实也可归入游说之士之列。但孟子的游说是有自己的原则的，而纵横策士则无。后者人称"禄蠹"，会以各种手段猎取功名。孟子游说的原则就是"穷不失义，达不离道"，"得志，泽加于民；不得志，修身见于世"。就是说游说也必须遵循一定的道德原则，即要以行道为目的。至于"穷则独善其身，达则兼善天下"的境界，就已不全是游说的原则了，而是中国古代读书人守身和处世的理想原则之一。它所透露的思想，如果用现代话来诠释那就是：当你发达之时，就尽量为人民、为社会、为国家多做点贡献；当你困顿之时，没有能力为他人、社会和国家做贡献，就更应该努力用功，培养自己的德性，为世人做个榜样。这就是做到了"穷不失义，达不离道"，"得志，泽加于民；不得志，修身见于世"，"穷则独善其身，达则兼善天下"。

> 孟子曰："尧、舜，性者也；汤、武，反之也。动容周旋中礼者，盛德之至也。哭死而哀，非为生者也。经德不回，非以干禄也。言语必信，非以正行也。君子行法以俟命而已矣。"（《尽心下》）

本章的大意是说，尧、舜的行事是出于天性；商汤、周武王的行事稍微差了一点，他们是经过修养后而能返回天性。一个人的举动、容貌都合于礼，那是美德中的极点。他举例说明：哭死者而悲哀，不是做给生者看的；按道德行事而不违背，不是为了谋求官位；说话守信用，不是为了博取行为端正的名声。其结论最重要："君子行法以俟命而已矣。"君子只是依法度行事，至于结果如何就只能等待命运安排了。

> 君子创业垂统，为可继也。若夫成功，则天也。君如彼何哉？强为善而已矣。（《梁惠王下》）

本节截取自《梁惠王下》第十四章滕文公问齐人"将筑薛"，意思与上一章"君子行法以俟命而已"同。

说了不少孟子关于"知天""知命"的思想，下面我们就来看看孟子本人"知天""知命"的实例：

> 鲁平公将出，嬖人臧仓者请曰："他日君出，则必命有司所之。今乘舆已驾矣，有司未知所之，敢请。"
>
> 公曰："将见孟子。"
>
> 曰："何哉，君所为轻身以先于匹夫者？以为贤乎？礼义由贤者

出，而孟子之后丧逾前丧。君无见焉。"

公曰："诺。"

乐正子入见，曰："君奚为不见孟子也？"

曰："或告寡人曰：'孟子之后丧逾前丧。'是以不往见也。"

曰："何哉，君所谓逾者？前以士，后以大夫；前以三鼎，而后以五鼎与？"

曰："否。谓棺椁衣衾之美也。"

曰："非所谓逾也，贫富不同也。"

乐正子见孟子，曰："克告于君，君为来见也。嬖人有臧仓者沮君，君是以不果来也。"

曰："行，或使之；止，或尼之。行止，非人所能也。吾之不遇鲁侯，天也。臧氏之子焉能使予不遇哉？"（《梁惠王下》）

本章说孟子不遇鲁侯。本来鲁平公是要去见孟子的，后因小人臧仓的谗言而未果。孟子所以到鲁国去，很可能是因为他的学生乐正子（名克）在那里做官。据《告子下》记载，孟子听说鲁国要用乐正子为政时，曾"喜而不寐"，称"其为人也好善"（《告子下》），是"善人也，信人也"（《尽心下》）。鲁平公要见孟子想必就是乐正子推荐的。所以当鲁平公取消了见孟子的计划时，乐正子自然要去问明缘由。孟子对此事的态度很达观，他回答乐正子的话也耐人寻味：平公想见孟子是由于乐正子的促使，而不想见了又是由于臧仓的离间，表面上看似乎都是人在起作用，然冥冥之中实有天意，况且平公本人意志这么不坚定，这么容易听信谗言，即使相见又有多大意义呢？所以不见也罢。

孟子去齐，充虞路问曰："夫子若有不豫色然。前日虞闻诸夫子曰：'君子不怨天，不尤人。'"

曰："彼一时，此一时也。五百年必有王者兴，其间必有名世者。由周而来，七百有余岁矣。以其数，则过矣；以其时考之，则可矣。夫天未欲平治天下也，如欲平治天下，当今之世，舍我其谁也？吾何为不豫哉？"（《公孙丑下》）

本章是孟子离开齐国，在路上和弟子充虞的对话。孟子自信有命世之才，但事与愿违，所以只能把天下能否平治归诸"天"。这不仅是他个人的命运，也是所有大哲的命运。孔子说"天生德于予"（《论语·述而》），"苟有用我者，期月而已可也，三年有成"（《论语·子路》），同时又慨叹"道之将行也与？命也；道之将废也与？命也"（《论语·宪问》）。孟子与孔子的差别也只在"几希"之间，他周游列国推行"仁政"的时间比孔子还长，但结果一样，最后离开齐国时也只能无奈地慨叹："夫天未欲平治天下也，如欲平治天下，当今之世，舍我其谁也？"

综上可知，孟子讲"知天""知命"，并不是消极的，更不等于可以无所作为。一个人穷困与发达与否虽然有"命"，但做人的原则还是在自己。所以，人还是应该依法度努力地去做事，至于结果如何就不必太计较了。这就是"事天立命"。

（原载于《孟子研究》第二辑，中国孟子学会 2019 年 6 月）

汉初"五经博士"与"弟子员"制度略考

众所周知，西汉武帝时期完成了中国历史上统治思想的重大转折，儒家学说终于被置于国家正统思想的高位，这对巩固中国古代中央集权的大一统局面起到了难以估量的重要作用。汉武帝"罢黜百家，表章六经"，除了改变统治思想之外，最有实质性意义的是设置"五经博士"，"兴太学"和"开弟子员，设科射策，劝以官禄"这些措施。儒家经学的真正确立，亦应于此寻源。本文试就这一历史过程略作梳理考订，以就正于方家。

一

汉初七十年，最高统治者崇奉"黄老之学"。这对消除秦苛政之蔽，恢复发展社会生产，安定社会秩序，无疑起了重要作用。但"无为而治"也造成西汉王朝在对内外政策上的姑息妥协，由此产生了许多不良后果，最突出的便是地方藩王权势日重，西北匈奴也常常侵掠中原。随着几十年来的经济恢复，国家积累了足够的财富，军事上具备了一定的实力。这样，主张"无为"的黄老之学，已不适应西汉政府加强中央集权的需要。要使统治加强，就必须改变统治思想。从汉景帝开始，西汉王朝的统治思想就已逐渐开始变化，到汉武帝时期，终于完成了这一变化。

汉景帝后元三年（前141）正月，十六岁的太子刘彻继位，是为汉武帝。刘彻虽是在黄老之学十分盛行的氛围中成长起来的，但他却受到了儒家思想的很大影响，他的老师、太子太傅卫绾是儒生，另一个老师王臧也是儒生。汉武帝即位后做的第一件大事，就是想"罢黜百家"。建元元年

（前140）冬十月，刚继位还不到一年①的汉武帝，"诏丞相。御史、列侯、中二千石、二千石、诸侯相举贤良方正直言极谏之士"。此时身为丞相的卫绾上奏："所举贤良，或治申、商、韩非、苏秦、张仪之言，乱国政，请皆罢。"（《汉书·武帝纪》）这就是后来被称为"罢黜百家"的动议，经卫绾一提出，当即得到武帝的批准："奏可。"卫绾上奏中所举申、商、韩非乃是先秦的法家，苏秦、张仪则是纵横家。这里虽仅举法、纵横两家，实际上包括了除儒家以外的一切诸子学说，尤其是当时统治集团内盛行的黄老之学，它们均被指斥为"乱国政"之言而"皆罢"之。所以，实质上"罢黜百家"的动议，就是想以儒家思想来取代黄老之学。这个动议，也得到了当时两大外戚集团中的要人田蚡和窦婴的支持。

然而，用儒家思想取代黄老之学并不是一帆风顺的。那位让辕固生与野猪搏斗的窦太后，在武帝即位后又以太皇太后身份摄政，政治势力依然很强。所以，"罢黜百家"之议提出后，在相当长的时间内只不过是说说而已。建元二年（前139），一批隆推儒术的人遭到了窦太后的严厉打击，《史记》记载了这一事件：

> 魏其（窦婴）、武安（田蚡）俱好儒术，推毂赵绾为御史大夫，王臧为郎中令。迎鲁申公，欲设明堂，令列侯就国，除关，以礼为服制，以兴太平。举适诸窦、宗室毋节行者，除其属籍。时诸外家为列侯。列侯多尚公主，皆不欲就国，以故毁日至窦太后。太后好黄老之言，而魏其、武安、赵绾、王臧等务隆推儒术，贬道家言，是以窦太后滋不说魏其等。及建元二年，御史大夫赵绾请无奏事东宫。窦太后大怒，乃罢逐赵绾、王臧等，而免丞相、太尉，以柏至侯许昌为丞相，武强侯庄青翟为御史大夫。魏其、武安由此以侯家居。（《史记·魏其武安侯列传》）

班固在《汉书》中还记载赵绾、王臧下狱并被逼自杀。这一事件充分说明窦太后的权力仍然很大，连送皇帝的奏书亦须向她禀奏，赵绾等想夺去其摄政的权力，结果遭到了惨败。

---

① 西汉在武帝太初元年（前104）《太初历》颁行前，仍沿用秦《颛顼历》，以建亥为岁首，以"冬十月"为岁始，而月数又按建寅的《夏正》计，故建元元年冬十月与后元三年正月的绝对年份在一年中，此时武帝继位仅九个月左右。

但改变统治思想毕竟已成大势所趋，那不是窦太后个人所能阻挡的。在武帝即位五年后的建元五年（前 136）春，汉王朝正式设置"五经博士"，即《诗》《书》《礼》《易》《春秋》五经的博士。第二年，即建元六年（前 135），君临天下长达二十二年之久、坚持推行黄老思想的代表人物窦太后去世，这标志着黄老之学退出了统治地位。从此以后，"罢黜百家"开始得以顺利实现。

时年已经二十一岁，并有了六年临朝经验的汉武帝，在窦太后死后不久，马上罢免了窦太后封的丞相许昌和御史大夫庄青翟，重新起用其舅父田蚡为丞相。后者便着手恢复昔日中断的事业，"绌黄老刑名百家之言，延文学儒者数百人"（《史记·儒林列传》）。又过了一年，即元光元年（前 134）的五月，汉武帝诏举贤良对策，董仲舒上对策三篇①，即后世所谓的"天人三策"。在策文中，董仲舒对"罢黜百家"进行了理论上的阐发，曰：

> 《春秋》大一统者，天地之常经，古今之通谊也。今师异道，人异论，百家殊方，指意不同，是以上亡以持一统，法制数变，下不知所守。臣愚以为：诸不在"六艺"之科、孔子之术者，皆绝其道，勿使并进。邪辟之说灭息，然后统纪可一而法度可明，民知所从矣。（《汉书·董仲舒传》）

---

① 关于董仲舒上"天人三策"的时间，《史记》不载，《汉书》虽载但有矛盾的地方，由此引起后世很大争议。据我统计，迄今大致有以下五种说法：

一、建元元年（前 140）冬十月说。此说首倡于司马光的《资治通鉴》。从其说者有：宋人马端临（见《文献通考·选举六》），清人沈钦韩（见王先谦《汉书补注》引）、苏舆（见《董子年表》），现当代人夏曾佑（见夏著《中国古代史》）、胡适（见胡著《中国中古史长编》）、钱穆（见钱著《两汉经学今古文平议》）、范文澜（见范著《中国通史》）、顾颉刚（见顾著《秦汉的方士与儒生》）、翦伯赞（见翦著《中国史纲要》）、侯外庐（见侯著《中国思想通史》）等。

二、建元五年（前 136）说。清人齐召南主此说（见《汉书补注》引）。

三、元光元年（前 134）二月说。南宋人王益之主此说（见《两汉纪年》卷十一）。

四、元光元年（前 134）五月说。南宋人洪迈在《容斋随笔》中主此说。从其说者有：清人王先谦（见《汉书补注》），现当代人刘汝霖（见《汉晋学术系年》）、吕思勉（见《吕思勉读史札记》）、郭沫若（见《中国史稿》）、徐复观（见徐著《两汉思想史》卷二）、施丁（见《社会科学辑刊》1980 年第 3 期《董仲舒天人三策作于元光元年辩》）、朱维铮（见《上海图书馆建馆三十周年论文集》中《经学史：儒术独尊的转折过程》）、金春峰（见金著《汉代思想史》）、林剑鸣（见林著《秦汉史》）等。

五、元光二年（前 133）至元光四年（前 131）间说。台湾学者戴君仁主此说（见《孔孟学报》第 16 期《汉武帝罢黜百家非发自董仲舒考》）。

我认为，上述诸说中以第四说即"元光元年（前 134）五月说"证据充分。《汉书·武帝纪》中明文记载："（元光元年）五月，诏贤良曰……于是董仲舒、公孙弘等出焉。"至于其他诸说，都从推论出发，缺乏坚实的证据，难以成立。具体考证这里无法进行，可参见上列吕思勉、施丁、朱维铮等的考证。

此外，在对策中，董仲舒还提出了"兴太学"的重要建议，认为：

> 养士之大者，莫大乎太学。太学者贤士之所关也，教化之本原也……臣愿陛下兴太学，置明师，以养天下之士，数考问以尽其材，则英俊宜可得矣。（《汉书·董仲舒传》）

这正是根据前两年已设置的"五经博士"而提出的建议。公孙弘当丞相后，于元朔五年（前124）提出为博士官设弟子员，于是一套为研究经典、培养儒生的完整制度开始形成。

二

关于中国历史上的博士制度，前人已有较为广泛深入的研究。如清人胡秉虔的《西京博士考》、张金吾的《两汉五经博士考》，近人王国维的《汉魏博士考》、钱穆的《两汉博士家法考》、周予同的《博士制度和秦汉政治》等都属有一定影响的作品，为我们今天的研究提供了不少便利。

博士是古代学官的名称。《汉书·百官公卿表》曰"博士，秦官"；《宋书·百官志》记"博士，班固云秦官。史臣案：六国时往往有博士"；《史记·循吏列传》记"公仪休，鲁博士，以高第为鲁相"；褚少孙补《史记·龟策列传》记宋国宋元君时有"博士卫平"；《汉书·贾山传》中记，贾山"祖父祛，故魏王时博士弟子也"，清人沈钦韩疑"弟子"二字为衍文①。卫平在宋元君时，与孟子同时，宋国是否置有"博士"一官，还缺乏明文可证。但公仪休曾任鲁缪公相，鲁缪公曾尊养过曾申、子思之徒；曾申为曾参之子，子思为孔子之后，都是儒家，鲁国又是儒家的发源地。贾祛，史称其为"魏王时博士"；魏文侯曾师子夏而友田子方、段干木，是著名的"礼贤下士"的国君，马端临《文献通考·职官考九》云："博士，魏官也，魏文侯初置，三晋因之。"根据文献所载，战国时鲁、卫是建置有"博士"的，它似乎与儒家之为"显学"又有关联，与当时国君"礼贤下士"也有一定关系。②

---

① 王先谦：《汉书补注》引，中华书局1983年版，第1089页。
② 参考王国维：《观堂集林》卷四《汉魏博士考》，中华书局1959年版，第174—175页。

今人余英时据《战国策·赵策》中"郑同北见赵王"条有"赵王曰：
'子南方之博士，何以教之?'"句，及注云"博士，辩博之士"，补曰：
"秦官有博士，或战国儒士有此称"，及《资治通鉴》记韩灭郑以后都郑的
文献，推断郑同"殆韩博士也"。①（按：余英时所据乃南宋鲍彪重定次序的
新注本，而南宋姚宏续注本则"博士"作"傅士"，故战国时韩国是否有
"博士"尚存疑。）

又据钱穆、周予同的研究，他们都认为战国时齐国的"稷下先生"与
"博士"异名同实。其理由是：一、齐国的"稷下先生"在汉代人的著作中
也称"博士"。如淳于髡，刘向在其《新序》一书中称"稷下先生"，而在
其《说苑》一书中又称"博士淳于髡"（《说苑·尊贤》），可见二者可通。
又许慎《五经异义》中谓，"战国时，齐置博士之官"，与别的记载不同。
二、汉代博士有续称"稷下"的。如刘邦拜叔孙通为博士，就号曰"稷嗣
君"，意即为嗣风于稷下。郑玄《书赞》谓："我先师棘下生孔安国。""棘
下生"即"稷下生"，"生"为先生之义。三、《史记·田敬仲完世家》记
"稷下先生"七十余人，与《史记·秦始皇本纪》记博士七十人，在员额上
也几相似，这是尊慕孔子，孔子弟子七十，故养贤设官亦以七十为准。四、
《史记·田敬仲完世家》记稷下先生"不治而议论"，这与《汉书·百官公
卿表》记"博士，秦官，掌通古今"，《后汉书·百官志》记"博士，掌教
弟子，国有疑事，掌承问对"，在含义上相同（"不治而议论"与"掌通古
今""掌承问对"义同）。② 以上四点除第四点有不同意见外③，其他三点都
是很有根据的论断。因此，齐国确也曾设有博士，但齐之博士不一定都是
儒者，它也是国君"礼贤下士"的产物。从以上可知沈约《宋书·百官志》
所言是可信的。

秦统一六国，仍置博士。《汉书·百官公卿表》记，秦朝博士"秩比六
百石，员多至数十人"。又据《史记·秦始皇本纪》记，"始皇置酒咸阳宫，
博士七十人前为寿"；又侯生、卢生相与谋曰："博士虽七十人，特备员弗

---

① 余英时：《士与中国文化》，上海人民出版社 1987 年版，第 64 页注③。
② 参考钱穆：《两汉经学今古文平议》，台湾东大图书有限公司 1971 年版，第 165—166 页；周予同：
《周予同经学史论著选集》，上海人民出版社 1983 年版，第 729—730 页。
③ 见余英时：《士与中国文化》，上海人民出版社 1987 年版，第 65—67 页。

用。"可知秦代博士多至七十人，其中姓名可考者，据王国维说有博士仆射周青臣，博十淳于越、伏牛、叔孙通、羊子、黄疵、正先等七人。又刘向《说苑·至公》记："始皇召群臣面议，博士七十人未对，鲍白令之对文。"蒙文通认为鲍白系鲍丘之误，即《盐铁论·毁学》上提及与李斯同事于荀卿的包丘子，也就是汉初传《诗》的浮丘伯。另散见于诸书的尚有李克、桂贞、卢敖、圈公、沈遂五人。^① 以上诸博士中，可知淳于越、伏生、叔孙通、羊子、鲍丘、李克、圈公都是儒家，黄疵为名家，卢敖为神仙家，其余数人不知学派。另据《史记·秦始皇本纪》载，"使博士为仙真人诗"，又有"占梦博士"，可知秦代博士中以儒生居多，但不尽是儒生。秦末农民起义时，陈胜亦置博士，孔子的八世孙孔鲋即为陈胜的博士。

汉承秦制，仍置博士。汉高祖二年（前205），刘邦拜叔孙通为博士。惠帝时，孔鲋的"弟子襄，年五十七，尝为孝惠皇帝博士，迁为长沙太守"（《史记·孔子世家》）。高祖、惠帝时可考的，现存史料仅有这些。因为当时"尚有干戈，平定四海，亦未遑庠序之事"，"孝惠、高后时，公卿皆武力功臣"，所以对博士建置尚未健全。到文帝时，"颇登用"儒家，所立博士较前为多，据《汉官仪》："文帝博士七十余人。"这样，在武帝"独尊儒术"前，博士的数目已与秦制差不多了。西汉文帝、景帝时期所立的博士，有以下几点值得注意。

其一，儒家"专经"博士的设立。《后汉书·翟酺传》记："孝文皇帝始置一经博士。"^② 如文帝时，治《诗》的博士有申公、韩婴，治《书》的博士有晁错，张生也治《书》为博士不知在文帝抑或景帝时。景帝时，治《诗》博士又加辕固生，治《春秋》"公羊学"的博士有胡毋生、董仲舒。他们以治《诗》《书》《春秋》而立为博士，说明汉王朝统治者对儒家学说已渐渐重视。

其二，这些"一经"博士，并不只治"一经"，有的甚至还兼综儒家以外的学说。如申公传"鲁《诗》"，但又传《春秋》"穀梁学"于瑕丘江公；韩婴除"推诗人之意而作《内外传》数万言"外，"亦以《易》授人，推

---

① 赵吉惠等：《中国儒学史》，中州古籍出版社 1991 年版，第 244 页。
② 按：今本"一经"误作"五经"。

《易》意而为之传"；晁错在从伏生受《书》之前，曾"学申、商刑名于轵张恢先所"。由此可知，他们虽称以治某经立为博士，但并不只治一经。

其三，文景时所立的博士，并不仅限于"专经"的儒生。如鲁人公孙臣，以言"五德终始"召为博士（《史记·文帝本纪》）；贾谊以"颇通诸子百家之书"，也召为博士（《史记·屈原贾生列传》）；辕固生与黄生争论于景帝前，黄生无所考见，疑亦博士。刘歆在《移太常博士书》中云："至孝文皇帝……天下众书往往颇出，皆诸子传说，犹广立学官，为置博士。"这里的"诸子传说"，既有如赵岐在《孟子题辞》中所提到的《论语》《孝经》《孟子》《尔雅》，当包括儒家以外的诸子百家言。

其四，当时的诸侯王也有自己立博士的，如河间献王刘德就立有《毛氏诗》《左氏春秋》的博士。汉武帝凭借西汉王朝前期所积累的财富，凭借景帝所完成的全国统一，再加上他本人的雄才大略及在位时久，对内对外自然多有所创建，在文教方面，也将道、名、法、阴阳五行各家统一在儒家里面，完成了学术统一。从此，儒学开始成为中国古代文化的主体。而其所立"博士"，也同文景时期的博士制度区别开了。

三

建元五年（前136），汉武帝正式立"五经博士"。《史记·儒林列传》说：

> 今上（指汉武帝）即位，赵绾、王臧之属明儒学，而上亦乡之，于是招方正贤良文学之士。自是之后，言《诗》于鲁则申培公，于齐则辕固生，于燕则韩太傅；言《尚书》，自济南伏生；言《礼》，自鲁高堂生；言《易》，自菑川田生；言《春秋》，于齐鲁自胡毋生，于赵自董仲舒。

这里所记，实际上是指从汉初以来的"五经"传授系统，并非武帝所立的"五经博士"。据《汉书·儒林传》的赞中记：

> 武帝立"五经"博士……《书》唯有欧阳，《礼》后，《易》杨，《春秋》公羊而已。

这里，"五经"仅举四，通行的观点认为《诗》在文景时期已立鲁、

155

韩、齐三家，故不举①。但如前所述，《春秋》"公羊学"在景帝时也已立博士，应该只举《尚书》《仪礼》《周易》三经才对，班氏何以会列四经？钱穆认为："《儒林传》独举四经者，后此四经皆有增设，至宣帝时，增员至十二人。独《诗》惟三家，一犹文景之旧，博士不增，故亦不及。"② 因此，汉武帝所设"五经博士"，实际为五经七家博士，即《诗》立齐、鲁、韩三家，《尚书》立欧阳氏，《仪礼》立后氏，《易》立杨氏，《春秋》立公羊氏。七家各设一员，有缺辄补，正常情况就应是七名博士。而其他不以"五经"为博士者，即"诸子传记博士"，遂见罢黜。

其后 12 年，即武帝元朔五年（前 124），董仲舒对策时所提出的"兴太学，置明师，以养天下之士"的建议，在丞相公孙弘、太常臧、博士平等人的建议和筹划下得以实施。《史记》和《汉书》的《儒林传》中都详细地记载了此事。兹以《汉书》为本引录如下：

> （公孙）弘为学官，悼道之郁滞，乃请曰："丞相、御史言：制曰'盖闻导民以礼，风之以乐。……太常议，予博士弟子，崇乡里之化，以厉贤材焉'。谨与太常臧、博士平等议，曰：闻三代之道，乡里有教，夏曰校，殷曰庠，周曰序。其劝善也，显之朝廷；其惩恶也，加之刑罚。故教化之行也，建首善自京师起，由内及外。……古者政教未洽，不备其礼，请因旧官而兴焉。为博士官置弟子五十人，复其身。太常择民年十八以上仪状端正者，补博士弟子。郡国县官有好文学（经学），敬长上，肃政教，顺乡里，出入不悖，所闻，令相长丞上属所二千石。二千石谨察可者，常与计偕，诣太常，得受业如弟子。一岁皆辄课，能通一艺以上，补文学掌故缺；其高第可以为郎中，太常籍奏。即有秀才异等，辄以名闻。其不事学若下材，及不能通一艺，辄罢之，而请诸能称者。"

以上这个方案包括了教育方针、选拔条件、学习和考核方法、修业期满后的分配等一整套措施，大致可归纳为如下四个要点。

---

① 自南宋王应麟在《困学纪闻》卷八《经说》中提出后，这是为学术界普遍接受的观点。

② 钱穆：《两汉经学今古文平议》，台湾东大图书有限公司 1971 年版，第 178 页。按：今人沈文倬认为，"终武帝之世，三家《诗》只在私学传授，官学里没有立过博士"，所以当时立四家博士，班氏不误。此亦为一说，今不取。详见沈文倬《黄龙十二博士的定员和太学郡国学校的设置》，载于上海图书馆 1983 年 8 月编印《上海图书馆建馆三十周年论文集》。

（1）遵循"三代之道"，以实现天下"教化"为务，先办好中央官学，而后推广于地方。

（2）规定为博士官置正式弟子五十人。由太常择民十八岁以上，仪状端正者充任博士弟子，免除他们所担负的国家徭役赋税。

（3）设"受业如弟子"的旁听生。由郡国、县道邑推荐"好文学，敬长上，肃政教，顺乡里，出入不悖"的优秀青年，经郡守、王相审查属实后送报太常，成为旁听生。旁听生没有定员。

（4）定期的考核及任用制度。规定满一年后举行考试，如能通一经以上的，就补文学掌故缺，特别优秀的可以做郎中。才智下等及不能通一经者，令其退学。

这一方案，获得武帝的批准，"制曰：可"。按：在武帝置博士弟子员以前，博士也有弟子，如叔孙通拜博士，与其弟子用绳索在野外演习朝仪礼法（见《史记·刘敬叔孙通列传》）。但这只是弟子私下跟从其师，和朝廷没有关系。现在武帝准公孙弘等议，才为博士官置弟子五十人，并经考核可选拔为官。这样，博士弟子便受到政府的优待，被列为仕途正式的出身，而和过去完全不同了。所以史称"自此以来，公卿大夫士吏彬彬多文学之士矣"（《汉书·儒林传》）。

综上所述，可知汉武帝"置五经博士"和"弟子员"之后，"博士"的性质发生了根本性的变化。这变化主要表现在以下两个方面。

第一，博士之职开始为"专经"的儒家所垄断。博士一职，原本是经学、诸子百家等皆有之，虽然儒家的比重在其中或占得多一些，但从战国时齐国的"稷下先生"，到秦朝的七十博士，再到文景时期的博士，都不限于儒家。及汉武帝置"五经博士"，然后百家传记博士都遭罢黜，儒家优势开始形成。需要说明的是，博士之选，专以通"五经"为准，并非以儒家为准。如《孟子》博士，虽属儒家，但亦属与《老子》等相类的"家人言"（辕固生语），所以就会遭罢黜。而"经"则非晚出的"子书"，它们是上古的"王官之学"，就如《汉书·儒林传》中所谓："六学者，王教之典籍，先圣所以明天道、正人伦、致至治之成法。"刘歆《七略》中《六艺略》与《诸子略》分列，正是此意。所以，"宗经"与"尊儒"不能混为一谈。当然，由于儒者"游文于六经之中，留意于仁义之际，祖述尧舜，宪章文武，宗师仲尼，以重其言"，所以才能"于道最为高"，而独出于百家之上，儒家正是以治经才为所重的。从此以后，博士的增列和争论，就局限于儒家所重的经籍之内了。

第二，博士的职责从此改变了。从制度上看，汉武帝以前的博士官，承秦制"掌通古今"（六国时期的博士职掌不明），即是一些通晓古今掌故、备皇帝咨询的顾问官。文景时期，如申培、韩婴、辕固、晁错、胡母子都、董仲舒等博士，他们只是因为治某一经出名而为博士，并不是说他们就是某一经的博士，在职责上他们依然是"通古今""具官待问"。自汉武帝置"五经博士"，博士才成为了专经的博士；又自为博士置"弟子员"以后，专经的博士则又成为"掌教弟子"的教育官，即"经师"。虽然在"国有疑事"时，他们仍"掌承问对"，但主要是职掌教育的教官，以传授经学为业。这样，自汉武帝以后，博士官从秦制的"通古今"的顾问官，变成了汉制的"教弟子"的教育官。

<h1 style="text-align:center">四</h1>

汉武帝"罢黜百家"，立"五经博士"，置"博士弟子员"等举措的施行，一方面标志着"经学"的正式确立，同时也标志着中国历史上持续长达二千年之久的"经学时代"的开始。这是中国历史上的一件大事，有着重大且深远的意义。经学的确立，标志着中国古代官方统治学说的正式形成，而中国古代的教育制度也因之而展开，并旁及中国古代的官员选拔制度、文官制度等方方面面。

如果仅从思想文化层面而言，经学确立的重要性主要表现为如下三点。

一、经典的确立。"六经"之名始见于战国，但自战国迄汉武帝时，更通行的称谓是"六艺"。"六艺"实为五，即《诗》《书》《礼》《易》《春秋》。自"五经博士"设置，这些上古典籍的书名又添上了"经"字，曰：《诗经》、《书经》、《礼经》（《仪礼》）、《易经》和《春秋经》。此后，又陆续加进了《论语》《孝经》《周礼》《礼记》《尔雅》《孟子》《春秋经》附在《左传》《公羊传》《穀梁传》之前而成三部，共十三部。"十三经"成为以后历代公认的中华民族的经典，拥有不可动摇的神圣地位，被视为如

"日月经天，江河行地"的"大经大法"。上自朝廷的诏令奏议，下至士人的著文发言，经典成为最基本的文本依据。"引经据典"，因此也成了中国历史上一种特殊的政治和文化现象。

二、标志着中国思想文化发展第一个否定之否定过程的完成。以"五经"这些中华原典为主干，加之对这些经典阐释训解的论著体系和传授体系，构成了庞杂繁复的专门学问——经学，它既包括传经之学，也包括注经之学。自汉代以降迄至清末，经学始终被统治者奉为正统的官学。所谓经典，本是唐虞三代到春秋时期思想学术文化的总汇，它们原本为"王官之学"，春秋末期，随着学术下移而变为私家之学，经秦汉之际到汉武帝时又重新成为官学。这么一个从一到多，又从多到一的否定之否定过程，实际上反映的是中华思想和学术文化从殷周之际到秦汉之际一千年间的演变轨迹。

作为古代学术文化总汇的"王官之学"随着春秋时期的"礼崩乐坏"而出现"官失其守"的局面，于是"诸子蜂起，百家争鸣"。《庄子·天下》篇道出了上古"道术"由合而分的这一历史走向：

> 古之人其备乎！配神明，醇天地，育万物，和天下，泽及百姓。明于本数，系于末度，六通四辟，小大精粗，其运无乎不在。其明而在数度者，旧法世传之史，尚多有之。其在于《诗》《书》《礼》《乐》者，邹鲁之士，搢绅先生，多能明之。《诗》以道志，《书》以道事，《礼》以道行，《乐》以道和，《易》以道阴阳，《春秋》以道名分。其数散于天下，而设于中国者，百家之学时或称而道之。

> 天下大乱，圣贤不明，道德不一，天下多得一察焉以自好。譬如耳目鼻口，皆有所明，不能相通，犹百家众技也，皆有所长，时有所用。虽然，不该不遍，一曲之士也。……天下之人，各为其所欲焉以自为方。悲夫！百家往而不反，必不合矣……道术将为天下裂。

这里所概述的是三个历史阶段：古代"王官之学"，孔子所开创的儒家"诗书礼乐"之传统及战国诸子之学。到了战国末年，"百家争鸣"已夕阳西下，接近尾声了。荀子的出现，就已经初步反映出天下"百虑而一致，殊途而同归"的学术趋势，"荀学"横扫百家而又兼赅百家，并提出"故学者以圣王为师，案以圣王之制为法"（《荀子·解蔽》）。再经由秦始皇、李斯的"别黑白而定一尊"的文化政策，接着就出现了汉武帝、董仲舒的"罢黜百家，表章六经"。从此，开启了中国中古时代的"官学"传统。

三、儒家正统地位的确立。由孔子开创的儒家学派，在战国数百年里虽有很大发展，号称"显学"，但还仅是诸子"百家争鸣"中的一派。汉武帝由"宗经"开始，其必然结果就是"尊儒"。到西汉宣帝、成帝时期，儒家已确立起其统治地位。这并不奇怪，因为经学的形成及传播，与孔子和儒家学派密切相关。后来被称为儒经的"六艺"，代表的是以周文化为核心的中原正统文化。而儒家的前身，在很大程度上是周代以传授"六艺"为主的"师儒"。儒家又是先秦诸子中最先兴起的一个学派，通过"传经"而"传道"，这正是从孔子开始就具有的儒家之显明特点。西周"王官之学"的被冲破，也是从孔子正式开始的。孔子并没有诉诸空言，而是借助"六经"来发挥自己的思想。他一方面"述而不作"，承继了西周《诗》《书》、礼乐的官学传统；同时，他又赋予了《诗》《书》、礼乐以新的精神及意义。孔子以后的儒者，"游文于六经之中，留意于仁义之际，祖述尧舜，宪章文武，宗师仲尼，以重其言"（《汉书·艺文志》）。因此，"稽古礼文之事"，引经据典，本是儒家的看家本领，非儒家莫属。所以，经学的确立，也使得儒家的地位获得了最终肯定。

（原载于冯达文主编：《人文与宗教》第一辑《两汉思想与信仰》，巴蜀书社 2013 年版）

道学三题

一、 关于 "道学" 之名

学界对宋明间持续近七百年的思想学术主流，历来有多种称法，或"道学"，或"理学"，或"宋学"，或"新儒学"，不一而足。从时间先后顺序言，"道学"之名出现最早，在北宋时期已有运用；"理学"之名稍晚，南宋时期才开始使用；"宋学"之名首出于明代，普遍使用却在清代；至于"新儒学"之名，那是 20 世纪三四十年代才出现的概念。以上这些概念交叉重叠，学者往往根据自己的理解或习惯使用它们，有时不免会引起一些混乱。下面我根据这些概念出现的时间顺序，对其略作考释。

（一）"道学"

据目前所知，"道学"一词首见于《礼记·大学》："如切如磋，道学也。"这个"道"训为"言"，"道学"即论学、研讨学问。

东汉王充的《论衡·量知篇》中有："文吏笔扎之能，而治定簿书，考理烦事，虽无道学，筋力材能尽于朝庭，此亦报上之效验也。"此论儒生与文吏之优劣，其中的"道学"指儒学，即儒生传习"先王之道"的学问。

《隋书·经籍志》"子部"中说："自黄帝以下，圣哲之士，所言道者，传之其人，世无师说。汉时，曹参始荐盖公能言黄老，文帝宗之。自是相传，道学众矣。"这里的"道学"指的是诸子中道家一派。

道教兴起后，道教徒也用"道学"之名。清儒毛奇龄在《辨"圣学"非"道学"文》中考证，"道学"概念是道教徒先用的，后来周敦颐、二程、朱熹等把它改作儒家的概念①。毛奇龄的说法虽不无根据，但其认为宋儒把道教之学变为儒家之学则未必正确。

南宋末的周密，在其《癸辛杂识》中引吴兴老儒沈仲固言曰：

"道学"之名，起于元祐，盛于淳熙。②

元祐（1086—1093）是北宋哲宗的年号，淳熙（1174—1189）是南宋孝宗的年号。从历史事实来看，这个说法只能算大致言之，并不精确。因为早在元祐之前，已有一些学者使用"道学"之名了，如张载曾说："朝廷以道学、政术为二事，此正自古之可忧者。"③ 张载卒于熙宁十年（1077），早于元祐。此外，二程兄弟在元祐前亦说过"道学"一词④。

今人姜广辉认为，宋儒使用"道学"概念是从中唐韩愈倡儒家"道统论"引出的，而首先使用"道学"一词的是北宋中期的王开祖⑤。其考证的资料来源是南宋中期永嘉学者陈谦在追述"永嘉学派"先驱北宋王开祖的学业时说的一段话：

当庆历、皇祐间，宋兴未百年，经术道微，伊洛先生未作，景山（王开祖）独能研精覃思，发明经蕴，倡鸣"道学"二字，著之话言。此永嘉理学开山祖也。不幸有则亡之叹。后四十余年，伊洛儒宗始出，从游诸公还乡相授受，理学益行，而滥觞亦有自焉。

陈谦明确提出"道学"二字由王开祖"倡鸣"，证据是他引王氏《儒志编》末章中的话：

由孟子以来，道学不明，吾欲述尧、舜之道，论文、武之治，杜淫邪之路，辟皇极之门，吾畏诸天者，吾何敢已哉！⑥

按陈谦之说，北宋道学是由王开祖"开山"，再由"伊洛儒宗"即二程"洛学"传播的。这个说法是否准确这里不必展开讨论，陈说及其引语可注意的有两点，其一，他说的（或曰王开祖说的）"道学"，是指儒家尧、舜、

---

① 详参［清］毛奇龄：《西河集》卷一二二《辨"圣学"非"道学"文》，文渊阁《四库全书》本。
②［宋］周密：《癸辛杂识·续集》卷下《道学》，中华书局1988年版，第169页。
③［宋］张载著，章锡琛点校：《张载集》，中华书局1978年版，第349页。
④《河南程氏遗书》卷二上《东见录》中记："尧夫（邵雍）豪杰之士，根本不帖帖地。伯淳尝戏以乱世奸雄中，道学之有所得者，然无礼不恭极甚。"《东见录》是吕大临在张载没后于元丰二年（1079）东见二程兄弟受学时所记，时间亦在元祐之前。
⑤ 参见姜广辉：《宋代道学定名缘起》，《中国哲学》第十五辑，岳麓书社1992年版。
⑥《儒志编·附录·儒志先生学业传》，文渊阁《四库全书》本。

文、武到孟子的"道统"之学，非指学派而言；其二，陈谦的话中"理学"一词有二见，它似乎才是指宋代学术系统的。

在北宋诸儒中，使用"道学"一词较多的应是程颐。程颐称其兄程颢之学为"道学"，这在《二程集》中屡见，如"家兄学术才行，为时所重……其功业不得行于时，道学不及传之书"；"家兄道学行义，足以泽世垂后"① 等。程颐还一直自认为他们兄弟的学问是一致的，"吾之道盖与明道同"②，所以言其兄也是"夫子自道"，如其说："自予兄弟倡明道学，世方惊疑。"③ 程颐所说的"道学"，也还没有明确特指某一学术系统或学术流派的意思，其主要含义是"传圣人之道的学问"，如他在《明道先生墓表》中说：

> 周公没，圣人之道不行；孟轲死，圣人之学不传。道不行，百世无善治；学不传，千载无真儒。……先生生千四百年之后，得不传之学于遗经，志将以斯道觉斯民。④

这里值得重视的是，程颐把"道"与"行"和"学"与"传"分开解说，前者以周公为下限，后者以孟子为下限。对此，南宋李心传在其所编关于早期道学文献的《道命录》中这样解释：

> 道即学，学即道，而程子异言之，何也？盖行义以达其道者，圣贤在上者之事也；学以致其道者，圣贤在下者之事也。舍道则非学，舍学则非道。故"学道爱人"，圣师以为训；倡明道学，先贤以自任，未尝歧为二焉。⑤

这是说，前者重在圣贤之在位者，后者重在圣贤之不在位者；在位者能"行其道"，不在位者只能"传其学"而"以致其道"。所以，"行道"偏重于政治，"传学"偏重于学术，而实质上两者相通。这个意思在程颐那里确也可以找到证明，如他在《上太皇太后书》中就曾说："儒者得以道学辅人主。"⑥ 余英时在其著作《朱熹的历史世界》中，对朱熹的"道统"和

---

① 《二程集》，中华书局 1981 年版，第 603 页。
② 《二程集》，中华书局 1981 年版，第 346 页。
③ 《二程集》，中华书局 1981 年版，第 643 页。
④ 《二程集》，中华书局 1981 年版，第 640 页。
⑤ ［宋］李心传：《道命录·序》，《四库全书存目丛书》本，齐鲁书社 1996 年版。
⑥ 《二程集》，中华书局 1981 年版，第 542 页。

"道学"概念提出新解，并指出其渊源即出自程颐表其兄墓的那段话，其说甚是①。至于程颐所谓的"传圣人之道的学问"，也就是"儒者之学"，其特征在于"趋道"，如其曰：

> 古之学者一，今之学者三，异端不与焉。一曰文章之学，二曰训诂之学，三曰儒者之学。欲趋道，舍儒者之学不可。②

二程之后，在程门弟子的作用下，"道学"之名渐渐具有了专指以二程为代表所倡导的学问之义，这使得"道学"一词又成了特指某一学术系统或学术流派的名称。这其中，朱熹的作用最为重要。

仅就名称而言，朱熹所说的"道学"还有广狭二义：广义的"道学"，泛指古代圣贤相传的儒家精神传统，如其在《中庸章句序》中说："子思子忧道学之失传而作也。"③而狭义的"道学"，则专指继承儒家精神传统、以二程"洛学"为主干的思想体系，如其在《程氏遗书后序》中说："二先生倡明道学于孔孟既没、千载不传之后，可谓盛矣。"④但总的说来，朱熹偏重于在狭义范围内使用"道学"之名。朱熹向以"道学"传人自任，他于南宋孝宗乾道九年（1173）编《伊洛渊源录》，专记北宋以来道学传承源流，把二程"洛学"推为正宗，不仅记二程为最详，且身列程门的历代弟子，即使言行无甚大影响者，亦具录其姓名。晚年时，朱熹还常用"吾党"一词来表述他们的这一学术传承谱系⑤。正因如此，在孝宗淳熙年间，朝廷政治斗争引发了一股反道学的浪潮⑥，"道学"之名成为反对派攻击朱熹一派的口实，至宋宁宗庆元（1195—1200）年间还一度被定为"伪学"。狭义

----

① 余英时以朱熹的《中庸章句序》为据，认为在朱熹那里，"道统"和"道学"是有所不同的，即以尧舜至文武为"道统"之传，而以孔、颜、曾、孟为"道学"之宗。"道统"和"道学"也被划分为两个历史阶段，上古圣王至周公是"道统"的时代，其特征是内圣外王合一；而周公以后内圣与外王分裂，孔子开创"道学"，专注于道体和内圣的学问（详可参《朱熹的历史世界》上篇"绪说"之二，生活·读书·新知三联书店2004年版，第7—35页）。余先生之论，发前人所未发，可资参考。

②《二程集》，中华书局1981年版，第187页。

③［宋］朱熹：《四书章句集注》引，中华书局1983年版，第14页。

④《二程集》，中华书局1981年版，目录第6页。

⑤ 参见［美］田浩：《朱熹的思维世界》，陕西师范大学出版社2002年版，第5页。程颐也用"吾党"一词，如其论及王安石"新政"时说过："新政之改，亦是吾党争之有太过，成就今日之事……"（《二程集》，中华书局1981年版，第28页）但他远没有朱熹用得那么频繁。

⑥ 最初上疏反道学的是当时的吏部尚书郑丙，他提到："近世有所谓'道学'者，欺世盗名，不宜信用。"（《宋元学案》卷九十七《庆元党案》）此疏所上时间，史家多笼统认为在淳熙十年之后，今人束景南考证当在淳熙九年（1182）十一月（参见束景南：《朱子大传》，福建教育出版社1992年版，第559页）。此后有一批人纷纷上疏反道学，如陈贾、林栗等。

的"道学"之名遂流行开来。

南宋后期，道学开始为官方所接受，逐渐成为统治思想。到元代，脱脱修《宋史》，在"列传"类中特意新辟了《道学传》，于是"道学"之名正式有了学派的意义。《宋史·道学传》基本上就是以朱熹《伊洛渊源录》的界定来收列人物的，即以周敦颐、程颢、程颐、张载、朱熹为主线。这样一来，"道学"所指的范围大大缩小了，它成为学界习称的"程朱"派的"理学"的专称，而不及其余。

不过，学界并没有完全遵从《道学传》的这一说法。许多学者在言及"道学"时，不一定仅指"程朱"派的"理学"。如冯友兰就一直称"宋明道学"，而不称"宋明理学"，他还专门为此写过辨析文章①。冯先生把"道学"规定为"本来是一个时代思潮的名称"，它不仅指"程朱"派"理学"，也包括"陆王"派的"心学"。在此意义上，它又与南宋开始流行起来的"理学"之名相通了。

（二）"理学"

"理学"之名，也非始自宋代，两晋南北朝时的佛教徒就曾用"理学"来指称佛教中的义理之学。如东晋的佛教徒宗炳称后来被尊为净土宗初祖的慧远："远和上（尚）澄业庐山……高洁贞厉，理学精妙，固远流也。"②

自南宋开始，"理学"逐渐被用来指称从宋代开始形成的新的儒学形态。前引陈谦之语即例证之一，类似的说法在南宋人中实有不少，我们仅以陆九渊为例。陆氏尝言：

> 秦汉以来，学绝道丧，世不复有师。以至于唐，曰师、曰弟子云者，反以为笑，韩退之、柳子厚犹为之屡叹。惟本朝理学，远过汉唐，始复有师道。③

这里可以发现，陆九渊也是把先秦儒学传统称作"道学"（"学绝道丧"），而"本朝"则称作"理学"。

　　① 参见冯友兰：《中国哲学史新编》第四十九章，人民出版社 1999 年版；冯友兰：《略论道学的特点、名称和性质》，载《论宋明理学》，浙江人民出版社 1983 年版。
　　②《弘明集》卷二，宗炳《明佛论》，上海古籍出版社 1991 年影印版。
　　③《陆九渊集》卷一《与李省干二》，中华书局 1980 年版，第 14 页。

南宋人何以称先秦儒学为"道学",而称本朝儒学为"理学"？此点虽无人做过解释,但我以为,朱熹对"道"与"理"字义的分疏可作为一种参考的解释。朱熹说过:

> 道是统名,理是细目。
>
> 问:"道与理如何分？"曰:"道便是路,理是那文理。"问:"如木理相似？"曰:"是。"问:"如此却似一般？"曰:"'道'字包得大,理是'道'字里面许多理脉。"又曰:"'道'字宏大,'理'字精密。"①

按朱熹的解释,似乎"道"是作统称来讲的,而"理"则是作具体来讲的。或曰,前者是总持地讲,后者是分解地讲。中文"道"与"理"的字义本就十分接近,有时往往可以通用或连用。如朱熹批评前人文字即是一例,其云:"理学最难。可惜许多印行文字,其间无道理底甚多,虽伊洛门人亦不免如此。"② 当然,就"理"字之得名、二程兄弟"理"概念之所取,朱熹有自己的解释③,此不具论。总之,从"道"与"理"字义相近这一点看,"道学"与"理学"似也可作如是观。

从明代始,"理学"成为指称宋代流传下来的思想学术系统的通行概念。如黄宗羲在《明儒学案发凡》中说:"有明文章事功,皆不及前代,独于理学,前代之所不及也。"④ 黄氏此说既包括程朱派,也包括陆王派,这个用法沿用至今。

如进一步言,"理学"之名还有学派和性质二层的狭义、广义之分:

从学派言,狭义的"理学"仅指"程朱理学",这与二程、朱熹都以"理"作为自己的最高哲学范畴有关;稍广一点,既指"程朱理学",亦指"陆王心学",这是明代以来的传统说法。当代学者还有更广义的解释,那就是除了程朱、陆王两大派之外,还包括"气学"(以张载、罗钦顺、王夫之为代表)、"数学"(以邵雍为代表)、"婺学"(又称吕学,以吕祖谦为代

---

①《朱子语类》卷六,中华书局1986年版,第99页。

②《朱子语类》卷六十二,中华书局1986年版,第1485页。

③ 朱熹认为,"理"得名于《庄子》的"庖丁解牛"(见《朱子语类》,中华书局1986年版,第3000页);二程之"理"概念,取于老子的"谷神不死""玄牝"等思想(见《朱子语类》,中华书局1986年版,第2995页)。

④《明儒学案》,中华书局1985年版,第17页。

表)、"湖湘学"（以胡宏、张栻为代表）等。甚至还有学者认为，理学应当包括北宋中后期以王安石为代表的"新学"和以苏轼为代表的"蜀学"①。之所以会有如此不同的看法，应该说与对"理学"性质理解的不同有关。

从性质言，狭义的"理学"专指"性理之学"，它与哲学的关系较大，即着重探究"理""气""心""性""命"之类概念范畴的学问，有时也称作"心性之学"。广义的"理学"则指"义理之学"，它与儒家经学有关，指有别于汉唐儒生治经所注重的章句训诂之学，旨在寻求儒经中大义和道理的学问。南宋末的黄震在其《黄氏日钞》中屡次提及"理学"：

> 自本朝讲明理学，脱出训诂。②

> 宋兴八十年，安定胡先生（瑗）、泰山孙先生（复）、徂徕石先生（介），始以其学教授，而安定之徒最盛，继而伊洛之学兴矣。故本朝理学，虽至伊洛而精，实自三先生而始。③

> 本朝之治，远追唐虞，以理学为之根柢也。义理之学独盛本朝，以程先生为之宗师。④

胡瑗、孙复、石介"三先生"之学重在"义理"，而涉及"性理"者殊少，二程伊洛之学则重在"性理"。黄震所谓的"理学"，就是兼指"义理之学"和"性理之学"。据黄震之言可推出三点结论：其一，"理学"就是"脱出训诂"的"义理之学"；其二，"义理之学"涵盖"性理之学"，"性理之学"则为"义理之学"的精髓（"至伊洛而精"和"以程先生为之宗师"）；其三，"义理之学"早于"性理之学"出现（从"三先生"到"伊洛"）。

在南宋时，"理学"既可指"义理之学"，也可指"性理之学"，还可以两者兼指，即两者可互通。如南宋嘉定八年（1215）朝廷议张栻谥号，太常博士孔炜说张栻，"钟美萃灵，英特迈往，亲承忠孝之传，讲切义理之学"；权考功郎杨汝明复议，"公以尧舜君民之心，振一世沉溺，以孔孟性

---

　　① 如侯外庐先生就把二程之学称为"道统心传式的理学"，把王安石之学称为"新义式的理学"，详见《中国思想通史》第四卷上册，人民出版社1959年版，第436、441页。

　　②［宋］黄震：《黄氏日钞》卷二《读论语》，文渊阁《四库全书》本。

　　③［宋］黄震：《黄氏日钞》卷四十五《读诸儒书》，文渊阁《四库全书》本。

　　④［宋］黄震：《黄氏日钞》卷九十一《跋尹和靖家传》，文渊阁《四库全书》本。

理之学，起一世膏肓"①。这里的"义理之学"与"性理之学"实际上是同义的，可以互相替换。

明代开始，"理学"逐渐偏向于专指性理之学，但上述兼容性仍然存在，如清代"学宗程朱"的"桐城派"学者，把"义理""辞章""考据"三者作为学术的三个层面，这里的"义理"主要是指程朱的"性理之学"，亦即以"义理"涵盖"性理"。再如当代"新儒家"牟宗三、徐复观、张君劢、唐君毅四人联名所撰的《为中国文化敬告世界人士宣言》中，论及"心性之学"时指出："此心性学，是中国古时所谓义理之学之又一方面，即论人之当然的义理之本原所在者。"② 这个表述是准确的。

（三）"宋学"

以朝代之名来指称宋明间思想学术的"宋学"之名，是清代开始出现的流行概念，为考据学家所习用。有人亦把之与"道学""理学"概念相混用。

据目前所见到的资料，明代嘉靖、隆庆（1522—1572）间唐枢的《宋学商求》一书③，最早使用了"宋学"这个名称。书中论及"横渠之学""明道之学""伊川之学""金陵之学""涑水之学""魏公之学""乖崖之学""安定之学""希夷之学""云溪之学"等，大抵泛指宋代学者的学术，并不特指思想，更不包括两宋之后的思想学术。

严格意义上的"宋学"概念，是由清儒提出来的。而在普遍意义上使用"宋学"之名的，则主要是有清一代的那些考据学家们。清代四库馆臣在《四库全书总目提要·经部总叙》中论及清初经学时说：

> 国初诸家，其学徵实不诬，及其弊也琐。要其归宿，则不过汉学、宋学两家互为胜负。夫汉学具有根柢，讲学者以浅陋轻之，不足服汉儒也；宋学具有精微，读书者以空疏薄之，亦不足服宋儒也。

从上可知，清代的考据学家们是把"宋学"作为与"汉学"相对的一个概念提出的。到清嘉庆年间，江藩著《国朝汉学师承记》和《国朝宋学

---

① ［宋］李心传：《道命录》卷八，孔炜《南轩先生张宣公谥议》、杨汝明《复议》。
② 封祖盛编：《当代新儒家》，生活·读书·新知三联书店1989年版，第17页。
③ 见《木钟台全集》初集，清咸丰六年（1856）唐氏书院刊本。

渊源记》，而道光年间方东树则著《汉学商兑》加以反驳。从此以后，"汉学"和"宋学"之名在学术界比较广泛地流行起来。直到今天，仍有不少学者使用这对概念，尽管在理解和用法上存在一定差异。

清儒所谓"汉学"和"宋学"，究其旨义大致是：他们把两汉至唐代（尤其是东汉延续到唐初的古文经学）的学术称之为"汉学"，而把宋元明三朝的思想学术主流名之曰"宋学"。之所以会有这样的区分，是因为他们认为，"汉儒专言训诂，宋儒专言义理"①。以乾嘉学派为代表的考据学家们，自认为他们所做的学问就是纯粹的"汉学"②，在治学旨趣上迥异于"宋学"，因此高标"汉学"而贬低"宋学"。反之，"学宗程朱"、善写文章的"桐城派"文士，则竭力为"宋学"辩护而详举"汉学"之弊。于是，就有了清代的"汉宋学之争"和"汉宋兼容"的说法及倡议。

关于"宋学"的含义，目前学界主要存在三种不同的理解和用法：

第一种的理解和用法比较宽泛，但其时间跨度比较短。它专指两宋三百余年间的学术文化之全部，大致包括我们今天所讲的哲学、史学、文学、艺术、教育、宗教、科技等在内。持此种观点的如前引明代唐枢的《宋学商求》，以及现当代的一些研究宋史的学者③。

第二种的理解和用法比较普遍，其时间跨度也比较长，而其所指则比较专门。即专指在中国经学史或中国学术史上，与汉唐训诂之学、清代考据之学不同的宋元明清时期的义理之学。持此种观点的如前述清代的考据学者，以及现当代的一些研究经学史、学术史的学者。

第三种的理解和用法也比较普遍，它主要是从哲学史或思想史上来讲的。即指流行于宋明期间的思想学派，包括程朱的"道问学"和陆王的"尊德性"之学，以及张载等的"气学"，邵雍等的"象数学"，吕祖谦、叶适、陈亮等的"浙东之学"等。在这个意义上，它又大致与"道学""理学"这些概念相通。

①［清］江藩：《国朝宋学渊源记》伍崇曜跋语，《汉学师承记》（外二种），生活·读本·新知三联书店1998年版，第231页。
② 清代"汉学"实质上已与两汉经学有很大区别，并非如其自我认可的那样。此点龚自珍早已指出，以后章太炎《清儒》、刘师培《清儒得失论》、梁启超《清代学术概论》，及近世的不少学者，都有过具体的阐释。
③ 详可参见邓广铭：《略谈宋学——附说当前国内宋史研究情况》，载《宋史研究论文集》，浙江人民出版社1987年版；陈植锷：《北宋文化史述论》，中国社会科学出版社1992年版；等。

（四）"新儒学"

"新儒学"，英文是 Neo - Confucianism①，也有人称"宋明新儒学"，以有别于现当代出现的"新儒学"。

"新儒学"之名，最先是由冯友兰在20世纪30年代出版其二卷本《中国哲学史》时使用的一个名称②，陈寅恪在该书的《审查报告》中也运用了这个名称③。1952年，陈先生发表《论韩愈》一文④，仍沿用此名称。但此名称以后在国内学界并不通行，主要是在海外学界较多地被沿用。20世纪80年代后，"新儒学"之名在国内部分学者的论著中也有出现，这主要与改革开放，中外学术交流的增广有一定的关系。

至于"新儒学"之名的含义，按通常的理解，乃是指称宋代开始出现的有别于先秦原儒、汉唐经儒的一种新的儒学形态。在很大程度上，"新儒学"所指等同于传统所称的"道学"或"理学"，如冯友兰在其二卷本《中国哲学史》中所说的："宋明道学家，即近所谓新儒家之学。"⑤

对"新儒学"之名的含义，当代港台"新儒家"代表人物牟宗三曾有过较独特且较具体的论述。1963年，牟先生在香港大学讲授《宋明儒学综述》时说："其新之所以为新乃在自觉地发挥与锤炼'内圣之教'，'人的德性完成之教'，其最高目标是'成圣'。"⑥后来他在《心体与性体》一书中又提出，宋明儒之所以可称为"新儒学"，就外部认识而言有两点：一是"对先秦之庞杂集团，齐头并列，并无一确定之传法统系，而确定出一个统系，借以决定儒家生命智慧之基本方向，因而为新"；二是"对汉人以传经为儒而为新，此则直接以孔子为标准，直就孔子之生命智慧之方向而言成

---

① 一般认为，"Neo - Confucianism"是美国汉学家卜德（Derk Bodde）在翻译冯友兰《中国哲学史》中用的英译。卜德之译固然在英语世界影响甚大，但"新儒学"一词的西文（不限于英文）要出现得更早，在明清之际的传教士中就已出现，以后也不鲜见（详可参见日本学者吾妻重二《美国的宋代思想研究》一文中的考证，中文译文载于［美］田浩编：《宋代思想史论》，社会科学文献出版社2003年版，第7—29页）。

② 参见冯友兰：《中国哲学史》下册，华东师范大学出版社2000年版（这是商务印书馆1944年增订版的简体字版）。

③ 陈寅恪：《金明馆丛稿二编》，上海古籍出版社1980年版，第250页。

④ 陈寅恪：《金明馆丛稿初编》，上海古籍出版社1980年版，第228页。

⑤ 冯友兰：《中国哲学史》下册，华东师范大学出版社2000年版，第197页。

⑥ 牟宗三：《宋明儒学的问题与发展》，华东师范大学出版社2004年版，第17页。

德之教以为儒学，或直相应孔孟之生命智慧而以自觉地作道德实践以清澈自己之生命，以发展其德性人格，为儒学"。就内部客观内容而言亦有两点：一是就《论语》《孟子》《中庸》《易传》而推进一步，这是调适上的新；二是就《大学》所表示的新，尤其是程颐、朱熹将重点落在《大学》，以其所理解的《大学》为定本，则转成与先秦儒家本义不同的另一个系统，这是"歧出之'新'"，"宋明儒学中有新的意义而可称为'新儒学'者实只在伊川、朱子之系统"。① 晚近以来，牟先生的观点有一定影响，但未为学界定论。

综上所述，宋明间思想主流的名称，有关它们的历史演变、内涵外延，前修时彦对它们的用法及利弊得失，可谓仁智互见、各有依据，似无统一之意。② 我以为，对这些历史上流传下来的名称，只要能做到言不害义，又不至于产生误解的话，大可悉听尊便，不必强求划一。当然，就我个人而言，还是有所取舍的。

在我看来，用以朝代命名的"宋学"来指称宋明期间的哲学、思想似稍显不妥，理由是：其一，宋明儒自己从未这么指称过；其二，清儒主要是从经学史角度而言的；其三，如按宋史学者所言似又有点失之宽泛。同样，"新儒学"之名也不太合适，理由是它不够明确，因为"新"只是相对而言的。如果说宋代儒学为"新"，那么汉代儒学又何尝不"新"？以董仲舒为代表的汉儒思想，与先秦儒孔、孟、荀的思想差别很大，也完全可以称之为"新儒学"。此点在习用"新儒学"之名的海外汉学家中也有人提出过，如美国学者田浩（Hoyt Cleveland Tillman）就不同意用此名称。在他看来，Neo‐Confucianism 一词的"定义不十分明确"，所以，他主张还是用"道学"（Tao‐hsüeh）为好。③

① 详见牟宗三：《心体与性体》（一），台湾正中书局 1968 年版，第 11—19 页。
② 前修时彦有关的论述实属少，且意见很不统一，详可参见冯友兰《略论道学的特点、名称和性质》（收在《论宋明理学》，浙江人民出版社 1983 年版）及周予同《"汉学"与"宋学"》（收在《周予同经学史论著选集》，上海人民出版社 1983 年版），此外还有张立文《宋明理学研究》（中国人民大学出版社 1985 年版）、陈来《宋明理学》（辽宁教育出版社 1991 年版）、陈植锷《北宋文化史述论》（中国社会科学出版社 1992 年版）、姜广辉《宋代道学定名缘起》（《中国哲学》第十五辑，岳麓书社 1992 年版）等。
③ 详见［美］田浩：《朱熹的思维世界》，陕西师范大学出版社 2002 年版，第 3 页；又可参看田浩：*A New Direction in Confucian Scholarship*：*Approaches to Examining Differences Between Neo‐Confucianism and Tao‐hsüeh*，*Philosophy Eastand West*，volume 42. 3（July 1992），中文译文载于［美］田浩：《宋代思想史论》，社会科学文献出版社 2003 年版，第 77—97 页。

所以我以为，用"道学"或"理学"之名是比较合适的。当然，这两者间也还有点区别。"道学"之名出现最早，在北宋时已有运用，所以本应以它为最适合，但由于南宋中期以后，它所指的范围变窄了，许多场合中它仅指周、张、二程和朱子之学，已不足以涵盖整个宋明时期的哲学思想。这样一来，始于南宋、通行于明代的"理学"之名，就成为比较合适的了。总之，如论述范围仅限于两宋，那么用"道学"比较好，用"理学"也无不可；如果论述范围涉及宋明，则"理学"或许更好一点。

本文所论限于宋代，故以"道学"名之。

二、 关于道学的流派

学术界对道学中的学派问题歧见颇多。一般说来，尽管学界对南宋时以胡宏、张栻为代表的"湖湘学派"、以吕祖谦为代表的"金华学派"、以陆九渊为代表的"江西学派"（"心学"）等是否属于道学中的派别有不同看法，但分歧还不大，因为其中许多人毕竟与二程"洛学"有这样或那样的渊源关系。所以，对两宋道学中的学派歧见，主要集中在北宋时期的学派，特别是对道学思潮高涨阶段中的学派究竟如何定位的问题。而这一定位之所以成为问题，又与如何认识道学的发生和发展密切相关。

按照传统的观点，道学是由周敦颐开山的，中经程颢、程颐、张载、邵雍的发展而奠定基础并初具规模；以后，二程"洛学"独领风骚，蔚为大宗，程门后学谢良佐、吕大临、杨时、游酢、尹焞、胡安国等继承和传播师说，尤其是杨时"传道东南"，直接开启了南宋的道学。这个观点如此流行，以至于人们提起道学的发生，就非周、程、张、邵所谓"北宋五子"不谈。原始反终，这一说法实际是朱熹为了突出强调自己所师承的那条学术线路才是真正上承"孔孟道统"，而在被称为道学史开创之作的《伊洛渊源录》中首先提出来的。此后，经由《宋史·道学传》等的推衍，再加上南宋以降历代最高统治者无不奉"程朱道学"为正统，朱熹的这一说法便为学界所广泛接受了。

朱熹所规定出的这个道学发生的过程，实质上只是线条化、简单化了的钦定北宋"道统"传宗史，如果它仅限定在"程朱学派"范围内的话，或许还行得通，但如果想用它来解释道学发生的整个过程及全部内涵的话，那就会变得片面甚至错误了。因为，朱熹所勾勒出的不过是他自己的那个师承谱系，但这绝不是完整的、真实的道学发生史。

对传统道学发生史观的批评，并不意味着否定"北宋五子"在道学思潮中的地位。客观地说，"北宋五子"在北宋道学中确实占有十分重要的位置，而且他们的思想学说对以后道学的发展也确实具有极大的影响，这都是不争的事实。然而问题在于：道学的发生过程是否就如朱熹所描述的线条化的钦定"道统"传宗史那样？"北宋五子"的思想学说对后世的重大影响是否就等于在北宋当时也具有同样深广的影响？"北宋五子"是否就是北宋道学的唯一代表？要回答这些问题，我认为，必须站在时代思潮的高度来看待道学，这样我们才能比较准确地把握道学思潮发生、发展的脉络。

何谓"时代思潮"？梁启超在《清代学术概论》中曾有过专门的论述：

> 凡文化发展之国，其国民于一时期中，因环境变迁，与夫心理之感召，不期而思想之进路，同趋于一方向，于是相与呼应汹涌，如潮然。始焉其势甚微，几莫之觉；寖假而涨——涨——涨，而达于满度；过时焉则落，以渐至于衰熄。凡"思"非皆能成"潮"；能成"潮"者，则其"思"必有相当之价值，而又适合于其时代之要求者也。凡"时代"非皆有"思潮"；有思潮之时代，必文化昂进之时代也。……凡时代思潮无不由"继续的群众运动"而成。所谓运动者，非必有意识、有计划、有组织，不能分为谁主动、谁被动。其参加运动之人员，每各不相谋，各不相知。其从事运动时所任之职役，各各不同。所采之手段亦互异。于同一运动之下，往往分无数小支派，甚至相嫉视相排击。虽然，其中必有一种或数种之共通观念焉，同根据之为思想之出发点。[①]

这一论述，颇有见地，即使今天看来仍有相当的价值。

根据梁氏的论述，我们可以说，思潮并不等同于某种定型了的思想，两者之间有很大的差距，思潮往往只是诸人群思想的一种大致相同的取向。有思潮就会造就一批思想家，进而还会形成学派。这些思想家和学派，可

173

---

① 梁启超著，朱维铮校注：《梁启超论清学史二种》，复旦大学出版社 1985 年版，第 1 页。

以代表不同的阶层，可以出于不同的动机，可以提出不同乃至对立的见解。但作为思潮的产物，总有一个大的、共同的致思方向，那就是适应时代思潮的历史取向。相对思潮而言，思想家和学派之间不同或对立的动机与见解，只具有偶然的性质，而思潮本身的历史取向才具有必然的性质。思潮历史取向的必然性，就是通过这些思想家和学派非自觉的活动，来为自己开辟道路，来表明自己的存在的。因此，不同或对立的动机与见解，不管它们对思想家或学派本身来说是何等重要，也只能影响思想家和学派在思潮中所起的作用，却不能改变整个思潮的性质。

这里我们还可以借用已故的美国汉学家史华慈（Benjamin I. Schwartz）在其《古代中国的思想世界》（*The World of the Thought in Ancient China*）一书中的两个概念"通见"（vision）和"问题意识"（problematique）[1]。史华慈用"通见"来描述某个学派成员共通的总体观点与立场，它代表了学派的总体特性，"通见"是一幅动态均衡的观念图像，包括已明说和未明说的内容，包含从某个角度看问题同时也提示从其他角度看问题的视野；用"问题意识"表示学派在发展过程中内部动态均衡被打破，不同立场、视角发生矛盾冲突的状况，但在某种意义上仍保持着"通见"的地位[2]。史华慈的这对概念是论述先秦诸子学派的，如放大一下用来描述思潮产生、发展、演变的状况我以为也是可行的。

时代思潮的发展演变有其阶段，按梁启超的分法有所谓"启蒙""全盛""蜕分"和"衰落"四期，他还借用了佛学一切流转相的"生""住""异""灭"四相，来说明时代思潮演变阶段的有规律性的四个时期。而道学的发生，即属于他说的"启蒙期"。

> 启蒙期者，对于旧思潮初起反动之期也。旧思潮经全盛之后，如果之极熟而致烂，如血之凝固而成瘀，则反动不得不起。反动者，凡以求建设新思潮也。然建设必先之以破坏，故此期之重要人物，其精力皆用于破坏，而建设盖有所未遑。所谓未遑者，非阁置之谓。其建

---

① 这两个概念在汉语界有不同的译法，如 vision 译作"视域"，problematique 译作"问题性""问题丛聚群"等，这里所用是程钢的译法，详参江苏人民出版社 2004 年版的中译本《古代中国的思想世界》。

② 参见［美］史华慈著，程钢译：《古代中国的思想世界》"译后记"，江苏人民出版社 2004 年版，第 490—491 页。

设之主要精神，在此期间必已孕育，如史家所谓"开国规模"者然。虽然，其条理未确立，其研究方法正在间错试验中，弃取未定，故此期之著作，恒驳而不纯，但在淆乱粗糙之中，自有一种元气淋漓之象。①

以上这段概括还是比较准确的，因此也是可取的。

在对时代思潮的特征有了一个基本的认识后，我们可以进而讨论前面提出的那些问题。在我看来，无论是从时代思潮的内在逻辑，还是从道学发生的实际过程而言，以上问题的答案都应该是否定的。

首先，从历史的事实来看，道学从其滥觞到初兴进而成为潮流，是一个非常复杂的过程，其中包含了丰富的内涵；绝不是如朱熹所描述的那样简单化和线条化的，绝不仅仅就是"北宋五子"这些思想家在那里苦思冥想。

宋史专家邓广铭在一篇总论宋史研究的文章中指出：北宋学者大多以"致广大，尽精微"为治学宗旨。唯其要致广大，故都有治国平天下的抱负；唯其要尽精微，故都要把儒家学说的义理进行探索，而这些又是在佛学的启发和刺激下形成的。这实际上是一种新儒学，包括了二程学派的"理学"，而不应该太突出它。因为二程学派只是北宋末年和南宋初年才逐渐形成的一个学派，一直到 11 世纪末，即宋徽宗即位之前，在北宋的学界是不存在"理学家"这一学派的。② 邓先生之说是从历史事实中提炼出来的，因此比朱熹的道学史观点更逼近真实，值得我们治宋代哲学史、思想史工作者的重视。

这里所牵涉的，不仅是个历史事实的问题，而且也是个方法论的问题。思想史和哲学史的研究需要逻辑与历史相统一，这是黑格尔首先提出的原则。逻辑抽象的方法，能够使我们摆脱历史过程中大量无关紧要的偶然性因素，进而去探寻人类思维发展的内在规律。但是，逻辑的基础是历史，要想把握哲学发展的逻辑，首先必须把握历史运动的过程。我们决不能为了排除历史的偶然因素，而放弃对思想发展的实际历史过程进行深入细致

---

① 梁启超著，朱维铮校注：《梁启超论清学史二种》，复旦大学出版社 1985 年版，第 2 页。
② 详见邓广铭：《谈谈有关宋史研究的几个问题》，《社会科学战线》1985 年第 2 期。

的考察，以信手拈来的某些具体事例作为"历史"来展现"逻辑"。

"北宋五子"思想学说的影响，在北宋当时是远不能与后世同日而语的。譬如，一向被公认为北宋道学"开山祖师"的周敦颐，实际上在北宋乃至南宋初期始终鲜为人知。更不遑论其思想学说的影响了。即使曾从周敦颐"南安问道"的二程兄弟，也不承认自己的思想与之有关，如程颢所说：

> 吾学虽有所受，"天理"二字却是自家体贴出来。①

程颐以"义理"说《易》，也异于周敦颐的《太极图说》以象数说《易》。濂洛间的师承关系，历来争论很多，至今仍是疑案，这里姑置不论。且从二程为周敦颐弟子的观点来看，老师的思想学说对弟子的影响尚且不大，对其他人就更可想而知了。只是到了南宋中期，在朱熹、张栻这"东南三贤"中二"贤"的极力表彰下，周氏其人其学才渐为人所知。而个中之因，主要是朱熹本人对周敦颐的思想学说很感兴趣，这在朱熹的《太极图说解》中表白得再明白不过了。因此可以说，周敦颐的思想学说具有北宋道学思潮的一般特征，如将宇宙本原道德化，并从中寻求伦理道德的永恒性依据，其《太极图说》《通书》《爱莲说》等援道、佛入儒等等；但却不能说周敦颐的思想学说对北宋当时整个社会思潮的进程产生过什么重大作用。如果从思潮的观点来看，周敦颐并不具备如后世所论定的"道学开山"的地位，这一地位是后来朱熹等人给他加上去的。

再如二程、张载、邵雍，他们在当时的社会影响固然大大超过了周敦颐，但如果从北宋中后期思想学说的实际社会效应来看，那么，他们的理论恐怕就很难与王安石的"荆公新学"相提并论了。当时，邵雍之学的影响本来就不大，二程兄弟虽然颇尊邵雍其人，认为他是"道学之有得者"②，但对其"数学"并不认同③。张载的"关学"虽已成规模，但自张载去世后却很快式微了，"关学"的部分弟子转入"洛学"，有的甚至还成了二程的高足，如吕大临。当时，唯有二程"洛学"影响最大，堪与王安石"新

---

① 《二程集》，中华书局 1981 年版，第 424 页。
② 《二程集》，中华书局 1981 年版，第 32 页。
③ 二程认为邵雍之学华而不实，"犹空中楼阁"（《二程集》，中华书局 1981 年版，第 97 页），"难以治天下国家"（《二程集》，中华书局 1981 年版，第 45 页）。小程子尝谓："某与尧夫（邵雍）同里巷居三十年余，世间事无所不论，惟未尝一及数耳。"（《二程集》，中华书局 1981 年版，第 444 页。）

学"相颉颃，然而"洛学"自元祐以后始终受到官方的打压（这种压制一直断断续续地持续到朱熹逝世）。而"荆公新学"在元祐间虽一度受到攻击，但绍圣以后又成为官方统治思想，《三经新义》《字说》乃至王氏门弟子所撰的《易解》《论语解》《孟子解》等，"独行于世者六十年"①，直到宋室南渡后才逐渐发生变化。

从这里引出的问题是，王安石"新学"是否可称作道学？如果从思潮的观点来看，王安石的"新学"当然属于道学思潮的产物。不仅"新学"，就是司马光的"朔学"、苏轼和苏辙的"蜀学"，同样也可认为属于道学思潮的产物，尽管它们之间的区别很大，那只能认为是"问题意识"的不同。有关这方面的具体情况，由于牵涉面太广，这里不可能展开论述，容另文处理②。

总之，在北宋这个道学思潮的原初发展阶段中，整个思想界呈现出一幅多元取向的繁荣图景，而没有后世那种定于一尊的思想格局。至于道学后来被归结为"性即理"还是"心即理"，"道问学"还是"尊德性"，那是道学思潮传承演变的结果，也是历史选择的结果，但并不是道学思潮在其原初阶段就已经如此了。流不等于源就同果不等于因一样，我们不能以结果来推出原因，更不能把流当作源。

因此，对道学思潮中的学派，我们也应作如是观，即当时形成的诸学派都提出了各自的学说，以回应时代思潮所提出的任务。只是道学思潮发展的历史逐步地走向狭窄化和正统化，最终选择了程朱学派的思想学说作为其代表，作为思潮后期定型的思想。

三、 关于道学的主题

陈寅恪尝言：

中国自秦以后，迄于今日，其思想之演变历程，至繁至久。要之，

①［宋］晁公武：《郡斋读书记》卷一上，文渊阁《四库全书》本。
②有关这方面的问题，我在拙作《思想的转型——理学发生过程研究》中略有涉及，但也不够全面具体，有兴趣者可看该书第18—22页，上海人民出版社1996年版。

只为一大事因缘，即新儒学之产生，及其传衍而已。①

陈先生所说的"新儒学"，也就是宋明时代的"道学"和"心学"；而所谓"大事因缘"，则是他借用佛典中语对"新儒学"产生及发展演变之思想文化背景的高度概括，即印度佛教之东来与本土道教之兴起对儒家思想的冲击、推动与改变的作用。确实，作为时代思潮的道学，其之所以会兴起，实质上就是一场儒学复兴的思想运动，即儒家思想针对佛道二教的挑战所做出的一个创造性的回应。

就道学思潮而言，它所需要完成的主要有内外两个层面上的任务。就外而言，那就是要排斥佛道二教，恢复儒学原有的"独尊"地位，承接先秦儒家的传统——他们所谓的"道统"，站在哲学的高度论证儒家的仁义礼乐存在的合理性，建立起一个取代佛、道特别是佛教的新的儒家哲学形态，使儒家思想重新成为人们最终的精神归宿，进而能重新全面地指导人们的社会生活。就内而言，那就是要抛弃汉唐传统儒学粗疏的"天人感应"宇宙论、目的论的理论形态，否定汉唐儒学的章句训诂之学，从儒家原典中发掘新的思想材料，并以之为出发点，对佛道学说中有用的思想资料进行整合，把儒家经学从原来的章句训诂之学引向义理之学，进而建立起以伦理道德为宇宙万物本原的儒家哲学。进一步言，这一任务当然也包含了从这一儒家哲学中引申出一套经世之学和心性之学，以培养一批心正意诚、身修家齐、以天下为己任、经世济民、治国平天下的有用人才。

道学思潮的任务规定了道学思潮的主题。不过，主题并非从一开始就十分明确的，而是随着思潮的历史进展才逐渐明确并凸显出来的。

在道学思潮的萌发阶段，韩愈等先驱者虽然都已触及道学思潮兴起的内外任务，但并没有明确的主题。韩愈在提出儒家"道统"、推尊孟子、重视《大学》、排斥佛道、倡导古文的同时，提出对佛道二教要"人其人，火其书，庐其居"，但这显然不能成为道学思潮的主题，所以，韩愈的说法在道学思潮的初兴阶段就被欧阳修、李觏等人否定了。欧阳修提出了"莫若修其本而胜之"的主张，而"修本"的内容是"补其阙，修其废，使王政明、礼义充"。应该说，"修本胜之"的观点是有新意的，已经点到了辟佛

①《金明馆丛稿二编·冯友兰中国哲学史下册审查报告》，上海古籍出版社1980年版，第250页。

道二教的要害，但如何"补"？怎样"修"？欧阳修并没有具体涉及。

真正触及道学思潮主题的，是与欧阳修同时代的胡瑗。胡瑗在创立其教育宗旨时，无意中揭示出了道学的主题，那就是他提出的"明体用之学"。胡瑗的这一教育宗旨，其水利科的高足刘彝在一次答宋神宗问王安石与胡瑗孰优时，曾做过颇为详尽的阐述：

> 臣闻圣人之道，有体、有用、有文。君臣父子、仁义礼乐，历世不可变者，其体也；《诗》、《书》、史、传、子、集，垂法后世者，文也；举而措之天下，能润泽其民，归于皇极者，其用也。国家累朝取士，不以体用为本，而尚其声律浮华之词，是以风俗偷薄。臣师瑗当宝元、明道之间，尤病其失，遂明体用之学，以授诸生，夙夜勤瘁，二十余年，专切学校，始于苏、湖，终于太学，出其门者无虑二千余人。

> 故今学者明夫圣人体用，以为政教之本，皆臣师之功也。①

这里，胡瑗把道学思潮所追求的"道"——儒家的"圣人之道"——规定为体、用、文三个方面，这是一个十分全面的论述。所谓"体"，属于形上学的哲学范畴，那是根本原则，按胡瑗的解释即支配人们之间各种关系的原则，它是不变的；所谓"文"，属于代表文化价值传统的范畴，那是以儒家经典为代表的各种文献，也包含了经史词章的文与史，它们是传递"圣贤"思想的载体；所谓"用"，属于现实政治的范畴，那是如何以儒家学说为指导来建立社会政治秩序，即经世致用，"润泽其民，归于皇极"。从胡瑗的宗旨可以看出，道学思潮在其源头时的气象是颇为宏阔的，而思潮的兴起与展开也确实是在哲学思辨、文化价值和经世致用多个层面上展开的。当然，就这一宗旨言，虽然是"体""文""用"三者并举，但实质

---

① [宋] 朱熹：《五朝名臣言行录》卷十之二《安定胡先生》，《四部丛刊》初编本。按：此则资料首见于朱熹所辑的《五朝名臣言行录》，为元祐间的李廌所记，但已不见于其《师友谈记》中，不知朱熹所据为何本。许多学者在引此条资料时，多从《宋元学案》卷一《安定学案》中转引，实际两者略有不同。《学案》本的文字如下："臣闻圣人之道，有体、有用、有文。君臣父子、仁义礼乐，历世不变者，其体也；《诗》、《书》、史、传、子、集，垂法后世者，其文也；举而措之天下，能润泽斯民，归于皇极者，其用也。国家累朝取士，不以体用为本，而尚声律浮华之词，是以风俗偷薄。臣师当宝元、明道之间，尤病其失，遂以明体达用之学授诸生，夙夜勤瘁，二十余年，专切学校，始于苏、湖，终于太学，出其门者无虑数千余人。故今学者明夫圣人体用，以为政教之本，皆臣师之功。"这其中除某些文字略有不同外，最大的差异在于《言行录》本为"遂明体用之学，以授诸生"，《学案》本作"遂以明体达用之学授诸生"，"明体用"与"明体达用"还是有别的，故此取《言行录》本。

则是以"体"和"用"为本，即所谓的"明体用之学""明夫圣人体用"。因而，"明体用"三字可看作道学思潮兴起时的主题或纲领。

这里还值得重视的是，"体用"本不是儒家的概念，而与佛道二教关系甚密①。又，在唐代科举考试中由"天子自诏""所以待非常之才"而非常举的"制举"②中，有"才识兼茂，明于体用"一科，北宋真宗时恢复此科，宋仁宗对此科也甚为重视③。胡瑗提出的"明体用"是否与此有一定的关系，我们已不得而知，但这实际上并不重要。重要的是，胡瑗把"体用"范畴引入到了儒家的思想中，这对以后的道学思潮乃至心学思潮都可谓影响重大，以至其大有不可取代的重要地位，就如南宋道学家魏了翁指出的：

> 六经、《语》、《孟》发多少义理，不曾有"体用"二字，逮后世方有此字，先儒不以人废言，取之以明理，而二百年来才说性理，便见此二字不得，亦要别寻二字换，却终不得。④

胡瑗引入"体用"范畴，标志着儒学真正开始向哲学本体论方向发展。即儒学不再仅限于人伦道德的实践及宇宙始源生化和"天人相副"目的论的解释，而是首先努力确立起人伦道德存在的最终依据，然后再从中引申出各种"修己"的道德践履工夫，以及"安人"的经世致用、治国平天下的政治方略。尽管可以说，胡瑗本人并未在儒学"体"这一向度有深入的研究和重大的贡献，但其"点题"之功是不可埋没的。

为什么说"明体用"就是道学思潮的主题？尤其是，为什么还要"明"其中的"体"呢？这又是一个需要说明的问题。所谓"体用"，按中国哲学最一般的理解，"体"有本质、本体的意思，"用"有作用、现象的意思。两晋南北朝隋唐的佛教徒多讲"体用"。若依佛教的观点来讲，运动变化着的大千世界只是现象，而现象只是人心生灭妄想所变之境，其本身是虚幻不实的，因此可称之为"假有"；而在现象的背后，还存在着某种不变的、静止的、唯一的东西，那才是"体"。也就是说，现象是虚幻的、不实在的，只有超越现象的本体才是真实的存在。易言以明之，现象是"现而不

---

① 参见潘富恩、徐洪兴主编：《中国理学》第 4 卷，东方出版中心 2002 年版，第 38—42 页。
② 参见《文献通考》卷二十九《选举考二》，中华书局 1986 年版，第 271 页。
③ 参见余英时：《朱熹的历史世界》，生活·读书·新知三联书店 2004 年版，第 306 页。
④《鹤山大全文集》卷三十六《答李监丞》，文渊阁《四库全书》本。

实"的，而本体又是"实而不现"的。

佛教的这一观点，虽然也能自圆其说，但却是不能为中国传统的思想文化所接受的。因为中国传统思想，一向把大千世界看成一个生生不息、大化流行的整体，即肯定其为实有，不曾怀疑过它的客观实在性和存在的合理性。体现这一思想的最重要典籍就是《周易》。不过，先秦至汉唐的儒家学者并不十分关心世界的本体问题，在论及天道本体时也往往仅满足于宇宙的生成演化，即传统的"元气"论。这在当时看来本就是天经地义的，并不成为什么问题。

但自佛教东来之后，这一传统观点却开始成为问题，且问题的严重性逐渐地加强起来。因为，在佛教徒的眼中，中国传统思想文化（包括儒家、道家等）的哲学基础过于浅薄了，根本不足以与佛教相抗衡。而他们认为原因就在于儒、道二家对世界和生命只满足于了解现象而不能"极其本"，因此它们只能算是不达本源的"权教"。这方面比较典型的观点如唐代华严宗大师宗密的《原人论》。宗密认为儒道二家：

> 只知近则乃祖、乃父传体相续，受得此身；远则混沌一气，剖为阴阳之二，二生天、地、人三，三生万物。万物与人，皆气为本。

这种"元气"论，只相当于小乘佛教中所说的"空劫"阶段：

> 不知空界已前早经千千万万遍成住坏空、终而复始。故知佛教法中小乘浅浅之教，已超外典（儒道二家之学）深深之说。①

正是由于佛教讲生、死、心、身等问题，其理论无不是从宇宙本体出发，从世界观和认识论的高度来论证自己的学说，亦即从讨论现实世界的真幻、有无、动静，人们认识的可能、必要、真妄等出发来构建自己的理论体系的。所以，儒家学者要回应挑战，就必须对最高存在问题加以探讨和说明，这可以说是被迫承担的任务。因为已经高度发展起来的、已有了精致的形上学体系的佛教，已经建立起了自己理智的推论方式，只有接受挑战，直接与这一形上学的思维方式正面交锋，才有可能真正战胜对手，否则儒学的地位无法真正牢固地确立起来。此外，也可以说是更重要的一点，那就是，儒学要肯定现实生活中的秩序，就必须首先肯定这个感性的

---

① 以上内容参见 [唐] 宗密：《原人论》，《大正藏》第四十五册。

现实世界自身，从而也就必须讨论和肯定这个世界的实在性及其存在的合理性，以对抗佛教以存在为空幻、否定感性现实世界、追求寂灭的理论，重建起以人的伦常秩序为本体轴心的主题。

"明体用"这一道学思潮主题的理论发展，到了胡瑗的弟子、道学家程颐那里，终于形成完整的表述，那就是"体用一源，显微无间"① 的命题之确立。这一命题重大的理论意义就在于，它否定了佛教本体、现象截然两分的观点，强调了体、用都是实在的，两者的关系是相即而不离的。

实际上，早在"体用一源，显微无间"命题提出之前，程颐在为其兄程颢所作的《行状》中，已深入地论证了道学思潮"明体用"的主题。其言曰：

> 先生（程颢）为学：自十五六时，闻汝南周茂叔论道，遂厌科举之业，慨然有求道之志。未知其要，泛滥于诸家，出入于老、释者几十年，返求诸六经而后得之。明于庶物，察于人伦。知尽性至命，必本于孝悌；穷神知化，由通于礼乐。辨异端似是之非，开百代未明之惑，秦、汉而下，未有臻斯理也。

> 谓孟子没而圣学不传，以兴起斯文为己任。其言曰："道之不明，异端害之也。昔之害近而易知，今之害深而难辨。昔之惑人也，乘其迷暗；今之入人也，因其高明。自谓之穷神知化，而不足以开物成务。言为无不周遍，实则外于伦理；穷深极微，而不可以入尧舜之道。天下之学，非浅陋固滞，则必入于此。自道之不明也，邪诞妖异之说竞起，涂生民之耳目，溺天下于污浊；虽高才明智，胶于见闻，醉生梦死，不自觉也。是皆正路之榛芜，圣门之蔽塞，辟之而后可以入道。"②

这里，小程子借言其兄的经历来描述他们兄弟的心路历程，先讲他们的求道是受了周敦颐的启示，次讲他们的求道过程，第三讲他们求道所得究竟为何。这第三部分中的"明于庶物，察于人伦。知尽性至命，必本于孝悌；穷神知化，由通于礼乐"，就是对道学主题"明体用"的最好概括。

---

①《周易程氏传序》，载《二程集》，中华书局1981年版，第689页。

②《二程集》，中华书局1981年版，第638页。按："体用一源，显微无间"是程颐在其晚年成书的《程氏易传》中正式提出的，《程氏易传》成书于绍圣四年至元符三年（1097—1100）期间，而他为其兄作《行状》是在元丰八年（1085），因此在时间上晚了十来年。

这也可以说是当时思想家们无意中达成的一个共识①，即作为当时儒家学者对佛道二教挑战做出的自觉回应，及对汉唐儒者的批评否定。我们知道，先秦以来的儒家学者，对"察于人伦"虽用力颇深，但在"明于庶物"方面却做得很不够，因此不无"用"有余而"体"不足之嫌；而佛道二教虽能"尽性至命""穷神知化"，但却不"本于孝悌"，不"通于礼乐"，所以是有"体"而无"用"。小程子引用大程子的话批判佛道二教"异端"之害"道"，十分有力："自谓之穷神知化，而不足以开物成务。言为无不周遍，实则外于伦理；穷深极微，而不可以入尧舜之道。"可以说，程颐以上的观点，才是儒学所追求的真正的体用论。它与佛教掏空一切社会历史内容的"真空绝相"之"体"，以及既否定社会人伦而又被迫承认"事相"宛然的"俗谛"之"用"，在实质性和价值取向上都划清了界限。

因此，如果说道学思潮的主题在北宋中期的二程兄弟学说形成之前还在摸索、形成和完善之中，那么自二程"理学"形成之后，这一主题已经完全清楚明白地凸显了出来。但无论是隐还是显，可以说道学思潮的演进都是在"明体用"这一主题范围之内展开的。尽管在道学的不同发展阶段中，我们可以发现某些思想家或学派之间的问题意识和致思重点大相径庭，这也不过是由于他们对思潮的任务和主题之关怀向度、思考进路以及所面对的现实问题多有不同而已。我们不妨就以当时主要作为形上之"体"的心性之学和主要作为形下之"用"的经世之学为例来看吧：

在包括道学家在内的儒家学者看来，心性之学与经世之学本没有泾渭分明的界限，"诚意、正心、修身"与"齐家、治国、平天下"原就是一致的，它们都是传统"内圣外王"之学不可缺少的组成部分，"外王"需以"内圣"为基础，而"内圣"也必须通向"外王"。但在道学思潮初兴阶段的北宋庆历至嘉祐之际，经世之学明显占据了主要的位置，而心性之学虽初露端倪，却不为当时大多数学者所重。更有甚者，还有人认为心性之学"非学者之所急"，如这一阶段的代表人物之一欧阳修。② 但到了道学思潮高

---

① 张载也有类似的看法，如他批判佛教"人伦所以不察，庶物所以不明"（《张载集》）；批评汉唐儒者"知人而不知天，求为贤人而不求为圣人，此秦汉以来学者大蔽也"（《宋史·张载传》）。因此这一点可以说是当时学者的"共识"。

② 参见涂洪兴：《思想的转型——理学发生过程研究》，上海人民出版社 2016 年版，第 291—293 页。

涨阶段的北宋嘉祐至元祐之际，心性之学异军突起，其重要性与经世之学已难分大小，但经世致用的取向却并没有实质性的减弱。当时的"新学""洛学""关学""蜀学"等学派，都讲求性命义理之学，但同时也程度不等地关注外王经世问题。① 即使到了道学思潮鼎盛阶段的南宋中期，尽管此时心性之学已经开始占据主导位置，但经世之学仍以曲折的形式顽强地表现出来。②

总之，从思想史的角度来看，"明体用"这一主题构成了道学思潮的基本特点，规定了时代精神的风貌，并从总体上影响了当时思想家个人思路的选择，因此其宏观意义绝不可低估。

（原载于孙向晨、孙斌主编：《复旦哲学评论》第 3 辑，上海人民出版社 2006 年版）

---

① 参见涂洪兴：《思想的转型——理学发生过程研究》，上海人民出版社 2016 年版，第 228—232 页。

② 余英时在其《朱熹的历史世界》中提出，北宋神宗时代的政治文化在南宋时依然延续着，所以朱熹时代可称作"后王安石时代"。极重心性之学的朱熹、陆九渊，他们对儒学的不朽贡献虽然在"内圣"方面，但念兹在兹的仍是追求"外王"的实现，他们还是把"得君行道"当作自己生平的最高理想；他们转向"内圣"主要是为"外王"的实现做准备，也正是为了卷土重来，继续王安石未完成的"外王"大业。参见该书《自序二》及其他相关章节。

从训诂之学到义理之学

——理学发生史一个侧面的考察

作为儒学演变的一个新的理论形态，理学本身是离不开既有的儒家经典的。清代的许多学者把理学名之曰"宋学"，主要就是从经学史的立场而言的。有人以为，宋明时期的理学家只谈哲学不讲经学，那是缺乏历史常识的误解。我们只需翻检一下宋明时代学者的学术著作即可发现，一空依傍、自成体系者甚少，而凭借经义传注来发挥自己哲学思想的却比比皆是，甚至那些为数不少的"语录"和"笔记"之类也不例外。这充分说明，理学家同样十分重视儒家经典的研究和阐发。同时也充分说明了这么一个历史事实，即经学不仅在当时的政治领域内仍占据着统治的地位，而且依然在当时的思想和学术文化领域里居于主导的位置。只不过当时学者所注重的儒家经典与汉唐时期的儒者有所不同，经典研究的形式有所变化，所关心的时代课题有所差异而已。易言之，即理学家把对儒家经典的注释、诠解和发挥，纳入其理学的轨辙，以理学的观点来阐发儒经中所蕴含的所谓"身心性命"之义理。

一、 关于早期理学阶段所注重的儒家经典

理学家们为了发挥自己的思想学说，对儒经的研究有自己的选择和偏爱。人们一般认为，"四书"，即《大学》《中庸》《论语》《孟子》是理学家们普遍尊信的主要经典，因为它们是理学价值系统和工夫系统的最基本的文本依据。这个说法当然是不错的，但也不能一概而论。实际上，"四

书"的重要性是逐渐显现出来的，并不是一开始就已然如此了。我们可以说，在早期理学阶段中，"四书"的地位并不很高。尤其是其中的《孟子》一书，其由"子"入"经"的完成要到北宋末期，而在理学发生伊始，《孟子》连"经"的地位尚且不具备，且不论还有不少学者对《孟子》一书有颇多非议。如果从整个过程来看，可以说，"四书"的重要性在早期理学阶段已经引起了部分理学家的关注，但其地位的真正确立，则要等到南宋的理学大师朱熹为之"集解"之后才渐渐形成。

在理学的发生时期，为学者们所普遍重视的儒家经典，无疑当推《周易》和《春秋》二经。据《宋史·艺文志》著录来看，宋儒治经，以《春秋》为最，举凡著作241部，计2799卷；《周易》次之，举凡著作230部，计1740卷。宋人著述，固不能尽载于《宋史·艺文志》，但考之史传，证之典籍，谓宋儒《春秋》学及《易》学最为发达，绝非夸大无根之词。

北宋理学开山之一的孙复尝道：

> 尽孔子之心者，大《易》；尽孔子之用者，《春秋》。是二大经，圣人之极笔也，治世之大法也。①

孙复拈出"心""用"这两点，以形容《周易》和《春秋》的重要性，可谓道出了当时学者的普遍看法。宋儒之所以会这么看重《周易》和《春秋》，原因无非是他们要借《周易》来谈"天道""人道"，探讨"穷理尽性"，论述世界和人生的哲理；要借《春秋》来谈"纲常名分"，辨析"王霸义利"，倡导"大一统"及"尊王攘夷"。此外，还值得一提的是，《周礼》一经亦颇为北宋思想家所看重，如李觏、王安石之辈，他们往往就是借《周礼》以发挥其政治改良的主张②。

当然，像《诗》《书》《论》《孟》等，在当时也得到相当的重视，只是比较而言，北宋诸儒更重《周易》与《春秋》罢了。唐君毅先生曾对早期理学的发展提出这样一个顺序，其曰：

> 宋学之初起，乃是以经学开其先。在经学之中，则先是《春秋》与《易》之见重，然后及于《诗》《书》之经学，再及于《易传》《中

---

① ［宋］石介：《石徂徕集》卷十九《泰山书院记》，中华书局1984年版，第223页。
② 李觏有《周礼致太平论》五十一篇，王安石有《周官新义》，均为倡言变法而发的。

庸》《大学》及《孟子》《论语》等汉唐人所谓五经之传记，终乃归至于重此传记之书，过于重五经。①

这个发展顺序，我以为是大致不错的。

二、 唐初经学统一的正负效应

中国经学的历史，笼统言之可厘为三大阶段：汉学、宋学和清学。由汉迄唐，是为汉学，其间虽不断在变，但终不出训诂笺注之畛域；由宋迄明，是为宋学，其间亦不无变化，但终不出义理发挥之格局；至于清学，有重汉学，有尊宋学，亦有汉宋兼治者，然亦不出考据整理之范围。在经学的流变过程中，新的学术思潮的崛起，无不伴随着对此前思潮的学风之批判否定，宋学、清学的出现，无一例外。这里我们主要考察的是宋学对汉学的反动，因为如果没有这样一种反动，也就不可能孕育出宋学这一儒学的新的"范式"（paradigm）。

如前所述，经学的汉学系统至唐初而得以统一。"锐意经术"的唐太宗，有鉴于儒经文字多有异同，经义师说多门且繁杂而歧见纷出，乃命颜师古统一文字，颜氏考校南北经本之异同，以南本为主成《五经定本》；又命孔颖达等统一章句义疏，孔氏等参酌南北经义之歧见，以南学为主，成《五经正义》一百八十卷。其《易》主王弼注（唯《系辞》取晋人韩康伯注），《书》主孔安国传（伪《孔传》），《诗》则毛传郑笺，《礼记》用郑玄注，《左传》用杜预注。以后，唐朝政府又采用了几种私修的经疏，即贾公彦之《周礼疏》（主郑玄注）、《仪礼疏》（亦郑玄注），杨士勋之《穀梁传疏》（用晋范宁注）和徐彦的《公羊传疏》（用汉何休注），与《五经正义》合为"九经"，颁行学官，悬为科举功令，明经取士悉遵此本，士子奉为圭臬，谨守而莫敢有异议。

> 夫汉帝称制临决，尚未定为全书；博士分门授徒，亦非止一家数；以经学论，未有统一若此之大且久者。②

---

① 唐君毅：《中国哲学原论·原教篇》，载《唐君毅先生全集》，台湾学生书局 1984 年 2 月校订版，第 12 页。

② ［清］皮锡瑞：《经学历史》。

唐初经学的统一，其正面效应，就是一扫东汉以来纷纭矛盾的儒经师说。如今古文学之争、郑王学之争、南北学之争等，这些各是其是的学术宗派从此失势，它们之间的争论也就不劝自息。这可以说是大大有助于统治思想划一的举措。从这个意义上讲，唐初的经学统一，与汉武帝"罢黜百家，独尊儒术"有异曲同工之妙，只是前者是把诸子百家之学一统于儒学，而后者是把儒学内部的各派一统于《五经正义》和《五经定本》。

但是，唐初的经学统一，同样也带来了极大的负面作用，那就是把经学"统死了"。所以，经学固然统一了，可儒学却是真正没落了。

翻检一下两唐书的《儒学传》，不难发现，唐代的儒学，充其量不过是南北朝以来烦琐的章句训诂之学的延续。如就事论事，唐代儒者治三《礼》尚多专家，但这实际也是上承魏晋南北朝的风气而来，即与当时重门第礼法颇有关系①。到"安史之乱"以后，士族门第也渐趋式微，因而与维系门第生活息息相关的《礼》学，也自然失去其现实存在的价值和意义。至于施之郊庙、朝廷的礼乐制度，也诚如后来欧阳修在《新唐书》中所论的那样，"由三代而下，治出于二，而礼乐为虚名"②。换句话说，亦即是与现实生活毫无关系了。至于其他诸经之学，则就更等而下之了。绝大多数儒生只是拘泥于章句训诂之学，墨守《五经正义》之说。从这里我们可以又一次看到，学术与政治联系过于密切所带来的弊端。因为，政治之利用学术，总带有一种实用的特征，它总希望作为统治思想的那一部分学说绝对化。可绝对化的结果，则总是使之凝固化，不再会产生新的变化和发展。然而，思想学术所体现出来的学者的创造性智慧，其本性却是要向前推进和发展的。思想学术贵在创新，贵在不囿成说，唯有如此，方能不断发展。汤用彤先生尝如是说：

> 大凡世界圣教演进，如至于繁琐失真，则常生复古之要求。耶稣新教，倡言反求圣经（return to the Bible）。佛教经量部称以庆喜（阿难）为师。均斥后世经师失教祖之原旨，而重寻求其最初之根据也。夫不囿于成说，自由之解释乃可以兴。思想自由，则离拘守经师而入

① 有关此点可参看陈寅恪：《隋唐制度渊源略论稿》二《礼仪》，上海古籍出版社 1982 年版。
②《新唐书·礼乐一》，中华书局 1975 年版，第 307 页。

启明时代矣。①

汤先生此论是为魏晋玄学之兴起而发的，但同样也适用于唐宋之际儒学求变的现象。

三、 唐宋之际儒者的反省及其结论

面对日趋衰颓的儒学，唐宋之际的一批有代表性的思想家，都热衷于倡导儒学复兴和批判佛道二教的"异端邪说"。但是，有一个问题始终困惑着他们，即儒学的中衰并非始于唐代，在唐以前的好几百年里，也不乏儒者的振兴儒学要求及抨击佛道的举措，可儒学依然没落下去了，而作为儒学外在对手的佛道二教依然长盛不衰，这是为什么？这个显而易见的历史事实，迫使他们对自己所服膺的儒学本身进行检讨。检讨的结论是，儒学本身存在问题，而这个问题的症结就在于汉唐经学。这里不妨先让我们看看他们的反省。

韩愈认为：

> 杨、墨行，正道废。且将数百年，以至于秦，卒灭先王之法，烧除其经，坑杀学士，天下遂大乱。及秦灭、汉兴且百年，尚未知修明先王之道。其后始除"挟书之律"，稍求亡书，招学士，经虽少得，尚皆残缺，十亡二三。故学士多老死，新者不见全经，不能尽先王之事，各以所见为守，分离乖隔，不合不公，二帝、三王、群圣人之道于是大坏，后之学者无所寻逐。……汉氏以来，群儒区区修补，百孔千疮，随乱随失。其危如一发引千钧，绵绵延延，浸以微灭。于是时，而唱佛老于其间，鼓天下之众而从之，呜呼，其亦不仁甚矣！②

李翱认为：

> 遭秦灭书，《中庸》之不焚者一篇存焉。于是此道废缺。其教授者，唯节行文章章句，威仪击剑之术相师焉。性命之源，则吾弗能知其所传矣。③

---

① 汤用彤：《王弼之周易论语新义》，载《汤用彤学术论文集》，中华书局 1983 年版，第 267 页。

②《韩昌黎集》卷十八《与孟尚书书》，中国书店 1991 年 6 月影印版，第 268 页。

③《李文公集》卷三《复性书上》，《四部丛刊初编》本。

孙复认为：

> 孔子既殁，七十子之徒继往，六经之旨郁而不章也久矣。加以秦火之后，破碎残缺，多所亡散。汉魏而下，诸儒纷然四出，争为注解，俾我六经之旨益乱，而学者莫得其门而入。观夫闻见不同，是非各异，骈辞赘语，数千百家不可悉数……又后之作疏者，无所发明，但委曲踵于旧之注说而已。①

欧阳修认为：

> 自秦之焚书，六经尽矣。至汉而出者，皆残脱颠倒，或传之老师昏耄之说，或取之冢墓屋壁之间，是以学者不明，异说纷起。②

> 自孔子没而周衰，接乎战国，秦遂焚书，六经于是中绝。汉兴盖及而后出，其散乱磨灭，既失其传，然后诸儒因得措其异说于其间。③

张载认为：

> 窃尝病孔孟既没，诸儒嚣然，不知反约穷源，勇于苟作，持不迨之资而急知后世，明者一览，如见肺肝然，多见其不知量也④。

王安石认为：

> 然孔氏以羁臣而与未丧之文，孟子以游士而承既没之圣，异端虽作，精义尚存。逮更煨烬之灾，遂失源流之正。章句之文胜质，传注之博溺心。此淫辞行之所由昌，而妙道至言之所为隐。⑤

二程认为：

> 退之言："汉儒补缀，千疮百孔。"汉儒所坏者不少，安能补之？
>
> 汉之经术安用？只是以章句训诂为事。⑥

当时许多学者都有类似的言论，这里就不必一一详举。仅以上所举已充分说明，当时一些有代表性的思想家经反省后已达到这样一个共识，那就是儒学在孔子、孟子那里是完美无缺的；秦始皇的"焚书坑儒"，使儒学的精髓大量散失；汉代虽立儒家经学作为正统，但汉之儒者舍本逐末，大

---

①《孙明复小集·寄范天章书二》，文渊阁《四库全书》本。
②《欧阳修全集·居士集》卷四十八《问进士策三首》，中国书店 1986 年 6 月影印版，第 326 页。
③《欧阳修全集·居士集》卷四十三《廖氏文集序》，中国书店 1986 年 6 月影印版，第 298 页。
④《张载集·文集佚存·与赵大观书》，中华书局 1978 年 8 月版，第 207 页。
⑤《王文公文集》卷十八《谢除左仆射表》，上海人民出版社 1974 年 7 月版，第 207 页。
⑥《二程集》，中华书局 1981 年版，第 232 页。

多沉溺于儒经的章句名物典章制度的训释而不能自拔，且又严守其"师法""家法"的门户，却把儒学的真精神即所谓的"大义"丢失殆尽了；而后来的疏义作者，更恪守"疏不破注""首丘归根"之传统陋习，拾撤汉儒牙慧而无所发明。

正是从对汉唐经学的这个基本估计出发，他们得出结论：要振兴日益没落的儒学，唯有抛弃汉唐经学，回到孔孟去，直追尧舜禹"三代"。就如欧阳修在其《读书》一诗中所表达的那样：

> 正经首唐虞，伪说起秦汉。
>
> 篇章异句读，解诂与笺传。
>
> 是非自相攻，去取在勇断。
>
> ……①

这个结论也就意味着，他们要开始走一条新的治学路径，即要以自己的主观体验，来把握孔孟的"真正精神"，要从儒家原典中直接去寻找出"大义"之所在，而不必再通过汉唐传注疏义的媒介再去探求。重视儒经中的"义理"而鄙薄章句训诂，凭己意自由解释儒经，这就导致了当时儒家经典的研究，从训诂之学走向义理之学的新的取向。

四、 从训诂之学到义理之学的历程

当然，从训诂之学到义理之学的转变，有一个相当漫长的过程，它经历了公元 8 世纪到 11 世纪近 4 个世纪。

由于《五经正义》的颁行，儒家思想被束缚了，于是就引起少数不甘心屈服的儒者出来反对。在《五经正义》颁行不到半个世纪时，一位名叫王玄感的儒者，便于武则天长安年间（701—704）献上三书，公开批评《五经正义》。其书名就足以令人另眼相看，曰：《尚书纠谬》《春秋振滞》《礼记绳愆》。武则天诏两馆学士、成均博士等进行审查，王玄感虽遭到不少章句家之诟病，但却得到魏知古、徐坚、刘知几、张思敬等时之"通人"

---

① 《欧阳修全集·居士集》卷九《读书》，中国书店 1986 年 6 月影印版，第 61 页。

的支持，在辩难中获胜①。

同时的历史学家刘知几，在其名著《史通》中，公开地"疑古惑经"，他从历史学要求"实录直书"的立场出发，对《尚书》《春秋》大加非议，认为《尚书》有可疑者十条，《春秋》有未谕者十二、虚美者五②，可谓大胆陈说，对这两部作为"大经大法"的经典，毫无顾忌地进行批评，甚至对作为"圣人"的孔子也颇多微词，曰：

> 观夫子之刊《书》也，夏桀让汤，武王斩纣，其事甚著，而芟夷不存。观夫子之定礼也，隐、闵非命，恶视不终，而奋笔昌言，云"鲁无篡弑"。观夫子之删《诗》也，凡诸《国风》，皆有怨刺，在于鲁国，独无其章。观夫子之《论语》也，君娶于吴，是谓同姓，而司败发问，对以"知礼"。欺验世人之饰智矜愚，爱憎由己者多矣。③

刘知几的"非圣无法"实在太明显了，连热心为他辩解的清儒浦起龙，也只好承认刘知几确实有点不知忌惮④。可是在当时，刘知几非但没有受到非议，反而颇受推崇。如徐坚读《史通》后谓，"居史职者，宜置此书于座右"⑤，唐玄宗亦"读之称善，追赠工部尚书"⑥。这里透露出的信息是，当时已有少数学者对时之经学心存怀疑和不满。

怀疑和不满由隐而显，那要到"安史之乱"以后。安史之乱后，学界不满官定注疏的风气日盛，进而出现荡弃"师法""家法"、舍经求传和疑经的现象。到唐代宗大历（766—780）前后，有关《春秋》《诗》《礼》《易》《论语》诸经不守注疏的著作相继问世：

> 及乎大历之间，啖助、赵匡、陆质（淳）以《春秋》，施士匄（丐）以《诗》，仲子陵、袁彝、韦彤、韦茝以《礼》，蔡广成以《易》，强蒙以《论语》，皆自名学，益不复守旧说久。⑦

在以上诸人之中，仲子陵、袁彝、韦彤、强蒙不闻有书；而蔡广成有

---

① 事见《新唐书·儒学传中》。
② 详见《史通》卷十三《疑古》、卷十四《惑经》，上海古籍出版社1978年4月版。
③《史通》卷十三《疑古》，上海古籍出版社1979年4月版，第380—381页。
④ 参见浦起龙在《疑古》《惑经》后的按语。
⑤ 见《旧唐书·刘知几传》，中华书局1975年5月版，第3171页。
⑥ 见《新唐书·刘知几传》，中华书局1975年5月版，第4522页。
⑦ 马宗霍：《中国经学史》，上海书店1984年4月影印版，第103页；又参见《新唐书·儒学传下》。

《周易启源》《周易外义》，《唐志》不载，仅见于《宋志》，今已佚；施士丐有《诗说》和《春秋传》，亦佚，唯韩愈为其志墓，曰：

> 先生明毛、郑《诗》，通《春秋左氏传》，善讲说。朝之贤士大夫从而执经考疑者继于门。太学生习毛、郑《诗》，《春秋左氏传》者，皆其弟子。贵游之子弟时先生之说二经，来太学帖帖坐诸生下，恐不卒得闻。①

韩愈的评价恐有"谀墓"之嫌。据《韩昌黎集》注引，刘禹锡与柳八、韩十八诣施氏听《毛诗》，说毛《传》之失，及毛、郑不注数事，颇近穿凿。施氏之《春秋传》亦未甚传后，唐文宗好经术，讥其《春秋传》为"穿凿之学，徒为异同"②。

诸人中著作存于今者仅为陆淳的《春秋集传纂例》《春秋微旨》和《春秋集传辨疑》，这三部著作，实际上已包含了啖助、赵匡、陆淳师生三人的《春秋》学。他们治《春秋》的特点，即非但置《正义》于不顾，并且对"三传"亦表示怀疑：

> 务在考三家得失，弥缝漏阙，故其论多异先儒。③

其论《左传》，则以为其中解义多谬，其书乃出于孔氏之门人，并非《论语》中所提到的左丘明；其论《公》《穀》，则以为口受于子夏所传，密于《左传》，但后人根据其大义，散配经文，亦多乖谬，失其纲纪。众所周知，治《春秋》者，在唐以前多为专门名家，其尊传过于尊经，倘有不通处，宁信经误而不言传非。啖、赵、陆"三传"并攻，且援经击传，自谓契于圣人之旨，实质上是变《春秋》学专门为通学，经学变古，从此发端。欧阳修在《新唐书》中批评道：

> 三家言经，各有回舛，然犹悉本之圣人，其得与失盖十五，义或谬误，先儒畏圣人，不敢辄改也。啖助在唐，名治《春秋》，摭诃三家，不本所承，自用名学，凭私臆决，尊之曰"孔子意也"，赵、陆从而唱之，遂显于时。④

---

① 《韩昌黎集》卷二十四《施先生墓铭》。
② 事见《新唐书·儒学传下》。
③ 《四库全书总目提要》卷二十六《经部·春秋类一》，中华书局1965年6月版，第213页。
④ 《新唐书·啖助传》，中华书局1975年5月版，第5707—5708页。

但在当时，他们的《春秋》学实为时之学者所宗，如柳宗元，即以执弟子礼于陆淳为荣，并且极称其学曰：

> 有吴郡人陆先生质（淳），与其师友天水啖助洎赵匡，能知圣人之旨，故《春秋》之言及是光明，使庸人小童，皆可积学以入圣人之道。传圣人之教，是其德岂不侈大矣哉！①

对此，清儒的评价比较公允且符合事实，即认为：

> 其论未免一偏，欧阳修、晁公武诸人皆不满之。而程子则称其绝出诸家，有攘异端、开正途之功。盖舍传求经，实导宋人之先路。②

后来北宋的孙复，作《春秋尊王发微》，开两宋《春秋》学之先河，就是远师于陆淳。朱熹亦赞陆淳：

> 推言治道，凛凛然可畏，终是得圣人个意思。③

除啖助、赵匡、陆淳的《春秋》学"舍传求经"之外，同时的卢仝作《春秋摘微》，亦不守"三传"之成说，韩愈以赞赏的口吻称他：

> 《春秋》三传束高阁，独抱遗经究终始。④

此外，在《诗》学方面，今存有当时人成伯玛的《毛诗指说》一卷，其以为《毛诗》序首句为子夏所传，其下为毛苌所续⑤，这个说法固然是创新，但证据却绝无，因此根本不合传统经学的"师法""家法"。唐中期以后的经学变古，当然不止以上所述。比如韩愈和李翱合撰的《论语笔解》、李翱的《易诠》、陆希声的《易传》、高重的《春秋经传要略》、陈岳的《春秋折衷论》等，均属不合汉学规矩、不顾朝廷功令的私家论著。

但是，唐人虽说开了风气之先，可毕竟只是少数学者文化自新的开创性活动，且其著述限于私家，所以社会影响不是很大。经过唐末五代的战乱动荡，唐人经学变古之风早被吹得烟消云散。赵宋立国后，在太祖、太宗、真宗三朝，刊刻唐人《九经正义》，又重定《论语》《孝经》《尔雅》的义疏，谨守唐人"正义"之法。科举取士，一律以官定《正义》为准，如清人皮锡瑞所言：

---

①《柳河东集》卷九《陆文通先生墓表》，上海人民出版社 1974 年 5 月版，第 132 页。

②《四库全书总目提要》卷二十六《经部·春秋类一》，中华书局 1965 年 6 月版，第 213 页。

③《朱子语类》卷八十三，中华书局 1986 年 3 月版，第 2174 页。

④《韩昌黎集》卷五《寄卢仝》。

⑤ 参见《四库全书总目提要》卷十五《经部·诗类一》，中华书局 1965 年 6 月版，第 121 页。

经学自唐以至宋初，已陵夷衰微矣。然笃守古义，无取新奇；各承师傅，不凭胸臆，犹汉唐注疏之遗也。①

宋初三朝严守汉唐注疏的典例，当举真宗景德二年（1005）宰相王旦科试黜贾边之事：

王文正公为相，南省试"当仁不让于师赋"。时贾边、李迪皆有名场屋，及奏名，而边、迪不与。试官取其文观之，迪以落韵，边以"师"为"众"，与注疏异。特奏令就御试。王文正议：落韵失于不详审耳；若舍注疏而立异论，不可辄许。恐从今士子放荡，无所准的。遂取迪而黜边。②

"当仁不让于师"语出《论语·卫灵公》第三十六章，"师"通常训为"师傅"。但贾边训之为"众"，亦不可谓无据，《尔雅·释诂》曰："师，众也。"且训"师"为"众"于此句亦可通。但由于他没有按照咸平二年（999）诏定的《论语正义》中训"师"为"师傅"的说法，因而即使"有名场屋"，亦终遭斥黜。宋初三朝学风，于此可见一斑。

变化大致在宋仁宗庆历（1041—1048）前后出现了。当时一批有时名的学者纷纷出来批判汉唐经学，如孙复、胡瑗、石介、范仲淹、欧阳修、周尧卿、刘颜、士建中、陈襄、李觏等等。这里仅举其中两位最突出学者为例：

其一是孙复。他于景祐二年（1035），在给当时士人领袖范仲淹的一封长信中，集中抨击了汉唐注疏。其信曰：

国家以王弼、韩康伯之《易》，左氏、公羊、穀梁、杜预、何休、范宁之《春秋》，毛苌、郑康成之《诗》，孔安国之《尚书》，镂版藏于太学，颁行天下。又每岁礼闱没科取士，执为准的。多士较艺之际，一有违戾于注说者，即皆驳放而斥逐之。复至愚至暗之人，不知国家以王、韩、左氏、公羊、穀梁、杜、何、范、毛、郑、孔数子之说，咸能尽于圣人之经耶？又不知国家以古今诸儒服道穷经者，皆不能出于数子之说耶？若以数子之说咸能尽于圣人之经，则数子之说不能尽

① ［清］皮锡瑞：《经学历史》。
② ［宋］苏辙：《龙川别志》卷上，中华书局 1982 年 4 月版，第 81—82 页；又参《宋史·王旦传》。

于圣人之经者多矣；若以古今诸儒服道穷经皆不能出于数子之说，则古今诸儒服道穷经可出于数子之说者亦深矣。噫！专主王弼、韩康伯之说而求之于大《易》，吾未见其能尽于大《易》者也；专守左氏、公羊、穀梁、杜预、何休、范宁之说而求之于《春秋》，吾未见其能尽于《春秋》者也；专守毛苌、郑康成之说而求于《诗》，吾未见其能尽于《诗》者也；专守孔安国之说而求于《书》，吾未见其能尽于《书》者也。彼数子之说，既不能尽于圣人之经，而可藏于太学，行于天下哉？又后之作疏者，无所发明，但委曲踵于旧之注说而已。①

通过以上全面的否定，孙复还进一步提出要广诏天下鸿儒硕老重注六经。

其二则是欧阳修。如果说孙复专攻汉儒注说，对唐人义疏一笔带过的话，那么欧阳修在嘉祐年间上的《论删去九经正义中谶纬札子》，则是专门攻击唐人《正义》的，其谓：

至唐太宗时，始诏名儒撰定九经之疏，号为"正义"，凡数百篇。自尔以来凡不本《正义》者，谓之"异端"，则学者之宗师，百世之取信也。然其所载既博，所择不精，多引谶纬之书，以相杂乱，怪奇诡僻，所谓非圣之书，异乎"正义"之名也。②

孙复和欧阳修的意见，所代表的是当时学者的共识。因此，他们在研究的实践中纷纷抛弃汉唐注疏，就如当时李觏说的，"世之儒者，以异于注疏为学"③。抛弃注疏的结果就是凭己意说经，再进一步那就是怀疑经传了。这方面的情形，诚如学者经常引到的南宋陆游的一段话中所描述的那样：

唐及国初，学者不敢议孔安国、郑康成，况圣人乎！自庆历后，诸儒发明经旨，非前人所及，然排《系辞》，毁《周礼》，疑《孟子》，讥《书》之《胤征》《顾命》，黜《诗》之序，不难于议经，况传注乎！④

这里提到的实际已不仅仅是对汉唐注疏的不满，而且还包括了对某些儒经本身的怀疑。这一现象的出现并不奇怪，无非是合乎逻辑发展的必然。

---

①《孙明复小集·寄范天章书二》，文渊阁《四库全书》本。
②《欧阳修全集·奏议集》卷十六，中国书店 1986 年 6 月影印版，第 887 页。
③《李觏集》卷二十六《寄周礼致太平论上诸公》，中华书局 1981 年 8 月版，第 276 页。
④［宋］王应麟：《困学纪闻》卷八《经说》引，世界书局 1937 年版圈点本。

我们知道，儒家经典是由官方颁定的，对它们只许信仰不许怀疑；汉唐注疏也是由官方颁定的，从理论上讲，对它们同样只许信仰不许怀疑。两者的区别仅在于，前者是经典本身，后者是经典的标准诠释。既然标准诠释可以任意驳斥和抛弃，那么经典本身的可靠性自然也可怀疑了。

乍看起来，庆历之际出现的经学变古，与唐中后期之经学变古没有什么大的区别，甚至可以说前者就是后者的再现或回归。然而，"一个灰色的记忆不能抗衡现在的生动和自由"（黑格尔《历史哲学》中语），只要细心观察一下，即可发现这两者间的区别，这区别就在于：唐中后期的经学变古还只是少数现象，而庆历之际的经学变古则形成了社会思潮，成为一种普遍的学术风尚。如果说前者是量的积累，是少数不甘屈服的文化自新者的开创性活动；那么后者则是质的飞跃，是多数学者的普遍取向。正是因为存在着这样一种区别，所以唐中后期的经学变古，可以在五代、宋初销声匿迹；而庆历之际出现的经学变古，则一发而不可收。

在庆历之后的短短几十年里，汉唐经学已被学者们视为"土苴"，疑经的风气弥漫于整个士林。关于这一阶段学者对汉唐经学的批评，这里就无烦赘述，我们只消看看当时一般科场年轻士子的学风就足够了：

> 新进后生，未知臧否，口传耳剽，翕然成风。至有读《易》未识卦爻，已谓《十翼》非孔子之言；读《礼》未知篇数，已谓《周官》为战国之书；读《诗》未尽《周南》《召南》，已谓毛、郑为章句之学；读《春秋》未知十二公，已谓"三传"可束之高阁。循守注疏者，谓之腐儒；穿凿臆说者，谓之精义。[1]

司马光的这篇《论风俗札子》是宋神宗熙宁二年（1069）上奏的，此时离庆历只不过二三十年光景，而士林风气已经如此，这个变化不可谓不巨。

但是，真正给汉唐经学以最后的致命一击的，应该说是由王安石所发起的那场著名的变法运动。具体点说，就是宋神宗熙宁年间（1068—1077），王安石变法中所采行的科举改革，以及新的官方标准解释《三经新义》的颁行。

---

① 《司马文正集》卷六《论风俗札子》，中华书局《四部备要》本。

熙宁四年（1071），王安石思考和酝酿已久的科举改革，作为其"新法"的一个重要组成部分，于二月间推出：

> 今定贡举新制：进士罢诗赋、贴经、墨义，各占《诗》《书》《易》《周礼》《礼记》一经，兼以《论语》《孟子》。每试：初本经，次兼经，并大义十道。务通义理，不须尽用注疏。次，论一首；次，时务策三道，礼部五道。中书撰大义式颁行。①

以上就是所谓王安石贡举改革的"熙宁新制"。其实质就如马端临在《文献通考》中所概括的，"变声律为议论，变墨义为大义"②。"变声律为议论"，就是以策论代替诗赋；"变墨义为大义"，就是以义理代替记诵。这后一点，在经学史上言，即义理之学兴而传注疏义之学废，宋学取代了汉学。熙宁六年（1073）三月，实施贡举新制后的第一届考试结束，宋神宗颇为得意地对执政说：

> 今岁南省试所取多知名举人，士皆趋义理之学，极为美事。③

这种以经义取士的方法，以后就成为一种程式而一直沿用至清末，所以其意义不啻北宋中期的政治改革和经学变古。至于"大义式"后来蜕变为"八股文"，那是另一回事，此不具论。

在科举变法的同时，一方面是为了应付科举考试的亟须，另一方面则是为了适应义理之学的需要，但同时又需防止"学术不一，一人一义，十人十义"④，编纂一部新的经学法定教科书成为必需。于是在熙宁五年（1072）正月，宋神宗向王安石提出要他主持编新经义：

> 神宗谓安石：经术人人乖异，何以一道德？卿有所著，可以颁行，令学者定于一。⑤

翌年三月，宋神宗又对王安石说：

> 举人对策，多欲朝廷早修经义，使义理归一。⑥

---

① [宋] 李焘：《续资治通鉴长编》（下引略为《长编》）卷二百二十卷"熙宁四年二月丁巳"条，中华书局校勘标点本。
② 《文献通考》卷三十一《选举考四》。
③ 《长编》卷二百四十三"熙宁六年三月庚戌"条。
④ 《文献通考》卷三十一《选举四》。
⑤ 《长编》卷二百二十九"熙宁五年正月戊戌"条。
⑥ 《长编》卷二百四十三"熙宁六年三月庚戌"条。

于是，便决定设局置官以注释《诗》《书》《周礼》义，诏王安石提举经义局，吕惠卿、王雱同撰修①。到了熙宁八年（1075）六月，《三经新义》修成，即以其副本送于国子监镂版颁行天下，作为全国学校的统一教材和科举考试的范本②。《宋史·王安石传》论《三经新义》之颁行：

> 一时学者，无敢不传习，主司纯用以取士，士莫得自各一说，先儒传注，一切废不用。

这里我无意去具体评估王安石的《三经新义》，只是想指出：在王安石变法中，从"务通义理，不须尽用注疏"，到"士皆趋义理之学"，"使义理归一"，最终则"先儒传注，一切废不用"，这么一个过程，才真正是为汉唐章句训诂之学画上了句号。从此以后，以义理之学为其主要特征的"宋学"，不仅在学术发展上彻底扫除了障碍（这个工作是由否定汉唐经学得以完成的），而且在政治上也开始获得了官方的支持。于是，义理之学开始进入一个全面发展的新的历史阶段，即创制新的理论形态的历史时期。

否定传统儒学中的章句训诂之学，这是理学能够崛起所必须经历的一个重要环节。我们说理学之要旨，是求垂教之本原于心性，求心性之本原于宇宙，其本质属玄想的形上之学，而章句训诂之学则趋重于因袭循守的训释。因此，如若不把汉唐经学的殿堂加以拆除，理学将不可能真正建立起来，不明乎此中之关节，殆不足以论理学之发生也。

（原载于陈明主编，《原道》编委会编：《原道》第二辑，团结出版社1995年版）

---

① 《长编》卷二百四十三"熙宁六年三月庚戌"条。
② 《长编》卷二百六十五"熙宁八年六月戊申"条。

唐宋间的孟子升格运动

就如学界基本公认的，宋明时代的理学家们对儒家原典的重视，在几经变化以后最终落实到《易传》《大学》《中庸》《论语》《孟子》这五部所谓的传记之书上。因为，这五部书大致已涵盖了理学从宇宙论到心性论的整个理论体系，并且也包含了理学的工夫论。

在以上这五部著作中，《易传》本属于《周易》的组成部分之一；《大学》和《中庸》本属于《小戴礼记》中的两篇；而《论语》一书，自汉迄唐向为儒者所重，被目为"小经"或"兼经"。也就是说，这四部著作都早

已被列入儒家经典之中。因此，在理学发生过程中，为后来理学家所特别重视的五部著作内，唯有《孟子》一书的地位变化最大。进而言之，《孟子》其书地位的变化，又始终与孟子其人地位的变化联系在一起。可以这么说，伴随着唐宋之际的儒学更新运动，相应出现了一场引人注目的"孟子升格运动"。搞清楚这场升格运动的过程和原因，无疑大大有助于我们把握理学的发生。所以，本文集中探讨这个问题。

一、"孟子升格运动" 过程考论

"孔孟之道"就是儒家思想的代名词，这似乎已经是个常识问题。倘若这个常识仅仅限定在两宋以后的话，那无疑是十分准确的；但如果像某些中国思想文化论著那样，把它推至两宋以前的话，那么，常识恐怕就会成为谬误了。

在中国思想文化史上，有一个颇为通行的观点，即认为孔子以后，儒分为八，到战国中后期演变为两大分支，一支始于子夏，讲文献之学，数

传而至荀子；一支始于曾参，究义理之学，二传而至孟子。这以后，荀子便是汉代经学家所尊信的大部分儒家经传的先师，而孟子则成为两宋以后道学家所崇敬的不祧之祖。儒家内部这两派的分野，也就是后世所谓的"学统"与"道统"之别，"汉学"与"宋学"之分。对这个传统的说法，学界历来有不同的意见，这里就不必细加讨论。值得指出的是，此说有一点大致还是不错的，那就是孟子确实与"宋学"的关系甚大，孟子其人其书的重要性，也确实是从两宋开始凸显出来的。

东汉的赵岐在注解《孟子》一书时，曾经把孟子尊为"亚圣"，还提到了西汉文帝时一度设置过《孟子》的"传记博士"。可是，"亚圣"之名，从未被宋朝以前的官方所认可过[①]；而"传记博士"即使存在过的话也为时很短，且不说此事因不见于《史》《汉》的记载而颇启后人疑窦。如果从历史事实来看的话，那么，孟子在两宋以前的地位一直不高。孟子其人，只被视为一般的儒家学者；《孟子》其书，也只能归入"子部"一类[②]；此外，在两宋以前的官私文献中，一般都是"周孔"或"孔颜"并提，鲜见有"孔孟"合称的。

大约从中唐以后起，情况开始发生微妙的变化。逐渐地，孟子的名字被侧于了孔子之后，成为仅次于孔子的"贤人"；孟子其人被政府封上了爵号，并从祀孔庙；《孟子》其书也被增入儒经之列，并悬为科举功令，不久又超越"五经"而跻身于"四书"，变为中国士人必读的官方教科书。

孟子其人其书在唐宋间的这个重大的变化过程，已故的前辈学者周予同先生称之为"孟子升格运动"[③]。周先生早在 1933 年发表的《群经概论》中，就已经提出了这个命题，惜未对之展开具体的申论。近年来，据我并不全面的了解，大陆和台湾的少数学者，对两宋"《孟子》学"的若干个案

---

① 据我所知，孟子正式被官方封为"亚圣"，最早在元朝的至顺元年（1330），详见《元史》卷七十六《祭祀志五》。

②《汉书·艺文志》列《孟子》于"诸子"，《隋书·经籍志》《旧唐书·经籍志》《新唐书·艺文志》《崇文总目》《郡斋读书记》等均列《孟子》于"子部"。《孟子》正式入"经部"始于南宋陈振孙《直斋书录解题》。

③《周予同经学史论著选集》，上海人民出版社 1983 年版，第 289 页。

做过一些有益的探索①。但至今为止，学术界对这一课题的总体性研究仍属未见。因此，很有必要做一番具体的考察和研究。

孟子升格运动经历了近5个世纪（公元8世纪中至13世纪中）的漫长历程才告基本完成。这五百年，大致可以划为四个阶段：中唐至唐末为滥觞期，北宋庆历前后为初兴期，北宋熙宁、元丰前后为勃兴期，南宋中叶及稍后为完成期。

（一）"孟子升格运动"的滥觞

清儒赵翼在其《陔余丛考》中曾说过：

> 宋人之尊孟子，其端发于杨绾、韩愈，其说畅于（皮）日休也。②

征诸史实，这个考证是可信的。

从唐朝立国到"安史之乱"爆发之前，孟子的地位和以前一样，尚处在不著不察之列。我们可以看到，当唐高祖、太宗、高宗三朝，争论国子学当祭"周孔"还是"孔颜"时；当唐太宗时，增加从左丘明到范宁22位儒者从祀孔庙时；当唐玄宗封颜渊为"亚圣"和"兖国公"，封"孔门十哲"和"七十子"为侯、伯时③，孟子却只字未被提及。当时科举考试的"明经"科目中只有"三礼"（《周礼》《仪礼》《礼记》）、"三传"（《左传》《公羊传》《榖梁传》）以及《周易》《尚书》《毛诗》这"九经"，《论语》和《孝经》则被列入了"兼通"，而《孟子》一书却没有资格入选。此时的《孟子》尚不如《老》《庄》《文》《列》这四部道家著作，后者在唐玄宗时被列入科举，称"道举"，课试与"明经"相同④。

变化最早出现在"安史之乱"刚刚平息不久后的唐代宗宝应二年（763）。是年，礼部侍郎杨绾上疏，建议政府把《孟子》与《论语》《孝经》并列为一"兼经"，增为"明经"的科目之一⑤。此事虽未见允，但却

---

① 如河南大学姚瀛艇先生曾撰有《宋儒关于〈孟子〉的争议》一文，载于《中日宋史研讨会中方论文选编》（河北大学出版社1990年）；台湾大学夏长朴教授曾撰有《李觏的非孟思想》《王安石思想与孟子的关系》《孟子与宋儒》等文，载于夏著《李觏与王安石研究》（台湾大安出版社1989年5月版）。

② ［清］赵翼：《陔余丛考》卷四《尊孟子》，据光绪本《欧北全集》。

③ 以上诸事详见《旧唐书》卷二十四《礼仪志四》，《新唐书》卷十五《礼乐志五》，也可参见《通典·礼典》《文献通考·礼乐考》。

④ 详见《新唐书》卷四十四《选举志上》。

⑤ 详见《新唐书》卷四十四《选举志上》。

开启了《孟子》一书由"子"升"经"的先声。

真正揭开孟子升格运动序幕的是稍后的韩愈。

韩愈在唐宋间统治思想转折过程中的重要地位是人们所熟知的，但对他倡导"孟子升格"这一点，学者所论并不多。韩愈可以说是最先把孟子的名字升到孔子之后，与那些"古圣先王"相提并论的人。是韩愈首次提出了儒家的"道统"：

> 斯吾所谓道也，非向所谓老与佛之道也。尧以是传之舜，舜以是传之禹，禹以是传之汤，汤以是传之文、武、周公，文、武、周公传之孔子，孔子传之孟轲。轲之死，不得其传焉。[1]

在《读荀子》中他又说：

> 孔子之徒没，尊圣人者，孟氏而已……孟氏醇乎醇者也。[2]

韩愈抬高孟子地位的理由，据他自己说主要是两点。其一，就是唯有孟子得到了孔子的"真传"：

> 孔子之道，大而能博，门弟子不能遍观而尽识也，故学焉而皆得其性之所近。其后离散，分处诸侯之国，又各以所能授弟子，原远而末益分……孟轲师子思，子思之学盖出曾子。自孔子没，群弟子莫不有书，独孟轲氏之传得其宗……故求观圣人之道，必自孟子始。[3]

其二，就是孟子有辟"异端邪说"的"卫道"之功：

> 扬子云曰："古者杨、墨塞路，孟子辞而辟之，廓如也。"夫杨、墨行，正道废……孟子虽贤圣，不得位，空言无施，虽切何补？然赖其言，而今学者尚知宗孔氏，崇仁义，贵王贱霸而已。……然向无孟氏，则皆服左衽而言侏离矣！故愈尝推尊孟氏，以为功不在禹下者，为此也。[4]

韩愈用尊"孔孟"取代唐初以来的尊"孔颜"，可谓大音希声，在当时学界并没有引起多大反响。但在韩愈的同道人之中还是有人注意到了。如韩愈的学生李翱就盛赞韩愈道：

---

① 《韩昌黎集》卷十一《原道》。
② 《韩昌黎集》卷十一《读荀》。
③ 《韩昌黎集》卷二十《送王秀才序》。
④ 《韩昌黎集》卷十八《与孟尚书书》。

孔氏去远，杨朱恣行，孟轲拒之，乃坏于成。戎风混华，异学魁横，兄（指韩愈）尝辨之，孔道益明。①

这里，李翱不仅同意韩愈关于孟子辟"异端"的说法，还将韩愈与孟子并提，肯定他们在维护儒学上的贡献。不过，就对韩愈"尊孟"思想继承和发扬这一点而言，李翱显然不及唐末的皮日休。

皮日休其人，在文学史上小有名气，与陆龟蒙一起被后世合称为"皮陆"。可是在思想文化史上，皮氏却一般不为学者所重，因此对其思想的发掘不够。在我看来，皮氏倒也算得上唐宋间思想嬗变过程中不应忽视的一个过渡性人物。这里仅就其"尊孟"一点而论。首先，皮日休完全继承了韩愈关于孟子上接孔子，及孟子有辟杨、墨之功的思想，他说：

孟子叠踵孔圣而赞其道。②

古者杨、墨塞路，孟子辞而辟之，廓如也。故有周、孔，必有杨、墨，要在有孟子而已矣。今西域之教，岳其基而溟其源，乱于杨、墨也甚矣。如是为士，则孰有孟子哉？千世之后，独有一昌黎先生，露臂瞋视，诟于千百人内。其言虽行，其道不胜。苟轩裳之士，世世有昌黎先生，则吾以为孟子矣。③

正是基于这一看法，皮氏曾专门上书朝廷，建议把韩愈列入国子学孔庙中配享的诸贤名单中去④。北宋前期的儒者因"尊孟"而"尊韩"，其始创自皮日休。

其次，皮氏又一次提出了《孟子》一书的升格要求。唐懿宗咸通四年（863），他专门上书朝廷曰：

圣人之道，不过乎经；经之降者，不过乎史；史之降者，不过乎子。子不异乎道者，《孟子》也！舍是子者，必庶乎经、史。又率于子者，则圣人之盗也。夫《孟子》之文，粲若经传……其文继乎六艺，光乎百氏，真圣人之微旨也！若然者，何其道晔晔于前，其书没没于后？……后之人将爱仲尼者，其嗜，在孟子矣。呜呼！古之士以汤、

① ［唐］李翱：《李文公集》卷六《祭吏部韩侍郎文》，《四部备要》本。
② 《皮子文薮》卷四《文中子碑》。
③ 《皮子文薮》卷三《原化》。
④ 《皮子文薮》卷九《请韩文公配飨太学书》。

武为逆取者，其不读《孟子》乎？以杨、墨为达智者，其不读《孟子》乎？由是观之，《孟子》功利于人不轻矣。今有司除茂才、明经外，其次有熟庄周、列子书者，亦登于科。其诱善也虽深，而悬科也未正。夫庄、列之文，荒唐之文也。读之可以为方外之士，习之可以为鸿荒之民，有能汲汲以救时补教为志哉？伏请命有司：去庄、列之书，以《孟子》为主。有能精通其义者，其科选视明经。①

在这里，皮日休较杨绾进了一步，即把《孟子》作为单独一经提出。当然这也是有原因的，因为《论语》《孝经》本就属于明经科"兼通"；更主要的是唐文宗开成二年（837），刻石经于国子学，已把"九经"与《论语》《孝经》及《尔雅》立为"十二经"，因此"十三经"所剩唯《孟子》一书了。但是，和杨绾一样，皮日休的呼吁也没能引起统治者的关注。

（二）"孟子升格运动"的初兴

进入五代十国乱世后，孟子升格运动偃旗息鼓②。赵宋立国伊始，基本上是承袭唐代旧制，国子监所祭仍为"孔颜"，明经取士仍考"九经"③。宋初的太祖、太宗、真宗三朝，对孟子其人其书有所重视的，大概只有柳开和孙奭。

和皮日休差不多，柳开也多为文学史界所提及，被认为是北宋古文运动的先驱人物之一。实际上柳开的影响也不仅局限于文学领域。柳氏颇受皮日休之影响④，十分推崇孟子，兼及文中子王通和韩愈。他曾说：

杨、墨交乱，圣人之道复将坠矣……故孟轲氏出而佐之，辞而辟之，圣人之道复存焉。⑤

---

①《皮子文薮》卷九《请〈孟子〉为学科书》。

② 有一种颇为流行的说法认为：五代时，后蜀主孟昶刻"蜀石经"，已把《孟子》列在其内，故"十三经"成于五代（如蒋伯潜：《十三经概论》，上海古籍出版社1983年1月版，第613页）。据我考证，此说并不准确。"蜀石经"（广政石经）初刻仅十经，无《公羊传》《穀梁传》和《孟子》。《公》《穀》于北宋仁宗皇祐二年（1050）补刻入。《孟子》更晚，是北宋徽宗宣和六年（1124）间由知成都席旦让人补刻进去的。证据可参看晁公武《郡斋读书志》、顾炎武《石经考》、万斯同《石经考》、杭世骏《石经考异》、王国维《蜀石经残拓本跋》等。此说只知"蜀石经"中已有《孟子》，未考其为晚刻，其间相差近180年。

③ 以上所述详参［宋］李焘：《长编》卷三，《宋史》卷一百五十五《选举志》一等。

④ 柳开曾专为皮日休的文集作序，见《河东先生集》卷十一，《四部丛刊》初编本。

⑤《河东先生集》卷六《答臧丙第一书》。

继孔氏者，轲之下，虽扬雄不敢措一辞。①

在他所开列出的"道统"名单上，孟子后面又加上了扬雄和韩愈（以后又加上了王通）②。但柳开的思想在当时实在影响不大，正如其自己所说的那样："瑰然独处，出无与交"，"行修而人不誉，辞成而众不解"，乃至"市人目之为狂"，"农夫相诟而笑"③。

孙奭乃三朝宿儒，宋真宗大中祥符间曾受命校勘《孟子》④，由此"请以孟轲书镂板"⑤，并撰成《孟子音义》二卷。至于后世所传《十三经注疏》中之《孟子疏》，旧题孙奭撰，实是伪书。此说最早由朱熹提出⑥，以后清儒钱大昕、焦循等均主此说⑦，遂为学界定论。

孟子升格运动被重新唤起是在宋仁宗的庆历之际。当时，伴随着政治上求变呼声的高涨和"新政"的一度施行，学坛上出现了一股社会思潮，而"尊孟"也成为这一思潮的取向之一。

庆历思潮的领袖人物当推范仲淹和欧阳修，他们都属于"尊孟"一派。如范仲淹发挥孟子"乐以天下，忧以天下"的思想，标举出"先天下之忧而忧，后天下之乐而乐"的宋代新儒家的理想人格风范。欧阳修也极其推尊孟子，认为"孔子之后，唯孟子最知道"⑧，苏东坡称欧阳修"其学推韩愈、孟子，以达于孔子"，是世所公认的"今之韩愈"⑨。

范仲淹、欧阳修之"尊孟"，在当时学者中还只能算很普通的，真正极力推崇孟子的，是被后世称为"宋初三先生"中的二位——孙复、石介师徒。如孙复认为：

> 孔子既没，千古之下，攘邪怪之说，夷奇险之行，夹辅我圣人之道者多矣。而孟子为之首，故其功钜……扬子云有言曰："古者杨、墨塞路，孟子辞而辟之，廓如也。"韩退之有言曰："孟子之功，予以谓

---

① 《河东先生集》卷二《补亡先生传》。
② 见《河东先生集》卷一《名系》《应责》诸篇。
③ 见《河东先生集》卷五《上大名府王学士书》、卷六《上洪兴州书》。
④ 见［宋］王应麟：《玉海》卷四十三《景德校诸子》条，文渊阁《四库全书》本。
⑤ 见［宋］司马光：《涑水纪闻》卷四，中华书局校勘标点本。
⑥ 朱熹说："《孟子疏》，乃邠武士人假作。蔡季通知其人。当孔颖达时，未尚《孟子》，只尚《论语》《孝经》尔，其书全不似疏样，不曾解出名物制度，只绕缠赵岐之说耳。"（《朱子语类》卷十九）
⑦ 详参［清］钱大昕：《十驾斋养心录》，［清］焦循：《孟子正义》。
⑧ 《欧阳修全集·居士外集》卷十六《与张秀才第二书》。
⑨ 《苏东坡全集·前集》卷二十四《居士集序》，中国书店1986年6月影印版，第315页。

不在禹下。"然子云述孟子之功，不若退之之言深且至也。何哉？洚水横流，大禹不作，则天下之民鱼鳖矣；杨、墨暴行，孟子不作，则天下之民禽兽矣。①

石介则如是言道：

> 孟子既没，微言遂绝。杨、墨之徒，榛塞正路。孟子正人心，息邪说，距诐行，放淫辞，以辟杨、墨；说齐宣、梁惠王七国之君，以行仁义。②

孙复和石介还反复强调了儒家从尧、舜、禹、汤、文、武、周公、孔子到孟子、扬雄、王通、韩愈这样一个圣贤相续的"道统"③。孙复和石介作为北宋前期首出的经学家和教育家④，在当时的学术界具有相当大的影响。孙复以《春秋》学名世，他的《春秋尊王发微》一反传统的"三传"，充分演绎和发挥了孟子关于"孔子成《春秋》而乱臣贼子惧"的思想。石介则以排佛道、斥时文著称于世，自云"吾道固如是，吾勇过孟轲"，高举孟子、韩愈的旗帜，大张挞伐"异端邪说"。

在庆历思潮的有力推动下，"尊孟"成为当时学者流行的学术取向，就如稍后傅野《述常语》中指出的那样：

> 及退之"醇乎醇"之说行，而后之学子遂尊信之。至于今兹，其道乃高出六经。⑤

在此阶段中，除了在思想界出现"尊孟"热潮之外，在实质性的"尊孟"行动上也开始有事可纪了，那就是山东兖州邹县（今山东邹城）孟庙的建立。宋仁宗景祐五年（1038），出知兖州的孔子第四十五世孙孔道辅，在邹县建成孟庙。孔道辅认为：

> 诸儒之有功于圣门者，无先于孟子。孟子力平二竖（指杨、墨）之祸而不得血食于后，兹其阙已甚矣！《祭法》曰：能御大灾则祀之，能捍大患则祀之。孟子可谓能御大灾、能捍大患者也。且邹昔以为孟

---

① 《孙明复小集·兖州邹县建孟庙记》。
② 《徂徕集》卷十四《与士建中秀才书》。
③ 此点在孙复、石介的文集中随处可见，不具引。
④ 欧阳修尝谓："师道废久矣，自景祐、明道以来，学者有师，惟先生（胡瑗）暨泰山孙明复、石守道三人。"（《欧阳修全集·居士集》卷二十五《胡先生墓表》）
⑤ 见［宋］邵博：《邵氏闻见后录》卷十三引。

子之里，今为所治之属也，吾当访其墓而表之，新其祠而祀之，以旌其烈。①

于是，他责令地方官查找，在邑东三十里的"四墓（基）山"② 找到了孟子的墓，除去榛莽，建起孟庙，以公孙丑、万章等配享，还专请孙复为此事写了记文。实际上，在此之前，孔道辅在其家庙，也就是孔庙中，已立了孟子、荀子、扬雄、王通、韩愈"五贤堂"，"像而祠之"③。

（三）"孟子升格运动"的勃兴

自庆历以后，孟子升格运动进入了一个全面并且迅速发展的时期，到宋神宗的熙宁、元丰年间（1068—1085）达到了高潮。是时，学统四起，学派纷出，学者林立。就影响而论，当以二程的"洛学"、张载的"关学"以及王安石的"新学"为巨。这几派都属于"尊孟"之列，尽管他们的政治见解相左。

二程是极力"尊孟"的，其"尊孟"的言论殊多，试拈数条如下：

> 孔子没，传孔子之道者，曾子而已。曾子传之子思，子思传之孟子。孟子死，不得其传。至孟子而圣人之道益尊。④

> 圣人之学，若非子思、孟子，则几乎息矣。⑤

> 孟子有功于道，为万世之师。⑥

> 孟子有功于圣门不可言。如仲尼只说一个仁义，孟子开口便说仁义；仲尼只说一个志，孟子便说出许多养气来。只此二字，其功甚多。⑦

> 邓文孚问："孟子还可以为圣人否？"曰："未敢便道他是圣人，然学已到至处。"⑧

---

① 此事不见于史籍记载，资料来源是孙复的记文，见《孙明复小集·兖州邹县建孟庙记》。

② 《四库全书》误将"四基山"作"四墓山"，证据可见于《重纂三迁志》，可参看杨泽波：《孟子评传》，南京大学出版社1998年版，第465页注③。

③ 此事见《孙明复小集·上孔给事书》。

④《河南程氏遗书》卷二十五。

⑤《河南程氏遗书》卷十七。

⑥《河南程氏遗书》卷五。

⑦《河南程氏遗书》卷十八。

⑧《河南程氏遗书》卷十九。

在辨别颜渊与孟子的优劣时，二程的基本倾向虽然是认为颜子更具备"圣人气象"，孟子则有"英气""好辩"，但他们强调这是时势使然：

> 学者全要识时，若不识时，不足以言学。颜子陋巷自乐，以有孔子在焉。若孟子之时，世既无人，安可不以道自任！①

对《孟子》其书，二程也是极力推崇。程颐有《孟子解》十四卷，今已佚。他们常常把《论语》与《孟子》并提，认为：

> 学者当以《论语》《孟子》为本。《论语》《孟子》既治，则六经可不治而明矣。②

> 学者先须读《论》《孟》。穷得《论》《孟》，自有个要约处。以此观他经，甚省力。《论》《孟》如丈尺权衡相似，以此量度事物，自然见得长短轻重。……今人看《论》《孟》之书，亦如见孔孟何异？③

从这里我们可以看出，二程已经认为《论语》和《孟子》要高出"六经"了。在程门的众多弟子中，对孟子其人其书感兴趣者亦不在少数，这里就无烦具论了。

张载的"尊孟"倾向也十分明显，如其谓：

> 古之学者便立天理，孔孟而后，其心不传，如荀、扬皆不能知。④

> 颜子用舍与圣人同，孟子辨伯夷、伊尹而愿学孔子，较其趋固无异矣。考孟子之言，其出处固已立于无过之地。⑤

> 孟子所止到已所难名处。⑥

张载很重视《孟子》一书，曾作《孟子解》十四卷，今已佚。他认为：

> 要见圣人，无如《论》《孟》为要。《论》《孟》二书于学者大足，只是须涵泳。⑦

> 学者信书，且须信《论语》《孟子》。⑧

在其名著《正蒙》中之《中正》《作者》《三十》《有德》《有司》诸

---

① 《河南程氏遗书》卷二。
② 《河南程氏遗书》卷二十五。
③ 《河南程氏遗书》卷十八。
④ 《经学理窟·义理》。
⑤ 《张子语录上》。
⑥ 《张子语录中》。
⑦ 《经学理窟·义理》。
⑧ 《经学理窟·义理》。

篇里，有大量引证、诠释及发挥《论语》和《孟子》的内容。而他的《西铭》一篇，更被二程赞誉为《孟子》后绝无仅有的佳作。

至于王安石，可谓一生服膺孟子，他认为："孔孟如日月，委蛇在苍冥；光明所照耀，万物成冬春。"① 他把孟子引为自己的千古知己，在《孟子》一诗中尝吟曰：

　　沉魄浮魂不可招，遗编一读想风标。
　　何妨举世嫌迂阔，故有斯人慰寂寥。②
他还把成为孟子式的人物当作人生的奋斗目标：
　　欲传道义心虽壮，学作文章力已穷。
　　他日若能窥孟子，终身何敢望韩公。③

王安石之"尊孟"是得到时人所一致公认的，其弟子陆佃说他："言为《诗》《书》，行则孔、孟。"④ 其政敌司马光也说他，"介甫于诸书无不观，而特好孟子、老子之言"⑤，并进而批评他违背孟子思想，言利扰民；另一个政敌范纯仁亦有类似的谴责⑥。

安石之学颇得力于孟子，故其治《孟子》一书亦勤，有《孟子解》十四卷，今已佚。"新学"中人对《孟子》也多有钻研，如王安石其子王雱作《孟子解》十四卷⑦，其联襟王令著《孟子讲义》五卷⑧，其门人龚原有《孟子解》十卷⑨，许允成有《孟子新义》十四卷⑩。此外，王安石变法时的助手之一，著名的科学家沈括，也有《孟子解》一卷⑪，沈括的好友王子韶，"尤长于《孟子》"⑫，王安石变法时也把他提拔入条例司参与立法工作。

王安石一派不啻思想学术上"尊孟"，更主要的是在行动上积极地付诸

---

① 《王文公文集》卷三十八《扬雄三首》。
② 《王文公文集》卷七十三《孟子》。
③ 《王文公文集》卷五十五《奉酬永叔见赠》。
④ ［宋］陆佃：《陶山集》卷十三《祭丞相荆公之文》，文渊阁《四库全书》本。
⑤ 《司马文正集》卷十《与王介甫书》。
⑥ 详见《宋史纪事本末》卷三十《王安石变法》。
⑦ 今佚，详见《郡斋读书志·后志》卷二，又《宋史·艺文志》。
⑧ 今佚，详见《宋史·艺文志》，序文今存于《广陵集》中。
⑨ 今佚，详见《宋史·艺文志》，又《宋元学案》。
⑩ 今佚，详见《郡斋读书志·后志》卷二，又《宋元学案》。
⑪ 今存于［宋］沈括：《长兴集》卷三十二。
⑫ 见《宣和书谱》卷六，《丛书集成初编》本。

实践。由于他们掌握着当时的国家权力，所以"孟子升格运动"此时已在政治上获得了朝廷的支持，请看下列进展：

熙宁四年（1071）二月，《孟子》一书首次被列入科举考试的科目之中①。

熙宁七年（1074），支持王安石变法的著名经学家、判国子监常秩，请立孟轲像于朝廷②。

元丰六年（1083）十月，孟子首次受官方的封爵，诏封为"邹国公"③。

元丰七年（1084）五月，官方首次批准，允许孟子配享孔庙④。

政和五年（1115），政府正式承认兖州邹县所建的孟庙，诏以乐正子配享，公孙丑以下十七人从祀⑤。

宣和年间（1119—1125），《孟子》一书首次被刻成石经，成为"十三经"之一⑥。

在上面所列事实中，熙宁间为王安石自己当政期间；元丰间王安石虽然已经退隐，但执政者蔡确、章惇等均为"新党"中之要人，故连极力诋诟王安石的朱熹，也不得不承认，"孟子配享，乃荆公请之"⑦；政和至宣和间是蔡京当国，亦号称行"新法"，当时科试《孟子》，王安石、王雱、许允成所诠解的《孟子》，为"场屋举子宗之"⑧。因此，王安石及其"新党"，实在堪称是"孟子升格运动"中之第一功臣。

（四）"孟子升格运动"的完成

宋室南渡以后，孟子升格运动实际上已进入尾声。当时，王安石的"新学"尽管遭到了排斥，但"尊孟"的取向却为统治者所全盘接受。如宋高宗御书"石经"，就没有忘记把《孟子》也列在其中⑨。至于南宋学术界

---

① 见《续资治通鉴长编》卷二百二十。
② 见《宋史》卷一百五十《礼志八》。
③ 见《续资治通鉴长编》卷三百四十。
④ 见《续资治通鉴长编》卷三百四十五。
⑤ 见《宋史》卷一百五十《礼志八》。
⑥ 见《郡斋读书志》卷十《石经孟子》。
⑦《朱子语类》卷九十。
⑧ 见《郡斋读书志》卷十《礼志八》。
⑨ 参见［明］顾炎武：《石经考》，文渊阁《四库全书》本。

之"尊孟",则更成为一种流行的学术倾向。这里仅以当时最富影响的朱熹"理学"和陆九渊"心学"为例。朱熹少年时代读《孟子》时,见到"圣人与我同类"之语而"喜不可言"①;他一生致力于《论语》《孟子》《大学》《中庸》这"四书"的钻研,精心撰成了《四书集注》和《四书或问》;至于他论及孟子其人其书的内容,在其《文集》和《语类》中亦比比皆是。陆九渊自称其学"因读《孟子》而自得之"②,他的思想与孟子的关系实较朱熹要近得多,"心学"大师王阳明就曾直截了当地指出:"陆氏之学,孟氏之学也。"③ 有关这方面的情况,限于本书的篇幅与主题,此处就不作展开论述了。

到宋宁宗嘉定五年(1212),国子司业刘爚奏准将朱熹的《论语孟子集注》作为官方之学。④ 宋理宗淳祐四年(1244),下诏褒赞朱熹,宣称:

> 朕惟孔子之道,自孟子后不得其传,至我朝周敦颐、张载、程颢、程颐,真见实践,深探圣域,千载绝学,始有指归……⑤

正式承认程朱的"道统"上接孔孟。

与此同时,目录学家陈振孙撰《直斋书录解题》,又正式从目录学上把《孟子》一书由"子部"升格至"经部",陈氏说道:

> 自韩文公称孔子传之孟轲,轲死不得其传,天下学者咸曰"孔孟"。《孟子》之书,固非荀、扬以降所可同日而语。今国家设科,《语》《孟》并列于经,而程氏诸儒训解二书常相表里,故合为一类。⑥

至此为止,我们可以说,"孟子升格运动"基本完成。至于以后又出现的锦上添花之类的事,如元朝至顺元年(1330)加封孟子为"亚圣"等等,已不属于这个变化过程中的事了。

二、"孟子升格运动"原因探析

唐宋间出现的这场"孟子升格运动",当然不是一个偶然发生的事件。

---

① 见〔清〕王懋竑:《朱子年谱》卷之一上,《丛书集成初编》本。
②《陆九渊集》卷三十五《语录下》。
③《阳明全书》卷七《象山文集序》。
④ 见《宋史·刘爚传》。
⑤《宋史·理宗本纪》。
⑥《直斋书录解题》卷三《语孟类》,文渊阁《四库全书》本。

如果从根本上来看的话，它是适应当时中国统治思想转型、儒学复兴的需要而产生的，易言之，它是中国近古时代思想文化大整合运动中的一个有机组成部分。但这只是最一般的说法，它虽然有助于我们从总体上把握"孟子升格运动"的根源，但对了解这个复杂的思想文化变迁过程来说，这种概括性的简单答案是不够的，我们还需进一步深入探析。

(一) 时儒的看法

唐宋间的思想家之所以会选择孟子作为其儒学更新实践的一个重要内容，是因为，孟子的思想学说中有他们需要的东西。也就是说，孟子思想学说本身所具备的特点，与当时思想家所普遍关注的时代课题密切相关。有关这方面的内容，当时的思想家有过不少论述。比较下来，我以为南宋初期的施德操在其《孟子发题》一文中的概括，相对而言是较完整和详细的。因此，这里不妨就以他的观点作为当时思想家的代表性意见。他是这样分析的：

> 孟子有大功四：道性善，一也；明浩然之气，二也；辟杨、墨，三也；黜五霸而尊三王，四也。是四者，发孔氏之所未谈，述六经之所不载，遏邪说于横流，启人心于方惑，则余之所谓卓然建明者，此其尤盛者乎！

> 自古圣人未尝剧谈性，是以诸子之说纷然其间，曰善、曰恶、曰混、曰三品、曰无分于善不善，争论四出。要其归，皆以气为性者也，岂真识所谓气哉！孟子于众说之中，独发之曰：人性善。自孟子谈人性善，始觉天下之人皆与天地等，皆与尧、舜等，虽顽嚚猥琐、昏愚朴陋，皆得为道德之归，与向之为善恶之论者功用何如哉！此孟子所以为知性之言，而大有补于斯人也。然后世谈性，莫盛于释氏，释氏谈性，明体而不明用，自喜怒哀乐以前，释氏宜知之；喜怒哀乐已发以后，释氏置之不论；此所以功用为阙然。然则欲明性善乎，正在喜怒哀乐之后。不然，则寂然不动之时，善恶安在？孟子兼其用而发之，始觉四端之用，沛然见于日用间，尧、舜、禹、汤、文、武、周、孔之事业，皆自此建立。人性如此，古人未发也，孟子独发之，此一大功也。

自古论道德者，自性命之理达于父子君臣，自治心修身推之于天下国家，以至天地万物，幽明鬼神，何所不至，特不言养气。孟子于众说之，独论浩然之气。自孟子谈浩然之气，始觉圣贤所以为圣贤，以有此气。孰谓此气？外物不因者是也。有一物可因于吾，则所存者丧矣。所以为圣贤者如何？亦有是气也。方充然于自得于心。虽不可名状，要其为物，中正勇健，广大坚固。故行之于富贵，富贵不能困之使淫；行之于忧患，忧患不能困之使戚；行之于声色，声色不能困之使流；行之于威武，威武不能困之使惧；行之于事物纷扰之地，则事物纷扰不能困之使乱。凡物之自外至者虽杂然并进，而吾之胸中卓然皆有所主，而非智力所及者。曾子之大勇，孟子之不动心，非以此气存焉乎！……故其气之充于吾身也，睟然见于面，盎然发于背，沛然见于周旋动作之间。古人之大有为于世者，皆出于此。其塞于天地，则日月为之光明，山川为之秀发，万物为之繁滋，祯祥疾疠为之衰息。其气如此，古人未发也，而孟子独发之，此又一大功也。

当战国之时，斯道既丧，邪说并作，于是有所谓纵横之家，有所谓刑名之家，有所谓杨、墨之家。……然孟子置二家不问，反区区于杨、墨，其故何哉？盖二家之失易见，而杨、墨之祸难知……纵横之家，谁不知其翻覆之恶？刑名之家，谁不知其惨毒之恶？君子虽不问，终于破坏而已。至于墨子之兼爱，则近乎吾圣人之仁；杨氏之为我，则近乎吾圣人之义。惟其在于近似，天下莫知其非，此孟子不得不辩也。且天下之道，莫大于君父，君父之道隆，则治之所由起；君父之道微，则乱所由生。治乱之机，实系于此。墨氏之道，岂必无父；推其兼爱之过，必至于无父。杨氏之道，岂必无君；推其为我之过，必至于无君。君子知微知彰，知柔知刚，推其所从来，极其所由往，必至于此，故孟子断之曰"无父无君"，然后杨、墨之失方明，而异端之说方破，使天下后世人伦不陨，而天理以全，此又一大功也。圣人之门，唯论一心术。霸者之心术何如哉？余尝借桓公而论之。桓公九合诸侯，一匡天下，此五霸之雄也。然当时狄伐卫，力可救而不救；又狄伐邢，力可救而不救。及卫之亡也，率诸侯而城卫；邢之亡也，率诸侯而城邢。不救之于未亡之前，乃城于既亡之后，其设心以为，救乱之功小，而存亡之功大，故弃难而成吾功。圣人知其心，故于救刑书曰"齐侯、宋师、曹师次于聂北，救刑"，以明齐侯实无救刑之心，故拥兵而不进也。未亡之前，力可救而不救，待其宗庙既已煨烬，社稷既已颠覆，人民既已涂炭，乃徐起而收其存亡之功，此何心哉？……孟子曰："鸡鸣而起，孳孳为善者，舜之徒也。鸡鸣而起，孳孳为利者，跖之徒也。欲知舜、跖之分，无他，利与善之间也。"夫舜、跖之分，虽小夫女子所能知；至善利疑似，虽明哲有不辨。然则桓公城楚丘以存卫，城夷仪以存邢，使仲湫以存鲁，岂非仁人君子之事？然推其心，为利乎？为善乎？将为舜之徒乎？抑为跖之徒乎？五霸之道如此，然当时不知，而惟五霸之为贵，故孟子断之曰："以德行仁者王，以力假仁者霸。"而天下心术正，此又一大功也。

　　呜呼！尧舜之道，自孔子传之曾子，曾子传之子思，子思传之孟子。自孟子得其传，然后孔子之道益尊，而曾子、子思之道益著。其所以发明斯文，开悟后世者，至深矣！①

施德操的分析归纳是有所见的，基本上代表了当时学界的流行看法。我以为，这四点中一和二实可并为一类，再加上韩愈以来一再强调的所谓孟子得孔子真传这一点，基本上就构成了孟子思想学说中为唐宋间多数学者所重视的四个内容，即道统论、辟异端、谈心性、辨王霸。孟子升格运动的理论展开，主要就是围绕着这四个方面进行阐释或发明。当然，在不同的发展阶段，这四点的重要性是不平衡的。在第一、二阶段中，前两个方面十分突出，但对后两个方面则涉及不多；在第三、四阶段中，则主要集中在后两点的探索和发挥上，对前两点也有讨论，但内容有变且不如前两个阶段突出。以下就此四个方面略作论述。

（二）道统论

道统论的发明权，众所周知是归属于韩愈的。但其原型却不能不认为

---

①《宋元学案》卷四十《横浦学案》。

出自孟子①。孟子根据他那"五百年必有王者兴"的原则，在其书的卒章中提出了一个从尧、舜至孔子的传授渊源系统，并且还以"当今之世，舍我其谁也"的气概，自续这个渊源系统。韩愈正是接过了这一话题，进而编造出儒家的"道统"。在韩愈看来，"道统"自孟子以后就失传了，其原因在于荀子和扬雄这些大儒"择焉而不精，语焉而不详"，再加上"秦火"的破坏和汉儒对"大义"的不明②。于是，他便以继承"道统"自任：

> 释老之害，过于杨、墨；韩愈之贤，不及孟子。孟子不能救之于未亡之前，而韩愈乃欲全之于已坏之后。呜呼！其亦不量其力，且见其身之危，莫之救以死也。虽然，使其道由愈而粗传，虽灭死，万万无恨。③

韩愈的"道统论"，以及其对"道统"失传原因的分析，包括他对整个汉儒的基本估计，为后来的宋儒所全盘接受。而其自续"道统"的当仁不让之精神，则更为宋儒所叠相模仿。如柳开就自认为：

> 师孔子而友孟轲，齐扬雄而肩韩愈。④

> 吾之道，孔子、孟轲、扬雄、韩愈之道。⑤

庆历之际的学者，基本上都认同韩愈对汉儒的估计，他们对汉儒之学多深致不满，进而对之展开批判。而石介则把他的老师孙复推为韩愈后的"道统"接班人⑥。到了熙宁、元丰及南宋阶段，汉儒之学已陈为刍狗，而韩愈等人也被抛弃了。如王安石的"终身何敢望韩公"，二程斥韩愈为"倒学了"⑦，张载也认为韩愈"只尚闲言词"⑧。他们已经不满足于仅仅成为韩愈的骥尾，而要直续孟子的"不传之统"。如程颢自谓"孟子没而圣学不传，以兴起斯文为己任"，程颐等人则推其为：

---

① 陈寅恪先生认为，韩愈的"道统论"既源自孟子，也受禅宗"教外别传"的影响（见《金明馆丛稿初编》，上海古籍出版社1980年版，第286）。此说不为无据，亦更能说明当时学者受佛学启示而在儒家的思想资料中发掘新的思想素材，以回应佛教的挑战，进行儒学的更新。
② 此点可参见韩愈的《原道》《与孟尚书书》《读荀子》等文。
③《韩昌黎全集》卷十八《与孟尚书书》。
④《河东先生集》卷六《上符兴州书》。
⑤《河东先生集》卷一《应责》。
⑥ 参见《徂徕集》卷十九《泰山书院记》等。
⑦《河南程氏遗书》卷十八。
⑧《经学理窟·自道》。

孟子之后，传圣人之道者，一人而已。①

张载也以继承孔孟"道统"自任②，"关学"的传人则把张载推为"自孟子以来，未之有也"，"与尧舜、孔孟合德乎千载之间"的"道统"继承人③。王安石也当仁不让，一生以"能窥孟子"自任，其弟子蔡卞推许其师曰：

奋乎百世之下，追尧舜三代，通乎昼夜阴阳所不能测而入于神。初著《杂说》数万言，世谓其言与孟轲相上下。于是天下之士，始原道德之意，窥性命之端。④

到了南宋，情况依旧如此，陆氏认为：

韩退之言"轲死不得其传"，固不敢诬后世无贤者，然直是伊洛诸公，得千载不传之学，但草创未为光明，到今日若不大段光明，更干当甚事！⑤

窃不自揆，区区之学自谓孟子之后，至是而始一明也。⑥

这里，陆九渊不仅不把韩愈放在眼里，就是二程等北宋的学者也被抛在了一边，以为只有自己才真正上接孟子。

以上所列举出的诸人，他们纷纷争"道统"的原因，实际上并不难索解，说到底，无非是想把自己创立的思想学说作为宋代新型儒学之正统，只是历史最终选择的是程朱理学。

（三）辟异端

"道统论"初起之时，是想要显示儒学比佛教的"法统"更加源远流长，前引韩愈的话就是证明。而儒家"道统论"的提出，其实质就在于要排斥所谓的佛道二教"异端邪说"，重振儒学的雄风。孟子的"我欲正人心，息邪说，距诐行，放淫辞，以承三圣者"的思想，正好被韩愈以及后来的儒者借用过来作为一面旗帜高高举起。于是我们看到，韩愈作《原道》

---

① 见《河南程氏文集》卷十一《明道先生行状》《明道先生门人朋友叙述序》。

② 见《张载集》中《文集佚存·与赵大观书》。

③ 详参范育《正蒙序》、吕大临《横渠先生告行状》，均收在《张载集》中。

④《郡斋读书志·后志二》引。

⑤《陆九渊集》卷三十五《语录下》。

⑥《陆九渊集》卷十《与路彦彬》。

以辟佛老，不惜得罪皇帝而"谏迎佛骨"，同时又倡导古文运动以排斥科举时文。

庆历之际，"天下之士学为古文，慕韩退之排佛而尊孔子"①。石介、孙复、欧阳修、李觏等都是当时排佛道、斥时文的健将，其中尤以石介的排佛道和斥时文为最激进。至于以后鼓吹"孟子学"的人，除了王安石公开表示对佛道学说有好感之外，其他人无不以儒者正统自居，以排斥佛道二教"异端"为己任，尽管他们中的大多数人数十年出入佛老，深谙其学。至于王安石，他虽然颇喜佛道思想，但却始终站在儒家的阵营里。

（四）谈心性

此点可谓孟子升格运动兴起的关键所在。在早期理学阶段，韩愈、孙复、石介等人的排佛道思想，并没有突破旧有排佛思想的窠臼，大多强调儒家正统、伦常纲纪、夷夏之辨及社会经济因素，而没能从理论上加以比较和批判。可是，佛道二教久排不去的症结恰恰是理论方面的。北宋中期的张方平曾经说过一句很有代表性的话：

> 儒门淡泊，收拾不住，皆归释氏。②

此语正道出了当时知识分子欣赏佛学的原因。欧阳修有见于此，乃指出道：

> 佛为中国大患，非止中人以下。聪明之智，一有惑焉，有不能解者矣。③

使欧阳修忧虑的正是佛学精深高妙的理论性和思辨性，就是这一点征服了当时不少知识分子。所以，欧阳修在其《本论》中提出"莫若修其本以胜之"的主张，而不同意韩愈在《原道》中提出的简单的"人其人，火其书，庐其居"的方法。欧阳修"修本胜之"的命题自是一个创见，但他本人还没有真正找到办法。可这一命题对后来影响颇大，据宋人笔记载：

> 退之《原道》辟佛老，欲"人其人，火其书，庐其居"，于是儒者

---

① 见〔宋〕陈舜俞：《镡津明教大师行业记》，载于〔宋〕僧契嵩：《镡津集》卷首，文渊阁《四库全书》本。

② 见〔宋〕陈善：《扪虱新话》引，《丛书集成初编》本。

③《欧阳修全集·集古录跋尾》卷六《唐司刑大脚迹敕》。

咸宗其语。及欧阳公作《本论》，谓："莫若修其本以胜之，又何必人其人，火其书，庐其居也哉？"此论一出，而《原道》之语几废。①

到了熙宁、元丰之间，学界涌现出了一批有概括能力的思想家，他们才真正实践了欧阳修"修本胜之"的方法，那就是与佛教针锋相对地大谈"身心性命"——倡言儒家的心性论。

心性问题在孔子那里是"不可得而闻"的，但在孟子那里却成了其思想之最精彩的部分。在孟子的思想学说中，有发掘不尽的心性论的素材，从"四端说""良知良能"到"性善论"，从"收放心""存心养性"到"尽心、知性、知天"等，孟子谈得很多；孟子又极其重视存养工夫，如"先立其大""养浩然之气""不动心""存夜气""集义""持敬""反身而诚""养心寡欲"等等；孟子还强调儒家的理想人格，有"兼济与独善"之说，有"大丈夫"精神，有"天爵人爵"之分，有"舍生取义"的目标等等。如此种种，为理学家们阐发其心性理论提供了极其丰富的思想资料。所以，从二程、张载、王安石到朱熹、陆九渊，他们无不大谈心性与修养。他们的心性论，就是以孟子的思想为起点，整合佛教中的心性学说，同时又坚决否定佛教"一切解脱"的绝对超越，通过自我肯定而又自我超越的方式，把社会的道德伦理提升为道德本体，充分提高心的主体地位，从而建立起以普遍、超越、绝对的道德法则为人性根本标志的道德本体论。这就是宋代开始出现的新的儒学形态之本质所在。

（五）辨王霸

统治者经世治民应该采取何种政治形式？人类历史究竟是前进的还是倒退的？这些政治观和历史观的问题，是宋儒热衷探讨的又一个主题，而表现形式即是"王道"与"霸道"之辨。宋儒重视《春秋》学之研究，从一个侧面来说也就是"王霸之辨"的体现。宋儒之治《春秋》，有一个基本的共识，那就是唯有孟子真正理解《春秋》的"微言大义"。这一点当然也不为无据，因为就目前所知，最先评述《春秋》，并且提出《春秋》中存在"大义"的就是孟子。孟子曰：

---

① 见［宋］陈善：《扪虱新话》引。

王者之迹熄而《诗》亡。《诗》亡然后《春秋》作。晋之《乘》，楚之《梼杌》，鲁之《春秋》，一也；其事则齐桓、晋文，其文则史。孔子曰："其义则丘窃取之矣。"（《孟子·离娄下》）

世衰道微，邪说暴行有作，臣弑其君者有之，子弑其父者有之。孔子惧，作《春秋》。《春秋》，天子之事也。是故孔子曰："知我者，其惟《春秋》乎！罪我者，其惟《春秋》乎！"（《孟子·滕文公下》）

孔子成《春秋》而乱臣贼子惧。（《孟子·滕文公下》）

宋儒就是沿着孟子的这个思路来治《春秋》的。进一步言，"王霸之辨"的嚆矢，亦是由孟子而发的，如其云：

以力假仁者霸，霸必有大国；以德行仁者王，王不待大。（《孟子·公孙丑上》）

尧舜，性之也；汤武，身之也；五霸，假之也。久假而不归，恶知其非有也？（《孟子·尽心上》）

霸者之民，驩虞如也；王者之民，皞皞如也。（《孟子·尽心上》）

孟子辨"王霸"，主要是从人君的心术、手段、动机等方面展开的。有关这些问题，在宋儒那里有各种不同的观点、见解乃至争辩。孙复、李觏、刘敞、二程、王安石、张载、苏轼、司马光、吕祖谦、朱熹、陈亮、唐仲友、叶适等，无不大谈其"王霸论"，辨析毫厘，穷究直至"心术"方寸之间。从"王霸之辨"引申开去，宋儒进而又有"义利之辨""天理人欲之辨"（从政治层面讨论"天理人欲"其实就是"王霸之辨"）。如朱熹就认为，"王道""霸道"不仅适用于帝王，而且还存在于人们的日常生活之中，他说过这样的话：

凡日用常行应事接物之际，才有一毫利心，便非王道，便是伯者之习，此不可不省察也。①

在朱熹看来，只有去做"灭尽人欲""复尽天理"的工夫，才能真正达到"王道"，"是以圣人之教人，必欲其尽去人欲而复全天理也"②，这就是朱熹在与陈亮那场著名的"王霸之辨"中所得出的结论。有关宋儒的"王

---

① 《朱子语类》卷八十三。
② 《朱文公文集》卷三十六《答陈同甫》。

霸之辨"，学者所论颇多，这里就不必再展开了。

总上所论，孟子升格运动产生的原因，一方面是适应了当时整个时代的需要，另一方面则与孟子思想学说本身所具有的特点密切相关。

三、"孟子升格运动" 中的逆流

前面我们集中从正面考察了"孟子升格运动"的过程及原因，此节则集中考察与此过程同步出现的相反一面，即伴随"孟子升格"而产生的"疑孟""非孟"思潮。这股思潮也是"孟子升格运动"中不可或缺的一面。

当韩愈、皮日休提倡"尊孟"之际，就已经有人出来"疑孟"了。与皮日休同时的林慎思，由于不满《孟子》书中的某些内容，认为书非孟子自撰，弟子记其言不能尽孟子之意。于是他作了《续孟子》十四篇，把他认为不是孟子原意的内容加以改写。康熙皇帝在御纂的《性理精义》中因此斥林慎思"僭经"①。但是，林慎思此举与两宋学者之"疑孟""非孟"相比，只能算皮毛而已。

在两宋"孟子升格运动"的三个阶段中，每个阶段都有人出来"疑孟"或"非孟"，这在一片"尊孟"的声浪中，实在是一些不和谐的音调，所以也就显得特别引人注目。有两部宋人的著作弥足珍贵，它们提供了有关当时"反孟"情况的不少有价值的资料。其一是邵博的《邵氏闻见后录》，其中十一至十三卷辑录了十家批评孟子的言论，除去《荀子》的《非十二子》外，另九家均为宋儒，即：司马光《疑孟》、苏轼《论语说》、李觏《常语》、陈次公《述常语》、傅野《述常语》、刘敞《明舜》、张俞《谕韩愈称孟子功不在禹下》、刘道原《资治通鉴外纪》、晁说之《奏审皇太子读孟子》。邵博本人对孟子的态度似也不太恭敬，这在他的引语中不难看出："大贤如孟子，其可议，有或非或疑或辩或黜者，何也？予不敢知。具列其说于下方，学者其折衷之。后汉王充有《刺孟》，近代何涉有《删孟》，文繁不录。王充《刺孟》出《论衡》，韩退之赞其'闭门潜思，《论衡》以修'矣。则退之于孟子'醇乎醇'之论，亦或不然也。"其二是南宋余允文

---

① 见《四库全书总目·子部·儒家类》

的《尊孟辨》，他的态度与邵博不同，是专与"反孟"者辩论的，其所辨五家为王充《刺孟》、李觏《常语》、司马光《疑孟》、苏轼《论语说》和郑厚《艺圃折衷》。另外可考知两宋"反孟"的学者言论尚有北宋冯休的《删孟》、南宋李耆的《楚泽丛语》、叶适的《习学记言序目》、黄次伋的《评孟》、晁公武的《郡斋读书志》，以及元丰间议孟子配享孔庙时"论事"诸人的反对（《宋史·礼志八》）。上述内容，有的已难考其详，有的影响不大，这些可略而不论，以下仅就几家值得注意，且影响大的略加讨论。

在庆历阶段，最主要的"非孟"者是李觏，陈次公、傅野都是其学生。李觏的"非孟"言论除集中在《常语》中外，在《李觏集》的《礼论》《富国策》《原文》《删定易图序论》等文中亦有一些。归纳其论点大致是：孟子不续"道统"，孟子背叛孔子，孟子怀疑六经，孟子不尊王，反对孟子的"性善论"和其排斥功利等六个方面。这些内容，姚瀛艇先生和夏长朴教授在他们的论文中分别有很好的论述，我的结论没有超出他们的范围，故不必展开。

熙、丰阶段是"孟子升格运动"的关键阶段，此时"尊孟"者很多，"反孟"者也不少，有影响的当推苏轼、司马光和晁说之。

苏东坡在《论语说》中有八段内容是以孟子的言论与孔子的言论相比较，指出其中矛盾的地方，以孔子的言论来与孟子辨。东坡之辨本意不在"非孟"，其自云："以孟子最近于孔子也……与孟子辨，辨而胜，则达于孔子矣。"（《尊孟辨》卷下引）在其他地方，我们可以看到他还是很尊重孟子的，如他在为欧阳修《居士集》所作的序中，就力辨孟子"功不在禹下"这点是成立的（因为当时有人对韩愈此说发难）。他认为：孟子辟杨、墨之功不下于禹治洪水。他以法家学说举例，说秦朝行法家学说而亡天下，引起连年战乱，百姓死伤无数，洪水的灾害也不至于如此；如果当时有人出来辟申、商、韩非之说，像孟子辟杨、墨思想一样，那么就不会造成这么大的祸患，而且杨、墨之说的危害也不低于申、商、韩非之说，如让杨、墨得逞，其害和秦亡是一样的，所以孟子之功是巨大的。苏氏"蜀学"实际上很重视《孟子》①，世传有《苏批孟子》，东坡之弟苏辙亦有《孟子解》

---

① 苏轼之重《孟子》为时所公认，南宋郑厚还责备他"尊孟"，见《尊孟辨》卷下引。

二十四章①。可以这么说，苏氏并不极力"尊孟"，但也不极力"非孟"，这才是比较公允的。

司马光作《疑孟》，目的在于攻击王安石，此点早已有人指出②。《疑孟》中论及"君臣之义"和"人臣出处进退"等政治观点时，强调"贵贵"，与王安石引孟子"尊德乐道"思想相左，这是很明显的，此点姚先生文中所论颇详。尚须补充的一点是，司马光"疑孟"不尽出于政治动机，也有出于学术选择之不同的一面。司马光一生尊崇扬雄，曾说："扬子云真大儒者邪！孔子既没，知圣人之道者，非子云而谁？孟与荀殆不足拟，况其余乎！"（《司马文正公传家集》卷六十八《说玄》）他用三十余年时间潜心钻研扬雄著作，写出《太玄集注》《法言集注》，并为扬雄"剧秦美新"辩护（《司马文正公传家集》卷七十四《辨扬》），在《资治通鉴》中也多次引用扬雄言论，他的《潜虚》就是模仿《太玄》而作的哲学著作。在《疑孟》中有两条讨论人性论的内容，司马光既批评告子的人性论有失，也批评孟子的人性论有失，认为孟子只是"以辩胜人"。这与他认同扬雄的人性论是有关的。他认为："夫性者，人之所受于天以生者也，善与恶必兼有之。是故虽圣人不能无恶，虽愚人不能无善，其所受多少之间则殊矣。善至多而恶至少，则为圣人；恶至多而善至少，则为愚人；善恶相半，则为中人。"他很赞成扬雄的"性善恶混说"，"故扬子以谓：人之性善恶相混者，善恶杂处于身中之谓也。顾人择而修之何如耳。修其善则为善人，修其恶则为恶人，斯理也岂不晓然明白矣哉"（《司马文正公传家集》卷六十六《性辨》）。所以，我认为思想渊源的不同，也是司马光"疑孟"的原因之一。这一点正如王安石说的，"今学者是孟子则非扬子，是扬子则非孟子"（《王文公文集》卷二十七《扬孟》）。

晁说之是司马光的门人，他对王安石的攻击、对孟子的反对态度，较其师更激烈。晁著《儒言》中"非孟"两则，未见学者引过，特此表出："孔孟之称，谁倡之者？汉儒犹未之有也。既不知尊孔子，是亦岂孟子之志欤？其学卒杂于异端，而以为孔子之俪者，亦不一人也，岂特孟子不可哉？

---

① 今存于《栾城后集》卷六。

② 如元朝人白珽在其《湛渊静语》中引的南宋倪思的一段话就说得很明白："或问文节倪公思曰：司马温公乃著《疑孟》，何也？答曰：盖有为也。当时王安石假孟子大有为之说欲人主师尊之，变乱法度，是以温公致疑孟子，以为安石之言，未可尽信。"

如知《春秋》一王之制者，亦必不使其教有二上也。世有荀、孟之称，荀卿诋孟子僻违而无类，幽隐而无说，闭约而无解，未免为诸子之徒，尚何配圣哉！""修辞立其诚，君子于是居业，辞与诚为一物也。圣人之情为难见矣，吾之所以能见者，存乎其辞也。天地之情，吾亦因其所感而得以见之矣。惑者因孟子以心却之，无以辞却之，判心迹为二端，是教天下之伪也！如曰好生者，吾心也；杀人者，吾迹也。利彼者，吾言也；为吾之利者，吾行也。人亦何以赖夫贤才化欤？"① 这里前者是攻王安石的以孟子配孔子，后者是攻王安石言行不符，所指十分明确。更有甚者，晁说之公开上疏，反对当时立《孟子》于学科，反对皇太子诵读《孟子》，文长不录，详可见晁著《景迂生集》卷三和邵博《后录》所辑引。由于晁说之极力"反孟"，引来了"尊孟"的宋高宗的不满，周密《癸辛杂识》中载：建炎中，宰相进拟除官，高宗以孟子发挥王道，说之何人，乃敢非之，勒令其致仕。晁氏不知，王安石可反，孟子不可非，所以其结果是因"反孟"而丢了乌纱帽。

在南宋阶段，"反孟"有影响的人当推郑厚和叶适。郑厚是史学家郑樵的兄长②，余允文称其为"名儒"，说他的《艺圃折衷》"盛行于世"，此书今佚，所存唯余著《尊孟辨》中保存的十条。披览这些内容，大多为李觏、司马光已经说过的，所以理论意义不大。但郑之"非孟"有其特色，那就是极尽诟骂之能事，对孟子进行人身攻击。试举二例："孟轲者，徒以口舌求合，自媒利禄，盍亦使务是而已矣。奈何今日说梁惠，明日说齐宣、说滕文，皆啗之，使之为汤武之为，此轲之贼心也。譬父病亟，虽使商臣为子，未有不望其生者，如之何其直置诸不救之地哉！轲，忍人也，辨士也，仪、秦之雄也。其资薄，其性慧，其行轻，其说如流，其应如响，岂君子长者之言哉！其自免于苏、张、范、蔡、申、韩、李斯之党者，挟仲尼以欺天下也！使数子者，皆咈其素，矫其习，窃'仁义'两字以借口，是亦孟轲而已矣……轲诵仁义，卖仁义者也！""孟轲抱纵横之具，饰以仁义，行鬻于齐。齐王酬之以客卿，且曰：我欲中国，而授孟子室，养弟子以万钟。轲意齐王不知价者，遂愚齐王，求极所索而后售。齐王徐而思轲之言

---

① 见《儒言》中的"孔孟""心迹"条。
② 据《宋元学案》卷四十六《玉山学案》。

曰：王如用予，则齐王犹反掌，开辟以来无是理，是必索高价者，悔而不酬。轲亦觉齐王之稍觉也，卷而不售，抱以之他。徐而自思曰：齐王之酬我，其值矣！矫然不售，行将安鬻？迟迟吾行，三宿出昼，冀齐王呼己而还直。是又市井贩妇，行鬻鱼盐果菜之态，京师坐鬻犹有体。小儿方啼而怒，进以饭，推而不就；俟其怒歇而饥也，睨然望人进之矣。轲之去齐、留齐，儿态也夫！"（《尊孟辨》卷下引）郑厚把孟子骂作"卖仁义"，且戏谑地说孟子做买卖还不如市井贩妇，只能算是喜怒无常的"小儿"，其说令人喷饭。"尊孟"者对此却怒不可遏，朱熹说："诋孟子，未有若此言之丑者！虽欲自绝，而于日月何伤乎？有不必辨矣！"（《尊孟辨》卷下引）

叶适是南宋浙东"事功学派"的集大成者，他对当时盛行的"尊孟"风气表示了否定的态度，认为"自孟子一新机括，后之儒者无不益加讨论，而'格心'之功终既不验，'反手'之治亦复难兴，可为永叹矣！"（《习学记言序目》卷十四《孟子·梁惠王》）他对孟子有不少批评，其中以否定孟子续"道统"为最有特色，兹集中此点而论。叶适并不否认"道统"的存在，"道始于尧，次舜，次禹，次皋陶，次汤，次伊尹，次文王，次周公，次孔子，然后唐虞三代之道，赖以有传"（《习学记言序目》卷四十九《皇朝文鉴三·序》）。但他否认自韩愈以来流行的孔子传曾参、曾参传子思、子思传孟子的"道统论"。他的方法是拔本塞源，从曾参开始否定："按孔子自言'德行'颜渊而下十人，无曾子，曰'参也鲁'。若孔子晚岁独进曾子，或曾子于孔子后殁，德加尊，行加修，独任孔子之道，然无明据。又按曾子之学，以身为本，容色辞气之外不暇问，于大道多所遗略，未可谓至。"（《习学记言序目》卷四十九《皇朝文鉴三·序》）又说："按曾子没后语不及正于孔子，以为曾子自传其所得之道则可，以为得孔子之道而传之，不可也。自尧、舜、禹、汤、文、武、周公、孔子，所传皆一道，孔子以教其徒，而所受各不同。以为虽不同而皆受之于孔子则可，以为尧、舜、禹、汤、文、武、周公、孔子之所以一者，而曾子独受而传之人，大不可也。"（《习学记言序目》卷十三《论语·泰伯》）对子思，叶适认为："孔子尝言'中庸之德民鲜能'，而子思作《中庸》；若以《中庸》为孔子遗言，是颜、闵犹无是告，而独闷其家，非是；若子思所自作，则高者极高，深者极深，宜非上世所传也。"所以，"言孔子传曾子，曾子传子思，必有谬误"（《习学记言序目》卷四十九《皇朝文鉴三·序》）。对孟子，叶适说："按后世言道统相承，自孔氏门人至孟、荀而止，孔氏未尝以辞明道，内之所安则为仁，外之所明则为学，至于内外不得而异称者，于道其庶几乎。子思之流，始以辞明道，辞之所之，迹亦之焉，非其辞也，则道不可以明。孟子不止于辞而辩胜矣。"（《习学记言序目》卷四十四《荀子·总论》）他认为孟子有四个毛病："开德广，语治骤，处己过，涉世疏"，"按孟子言性、言命、言仁、言天，皆古人所未及，故曰'开德广'；齐、滕大小异，而言行王道皆若建瓴，以为汤、文、武固然，故曰'语治骤'；自谓'庶人不见诸侯'，然以彭更言考之，'后车数十乘，从者数百人'，而曰庶人可乎？故曰'处己过'；孔子复汶阳田，使兹无还对，罢齐飨，与梁丘据语，孟子不与王驩言行事，惮烦若是乎？故曰'涉世疏'"。所以叶适认为，"学者不足知其统，而务袭孟子之迹，则以道为新说奇论矣"（《习学记言序目》卷四十九《皇朝文鉴三·序》）。朱熹对叶适的言论大为震惊，说："不谓正则乃作如此语话也。"（《朱文公文集》卷五十六《答叶正则第四书》）实际上，叶适否定曾、思、孟"道统"的原因，在于想自续孔子之道统，此点在其门人孙之弘的《习学记言序目》序中明确表出，其曰："先生后出，异识超旷，不假梯级，谓洙泗所讲，前世帝王之典籍赖以存，开物成务之伦纪赖以著……故根柢六经，折衷诸子，剖析秦汉，讫于五季，以吕氏《文鉴》终焉。其致道成德之要，如渴饮饥食之切于日用也；指治摘乱之几，如刺腧中肓之速于起疾也；推迹世道之升降，品目人材之短长，皆若绳准而铢称之，前圣之绪业可续，后儒之浮论尽废。其切理会心，冰销日朗，无异亲造孔室之闳深，继有宗庙百官之富美，故曰稽合乎孔氏之本统者也。"（《习学记言序目》附录一）

综上所述，我们只能说："孟子升格运动"中出现的"疑孟""非孟"思潮，由于不能适应时代需要，所以尽管一度颇为壮观，但终究挡不住历史的潮流，只能成为暂时出现的逆流而已。

（原载于《中国社会科学》1993 年第 5 期）

周敦颐《通书》《太极图说》关系考

——兼论周敦颐的本体论思想

周敦颐一生的著作并不多，存世的就更少，仅《太极图》（并《说》）、《通书》及少量的诗文。而其中最重要的文字，应该说主要也就是《太极图说》和《通书》。但这两书之间的关系，历来有不同说法，本文试图对其关系做一梳理，顺便也探讨一下周敦颐的本体论思想。

一、《通书》与《太极图说》之关系

关于周敦颐的著作，我们现在所能知道最早，也是最权威的记载，当推其友人潘兴嗣所作的《濂溪先生墓志铭》。潘氏在《志》中记周敦颐：

> 尤善谈名理，深于《易》学，作太极图易说易通数十篇，诗十卷，今藏于家。（《周子全书·濂溪先生墓志铭》）

这里，周敦颐的著作难以标点断句。传统上是按朱熹之说来断，"作《太极图》《易说》《易通》数十篇"。我们知道，朱熹是收集、整理、注解周敦颐著作并弘扬其思想的第一功臣，他在《再定太极通书后序》中说：

> 故清逸潘公志先生之墓，而叙其所著之书，特以作《太极图》为首称，而后乃以《易说》《易通》系之，其知此矣。（《朱文公文集》卷七十六《再定太极通书后序》）

在其下的自注中朱熹又云：

> 先生（周敦颐）《易说》，久已不传于世，向见两本皆非是。其一《卦说》，乃陈忠肃公（瓘）所著。其一《系辞说》，又皆佛老陈腐之

谈，其甚陋而可笑者，若曰"《易》之冒天下之道，犹狙公之罔众狙也"。观此，则决非先生所为可知也。

按朱熹的说法，潘《志》所记周著当为三种，而其中的《易说》一种在其当时已不传世。晚近以来，这一传统的说法受到了挑战。邱汉生先生对潘《志》所记重加断句，认为周敦颐并没有作过《易说》，而只是作了《太极图·易说》和《易通》。此当然不失为持之有据的一家言，兹不具论①。

接着，朱熹开始说《通书》：

> 《易通》疑即《通书》。盖《易说》既依经以解义，此则通论其大旨而不系于经者也。特不知其去"易"而为今名，始于何时尔。

（《朱文公文集》卷七十六《再定太极通书后序》）

朱熹此疑的证据就是潘《志》所记书名。但朱熹的学生度正却别有一说，他根据傅耆在给周敦颐的两封信中提到周曾示傅以《姤说》和《同人说》之文，而在跋周敦颐《贺傅伯成手谒》中推论道："按傅氏家集，濂溪在吾州，尝以《姤说》示之，其后在零陵又寄所改《同人说》。二《说》当即所谓《易通》者。"（《周子全书·〈贺傅伯成手谒〉跋》）后来度正的推论无人认同，而朱熹之疑则影响颇大。

从《通书》流传的实际状况看，早在朱熹之前，胡宏为之作序、祁宽为之作跋，都已作《通书》了（胡序、祁跋见《周子全书》）；又朱震于宋高宗绍兴四年（1134）所上《汉上易解》的"经筵表"中，亦谓"敦颐作《通书》"（见《宋史·朱震传》）。说明此书在南宋初期已名《通书》。据祁宽的跋文，此书之流传主要出自程门，推想下来可能是二程兄弟或程门中人所改。至于为何有此一改，及究竟何人所改，早在朱熹之时已无从考定。总之，朱熹的观点，一般为学界所接受。但人们仍因旧惯（包括朱熹本人），习称其为《通书》而不称《易通》，所以这一名称也就一直沿袭至今。

《通书》与《太极图说》，从流传的一开始就结下了不解之缘。它们之间的关系，可以从两方面来讲，一是关于版本的，一是关于义理的，而后者的重要性应该说要在前者之上。

---

① 详可参侯外庐、邱汉生、张岂之主编：《宋明理学史》（上卷），人民出版社1984年4月版。

先看版本关系，这主要是一个考据的问题。祁宽在其绍兴十四年
（1144）所作的《〈通书〉后跋》中说：

　　（《通书》）始出于程门侯师圣（仲良），传之荆门高元举、朱子
发（震）。宽初得于高，后得于朱。又后得尹和靖（焞）先生所藏，亦
云得之程氏，今之传者是也。逮卜居九江，得旧本于其家（周敦颐
家），比前所见，无《太极图》。或云《图》乃手授二程，故程本附之
卷末也。（《周子全书·〈通书〉后跋》）

从上可知，祁宽共经眼《通书》的三个本子，其中两种出自二程及门
弟子，一由程颢弟子侯仲良所传，一由程颐晚年高足尹焞所传；另一种是
九江周敦颐后人家中所得家传本。程门传本与周氏家传本在《通书》部分
的内容基本相同，祁宽仅"校正舛错三十六字，疑则阙之"。而它们的最大
区别，就在于前者卷末均附有《太极图》，后者没有此图。

对这个重大区别，祁宽只做出了令人难以满意的含混解释："或云
《图》乃手授二程，故程本附之卷末也。""或云"者，据说也。据谁所说？
他没有讲。作为程颐二传弟子的祁宽（尹焞及门），大概是从师门中听说的
吧。这还不是关键的问题。最关键的是，在九江周氏家中是否另有单独的
《太极图》（并《说》）的本子？祁宽也没讲。按常理来推的话，如果有此
单独的本子，他应该会讲。这一问题之所以为关键，是因为后来有不少人
怀疑《太极图》非周敦颐所作。

据目前所知，《太极图》（并《说》）在南宋初刊之时，都是附在《通
书》之后的。一直到朱熹两次校定《通书》后，《太极图》（并《说》）开
始从末附变成了篇首。

朱熹初次校定《通书》完毕，是在宋孝宗乾道五年（1169）。当时，朱
熹经眼的世传本子已有舂陵本、零陵本、九江本和长沙本四种①。这些本子
都以程门传本为准，即于卷末附有《太极图》②。从此也可推知，祁宽所跋
的本子亦是程门传本。但在朱熹看来，世传的本子统统本末倒置了，必须

---

　　①《朱文公文集》卷七十五《周子太极通书后序》记曰："周子书，今舂陵、零陵、九江皆有本，而
互有同异。长沙本最后出，乃熹所编定，视他本最详密。"
　　②朱熹《再定太极通书后序》云"建安本"（朱熹初次手定《通书》本）之前"《太极图》……诸本
皆附于《通书》之后"。

加以重新厘定。于是他以四个本子中"最详密"的长沙本为底本，进行了校勘。"长沙本"是胡宏的传本，所谓"最详密"者，就是指其"所附见铭碣诗文，视他本则详矣"（《再定太极通书后序》）。可朱熹认为此本也有问题：除了前面提到的《图》与《书》"本末倒置"之外，"长沙《通书》，因胡（宏）氏所传篇章非复本次，又削去分章之目，而别以'周子曰'加之，非先生之旧"（《周子太极通书后序》）。所以，朱熹的校定，除一般的文字校勘外，主要还有以下三方面的工作：

一、"特据潘《志》，置《图》（《太极图》）篇端"；

二、"《书》（《通书》）之序次名章，亦复其旧"；

三、"即潘《志》及浦左史、孔司封、黄太史所记先生行事之实，删去重复，参互考订，合为《事状》一端"。（见《再定太极通书后序》）

朱熹的这个初校本，就是"建安本"，书名则定为《太极通书》。

十年以后，即宋孝宗淳熙六年（1179），朱熹完成了对《通书》的再校。再校之缘起，是由于朱熹又得《通书》的"临汀杨方本"，以此与"建安本"比勘，"知其（建安本）舛陋犹有未尽正者"，所以再加校对。再校实际只是对"建安本"做了一些小的改动，其大的结构框架则根本未变。当时，朱熹正主南康军，这个再校本就刊于南康军的学宫，是为"南康本"。"南康本"遂成为周敦颐著作的最初定本，后世流传的《周子全书》《周元公集》《周濂溪先生集》《周敦颐集》等种种版本，都是在这个"南康本"的基础上，不断增添后人的文字而衍变成的。

版本的问题即如上述，从中我们不难发觉，朱熹的改动实无多大考据上的支持。他把《太极图》（并《说》）从《通书》末附变成了篇首，依据的材料仅潘《志》一证。但潘《志》对《太极图》和《易通》是分别记载的，当中还夹了一种《易说》，且不论《易说》与《太极图》是分还是合。所以，朱熹的改动，未必就符合潘《志》之实。至少，他无法解释祁宽所经眼的周氏家传本《通书》为何无《图》的问题。对这一漏洞，素重"格致"的朱熹不会不知道。因此从实质上讲，他之所以有此一改，主要不是出于考据，而恰恰是出于义理，即出于他个人对周敦颐思想的理解、诠释和评价。

在"建安本"和"南康本"的后序中，朱熹反复强调了一个最基本的思想，即《太极图》是《通书》之纲领，而《通书》则是《太极图》之展开：

> 先生之学，其妙具于太极一《图》。《通书》之言，皆发此《图》之蕴。而程先生兄弟语及性命之际，亦未尝不因其说。……先生既手以授二程，本《图》附《书》后。传者见其如此，遂误以《图》为《书》之卒章，不复厘正。使先生立象尽意之微旨，暗而不明。而骤读《通书》者，亦复不知有所总摄。此则诸本（"建安本"之前诸本）皆失之。（《周子太极通书后序》）

> 盖先生之奥，其可以象告者，莫备于太极之一《图》。若《通书》之言，盖皆所以发明其蕴。……然诸本皆附于《通书》之后，而读者遂误以为《书》之卒章，使先生立象之微旨，暗而不明。骤而语夫《通书》者，亦不知其纲领之在是也。（《再定太极通书后序》）

朱熹这么说，当然也无不可，因为它不是考据的，而是义理的。考据必须强调澄清具体的事实，而义理则可以见仁见智，依据各人的哲学主张做出不同的理解和评价。但唯其是义理的，故亦容易引出争议。

最先对朱熹关于《太极图》（并《说》）与《通书》关系见解发难的，是陆九韶（梭山）、陆九渊兄弟。陆氏兄弟在与朱熹关于"无极太极"之辩时，连带涉及《太极图说》与《通书》的关系问题，他们认为：

> 《太极图说》与《通书》不类，疑非周子所为。不然则或是其学未成时所作。不然，则或是传他人之文，后人不辨也。盖《通书·理性命》章言："中焉止矣。二气五行，化生万物。五殊二实，二本则一。"曰"一"，曰"中"，即"太极"也。未尝于其上加"无极"字。《动静》章言"五行""阴阳""太极"，亦无"无极"之文。假令《太极图说》是其所传，或其少时所作，则作《通书》时，不言"无极"，盖已知其说之非矣。……朱子发谓濂溪得《太极图》于穆伯长（修），伯长之传出于陈希夷（抟），其必有考。希夷之学，老氏之学也。"无极"二字出于《老子·知其雄》章，吾圣人之书所未有也。……《太极图说》以"无极"二字冠首，而《通书》终篇，未尝一及于"无极"字。二程言论文字至多，亦未尝一及"无极"字。假令其初实有是《图》，观其后来未尝一及"无极"字，可见其道之进，

而不自以为是也。兄今考定注释，表显尊信，如此其至，恐未得为善祖述者也。（《陆九渊集》卷二《与朱元晦》）

这里，二陆兄弟提出三种可能：其一，《太极图说》可能不是周敦颐所作；其二，如果是周敦颐所作，可能也是其思想没有成熟时的作品；其三，可能是周敦颐传他人之文，后人不辨而误为周氏之作。前二种可能的主要依据是，《通书》终篇及二程文字中，从来没有提到过"无极"这个概念①；后一种可能的依据是，朱震在"经筵表"陈述中提到，周敦颐之《太极图》来自华山道士陈抟，并非其自创，而"无极"概念出自《老子》一书，因此不是儒家的传统思想。

朱熹对二陆发难的回应，主要集中在解释"太极"与"无极"的关系上，而且颇参以己意②，这里就不必细述。陆与朱之争的立意，关键本不在于两书的关系问题，而在于对周敦颐哲学的宇宙论和本体论的理解问题。倘若纯就两书的关系而言，二陆的证据是不够充分的，就如黄宗羲所说的那样是仅仅缠绕在"无极""太极"的"字义先后之间"。但其指出的最后一点，即《太极图说》与道家和道教有很大关联，却颇启后来清初学者的思路。

进入清代，考据之学大盛，出现了所谓的汉宋之争，而《太极图说》又成为众多学者感兴趣的题目。如黄宗羲作《易学象数论》，黄宗炎作《太极图辨》，毛奇龄作《太极图说遗议》，朱彝尊作《太极图授受考》，胡渭作《易图明辨》等，把朱陆之争及元明时期的吴澄、曹端、罗钦顺、刘宗周等关于《太极图说》"理气"问题的义理之争，转而纯为考据的问题。

清儒对义理问题虽不感兴趣，但在考据上却花了很大力气。他们找出了不少证据，有的证明其本源于陈抟刻在华山石壁上的《无极图》；有的证明其来自《道藏》中的《真元品》；有的证明其从佛教华严禅宗密的《禅源

---

① 此说并不尽然，小程子的《程氏易传》中就提到过"无极"。在其《易传》的《易序》中，程颐说："'易有太极，是生两仪。'太极者道也，两仪者阴阳也。阴阳，一道也；太极，无极也。"（《二程集》，中华书局1981年7月版，第690页。）

② 如黄宗羲在《宋元学案·濂溪学案下》按语中谓："朱陆往复几近万言，亦可谓无余蕴矣。然所争只在字义先后之间，究竟无以大相异也。惟是朱子谓'无极即是无形，太极即是有理'；'在无物之前，而未尝不立于有物之后，在阴阳之外，而未尝不行于阴阳之中'。此朱子自以'理先气后'之说解周子，亦未得周子之意也。"

诠集》之《十重图》转出。由此他们得出结论：《太极图说》虽出自宋儒之首周敦颐，实本二氏所传，非儒家正统也。而黄百家在《宋元学案》中，干脆把被朱熹颠倒过来的《图》《书》次序，重又颠倒过来，并指出："《性理》首《太极图说》，兹首《通书》者，以《太极图说》后儒有尊之者，亦有议之者，不若《通书》之纯粹无疵也。"（《宋元学案·濂溪学案上》）

清儒的考据，言之凿凿，为后来很多学者所接受，当然也有人再作考证文章以翻清儒之案①。但这些考据，实与义理之争关涉不大。周敦颐的确从道、佛那里汲取了不少思想成分，这是毋庸讳言的。周敦颐实际是一个心胸洒落、气象宏大的智者，虽价值取向的立足点始终在儒家，但却广泛涉猎佛道学说，也不忌与方外道僧过往。他本人从未说过自己是以辟佛老为己任的纯儒，就如后来的张载、二程那样。只是朱熹为了强调儒家的"道统"，所以曲意辩解，说他是个纯儒而已。

晚近以来的学界，就《太极图说》与《通书》在义理上的关系问题，较多人还是接受朱熹的观点的，但也有人反之。反之既甚且详者，当推港台新儒家之首牟宗三先生。他在其《心体与性体》一书中表达的观点是：

> 《太极图》可能源自道教，而《图说》则断然是濂溪之思想。自儒家义理言，此图并无多大价值，即无此图，《图说》之义理仍可独立被理解。要者在《图说》之思想。濂溪之借图以寄意，其所寄之意固甚严整，而亦全本于《通书》，然自其"借图"而言，则是一时之兴会，所谓好玩而已。濂溪并非必须先独自构画一图以及必须应此图始能结构出一套义理。此即示此图对于《图说》义理并无抒意上之必然关系，亦无理解上之必然关系。……濂溪决非先有此图及《图说》，然后始推演出《通书》之义理，故自时间前后说，《图说》决不能早于《通书》。自义理系统之次序言，亦不能以《图说》为本而解《通书》，只能以《通书》为本而解《图说》。《图说》固大体根据《动静章》《理性命章》《道章》《圣学章》而写成，然《通书》之论诚体者却不

---

① 如今人李申作《太极图渊源辩》，认为《太极图》是周敦颐发明的，与道教无关，反而是南宋的道教徒剽窃并改造了周敦颐的《太极图》。详见《周易研究》1991年第1期。

能见之于《图说》，此即示《图说》并不能为《通书》之先在纲领或综论。①

牟氏之论，纯自义理的理解出，个人色彩十分强烈，但也不失为言之成理的一家之言。而且，就对应朱熹根据义理来定《图》《书》次序之说，其所论更具针对性。

总之，《通书》与《太极图说》的关系十分密切，要了解周敦颐的思想，两者以互参为佳。如果强要区分两者在反映周敦颐思想方面孰重孰轻的话，我个人的理解比较倾向于牟宗三先生的观点，即认为《通书》比《太极图说》更为重要，尽管我很难同意牟氏关于周敦颐作《太极图》是出于"好玩"的说法，也不敢肯定在时间上《通书》一定就早于《图说》。之所以如此认为，是因为后者仅仅论述宇宙本体论的问题，而前者的涉及面则要广泛得多，不仅有宇宙本体论的论述，还包括心性论、工夫论、理想人格、礼乐刑政、师道、文艺等诸多方面。

二、 周敦颐本体论思想略论

《宋元学案》的作者之一黄百家曾这么说过：

> 孔孟而后，汉儒止有传经之学。性道微言之绝久矣。元公（周敦颐）崛起，二程（程颢、程颐）嗣之，又复横渠（张载）诸大儒辈出，圣学大昌。故安定（胡瑗）、徂徕（石介）卓乎有儒者之矩范，然仅可谓有开之必先。若论阐发心性义理之精微，端数元公之破暗也。（《宋元学案·濂溪学案上》）

黄百家认为，从理学发生的实际历史过程而言，胡瑗、石介等有"开先"之功；但从理学理论体系的建构过程而言，则数周敦颐有"破暗"之功。这基本上是符合北宋理学发展之实情的②。但是，周敦颐的"破暗"之功究竟表现在何处，黄百家的表述却失之含混。在我看来，周敦颐的"破暗"之功主要体现在尝试建立儒学的宇宙本体和道德本体方面。

① 牟宗三：《心体与性体》（一），台湾正中书局 1968 年 5 月版，第 408—409 页。
② 详可参徐洪兴：《思想的转型——理学发生过程研究》，上海人民出版社 1996 年 12 月版。

先谈宇宙本体的问题。《通书·动静》曰：

> 动而无静，静而无动，物也。动而无动，静而无静，神也。动而
> 无动，静而无静，非不动不静也。物则不通，神妙万物。水阴根阳，
> 火阳根阴。五行阴阳，阴阳太极，四时运行，万物终始。混兮辟兮，
> 其无穷兮！

此章周敦颐论宇宙之生成及本体，颇富思辨色彩，应与《通书·理性
命》中后半段"二气五行，化生万物。五殊二实，二本则一。是万为一，
一实万分。万一各正，小大有定"，及其《太极图说》之前段参照阅读。
《太极图说》前段则如是说：

> 无极而太极。太极动而生阳，动极而静；静而生阴，静极复动。
> 一动一静，互为其根，分阴分阳，两仪立焉。阳变阴合，而生水、火、
> 木、金、土。五气顺布，四时行焉。五行，一阴阳也；阴阳，一太极
> 也；太极，本无极也。五行之生也，各一其性。无极之真，二五之精，
> 妙合而凝。"乾道成男，坤道成女"，二气交感，化生万物。万物生生，
> 而变化无穷焉。

以上内容略作比较，可发现它们完全是互通的。

先看从"动而无静"到"神妙万物"一段。这一段很重要，它实质上
是在讲"无极而太极"问题，我们可以循着朱、陆对此命题的争论展开分
析。二陆与朱熹争"无极而太极"，主要从生成论的角度来理解，认为
《易》之"太极"即是"中"，即是本源；在"太极"之上（或之前）再加
"无极"，既是"叠床上之床，架屋下之屋"，且落入老子"有生于无"之
旨[1]。朱熹的辩解是从本体论的角度来理解的，认为非"太极"之外复有一
"无极"，两者本一，"无极即是无形，太极即是有理"；但分解地说，"无
极"是有中说无，"太极"是无中说有："不言无极，则太极同于一物，而
不足为万化之根；不言太极，则无极沦于空寂，而不能为万化之根。"[2] 易
言以明之，"无极"之"无"非没有之意，即不是不存在，而是无形无状却
实有此理之意，它也是存在，只是无形、无状、无名、无限罢了，但它却

---

① 详参《陆九渊集》卷二《与朱元晦》。
② 详参《朱文公文集》卷三十六《答陆子美书》。

是"太极"之所以为"太极"的存在依据。

朱陆双方应该说各有所据。二陆之所以会从生成论角度理解此命题，一是与传统的思维进路有关；另外也与《太极图说》的版本有关，因为当时《太极图说》的《国史》本此句为"自无极而为太极"，是朱熹不取其说①。朱熹之所以不取其说，而做出上面的理解，我想即在于此《动静》章。因为按《太极图说》的说法，人们很自然地会产生如二陆的生成论之理解，即顺序地从"无极"到"太极"到"阴阳"到"五行"（"无极"→"太极"→"阴阳"→"五行"），这里隐含着一个时间的流变过程。而《动静》章言："物"仅仅执"动"或"静"之一端（"动而无静，静而无动"），要么"动"，要么"静"，非此即彼，故为"不通"；阴阳虽非限定之物，但却始终只是在一动一静的流变之中（"太极动而生阳，动极而静；静而生阴，静极复动。一动一静，互为其根"），对它们更多只能是靠感性经验来体会，却很难用先验思维来把握，因为静的思难以抓住动的流；"太极"虽是本源，是动之发动，但其动之发动如何成为可能？是因为"太极"具有"神"的性质或曰功能；只有"神"是"动而无动，静而无静"却又"非不动不静"的，它跳出了生成流变的过程，消解了时间因子，成为动和静之所以能够动静的原因；"神"是无形无状的，但却又是实有的存在，它可以"妙万物"；这个"神"，实质上也就是"无极"；"无极"和"太极"本是二而一、一而二的，实无先后上下之分，如果硬要说"无极"先于"太极"，那也只能理解为是逻辑在先，而绝不是时间在先。

理解了上面的那段话，以下"水阴根阳"诸句就不难解读了，即水之阴是根于火之阳而来，反之，"火阳根阴"亦然，此即所谓"一动一静，互为其根"之意；而"五行阴阳，阴阳太极"，亦即"五行，一阴阳也；阴阳，一太极也"之意。至于上引《太极图说》的后面数句，则亦可参照《理性命》诸句理解，就不必详释了。

我们知道，在此之前，中国本土哲学探讨本源问题，多是通过对《周易》或《老子》的诠释而进行的。人们普遍重视《周易》的"易有太极，

① 个中曲折兹不细述，详可参《朱文公文集》卷七十一《记濂溪传》、卷八十《邵州州学濂溪先生祠记》中所记原委。

是生两仪，两仪生四象，四象生八卦"，以及"天地绷缊，万物化醇，男女构精，万物化生"；或则《老子》的"天下万物生于有，有生于无"，以及"道生一，一生二，二生三，三生万物"。这些思想资料虽然含有一些本体论的意味，但更多是从生成论角度来谈的。由此，形成中国人讨论本源问题多习惯于从生成论着眼，即从顺的思路直贯下来，二陆子就是一例。而周敦颐之《动静》章较之前人显已有所突破。他拈出《周易·说卦》"神也者妙万物而为言者也"中"神"的概念，试图从横的层面来探讨本源问题，这就具有了形上本体的意味。在中国传统哲学的宇宙论中，生成与本体问题始终纠缠在一起，但如就性质言，两者虽有关联但毕竟不同。但直到宋代之前，宇宙生成论在中国本土哲学中始终占据着主导地位，而宇宙本体论却几无多大探究。是周敦颐首先在北宋理学家中尝试从本体论维度思考宇宙的本源问题。所以，尽管宇宙本体论在周敦颐那里还很不成熟①，其思想中仍混杂着不少传统生成论的成分，但却不能不说他对中国本土哲学做出了一个重大的推进。还是朱熹说得好：

> 若论"无极"二字，乃是周子灼见道体，迥出常情，不顾旁人是非，不顾自己得失，勇往直前，说出人不敢说底道理，令后之学者晓然见得"太极"之妙，不属有无，不落方体。若于此看得破，方见得此老真得千圣以来不传之秘。（《朱文公文集》卷三十六《答陆子静书》）

再进一步看，周敦颐的这一"天道"观，有其重大的思想史意义。众所周知，在魏晋南北朝到隋唐时期，作为外来文化的佛教，以其特有的一套精致的思辨哲学风靡中国的思想界，并向传统的儒家和道家及道教思想提出了严峻挑战，中国传统的文化价值理想面临一场严重的危机。当时，佛教徒认为，中国传统文化的哲学基础即宇宙论和心性论过于浅薄，根本不足与佛教相抗衡。如唐代的华严宗大师宗密，在其《原人论》中，就攻击儒道二家共同的宇宙论——"元气"论，认为这种宇宙论仅仅相当于小乘佛教中所说的"空劫"阶段："不知空界已前早经千千万万遍成住坏空、

---

① 宇宙本体论真正开始成熟，要到张载的"气"本论，尤其是二程的"理"本论，而其完成则要到朱熹的"理气"论。

终而复始。故知佛教法中小乘浅浅之教，已超外典（儒道二家之学）深深之说。"依佛教大乘的教义，宇宙本是人心生灭妄想所变之境，其本身是虚幻不实的，因此称之为"假有"。而中国传统思想文化的"元气论"，实质上是一种"迷执"，即执迷于所谓的"假有"。因此，必须破除"迷执"，返照心源，终归于涅槃静寂。

佛教的这种宇宙论，虽然也能自圆其说，但显然是为以儒道两家为代表的中国传统思想文化所不能接受的。中国传统思想，一向把宇宙看成一个生生不息、大化流行的整体，即肯定其为实有，不曾怀疑过它的客观实在性和存在的合理性问题。体现这一思想的最重要典籍就是《周易》。所以，《周易》成为儒道两家所共同重视的经典，绝不是偶然的。周敦颐的贡献就在于，试图为发源于先秦的儒家学说建立一个新的、足以与当时外来思想文化佛教相抗衡的宇宙论的理论框架结构。他从《周易》阴阳哲学立论，汲取道教关于太极元气为世界万物生成演化的本源和动力的思想，肯定宇宙的本源为实有，从而批判了佛教的宇宙论，为重新确立中国传统文化的价值观奠定了基础。

再谈道德本体的问题。《通书》有《诚上》《诚下》二章，曰：

> 诚者，圣人之本。"大哉乾元，万物资始"，诚之源也。"乾道变化，各正性命"，诚斯立焉。纯粹至善者也。故曰："一阴一阳之谓道，继之者善也，成之者性也。""元、亨"，诚之通；"利、贞"，诚之复。大哉《易》也，性命之源乎！

> 圣，诚而已矣。诚，五常之本，百行之源也。静无而动有，至正而明达也。五常百行，非诚，非也，邪暗塞也。故诚则无事矣。至易而行难。果而确，无难焉。故曰："一日克己复礼，天下归仁焉。"

这是《通书》开头论"诚"的二章，为《太极图说》所没有，而恰恰又是《通书》最核心的一部分内容。黄宗羲曾指出："周子之学，以'诚'为本。从寂然不动处握诚之本，故曰主静立极。本立而道生，千变万化，皆从此出。化吉凶悔吝之途，而反覆其不善之动，是主静真得力处。静妙于动，动即是静。无动无静，神也，一之至也，天之道也。千载不传之秘，固在是矣。"（《宋元学案·濂溪学案下》）此论确有见地①。

以上二章基本是以《周易》与《中庸》互训的方法，论证"诚"这一传统的儒家范畴具有天道的本质属性，而试图重新沟通天道与性命的关系，进而为儒家的道德本体论建立一个天道自然的哲学基础。

"诚"这个范畴，一般是指"真实无妄"。儒家所谓的"诚"，是从人的道德实践中抽象概括出来的，指的是道德实践的高度自觉的品质或心理状态。在先秦儒家思想的发展过程中，"诚"的概念经过了一个逐步完善的过程。孔子并未直接言"诚"，而是通过言"仁"来透显"诚"之意蕴。孟子开始言"诚"，《离娄上》谓："诚者，天之道也；思诚，人之道也。至诚而不动者，未之有也。不诚，未有能动者也。"《尽性上》谓："万物皆备于我，反身而诚，乐莫大焉。"但"诚"在孟子那里还处在一个相对次要的地位，不如其"性善论"那样突显。荀子亦言"诚"，但多从用的层面即工夫上讲，如《不苟》篇中曰："诚心守仁则形，形则神，神则能化矣。诚心行义则理，理则明，明则能变矣。"又曰："天地为大矣，不诚则不能化育万物；圣人为知矣，不诚不能化万民；父子为亲矣，不诚则疏；君子为上尊矣，不诚则卑。夫诚者，君子之所守，而政事之本也。"

《大学》亦言"诚"，但也只是作为其"八条目"之一而提出的。真正把"诚"作为核心概念来论证的当推《中庸》。《中庸》从二十章到二十六章集中论"诚"，其重要者如"诚者，天之道也；诚之者，人之道也"；"诚者，物之终始，不诚无物"；"唯天下至诚为能经纶天下之大经，立天下之大本，知天地之化育"；"自诚明，谓之性；自明诚，谓之教。诚则明矣，明则诚矣。唯天下至诚为能尽其性。能尽其性，则能尽人之性；能尽人之性，则能尽物之性；能尽物之性，则可以赞天地之化育；可以赞天地之化育，则可以与天地参矣"；"诚则形，形则著，著则明，明则动，动则变，变则化。唯天下至诚为能化"；等等。《中庸》之"诚"，成为一个统贯天人的概念，它既是宇宙的本体，也是人性的本体，体现了先秦儒家"天人合一"的思维模式。

但是，"诚"毕竟是一个伦理的范畴，它主要用于表述人性的本质。

---

① 尚需参照《通书》的《诚几德》《圣》诸章一起研读。

《中庸》论"诚"虽已颇详，但却没有具体回答何以它会具有天道的性质，天道又何以会具有伦理的属性。这可以说是先秦儒家在建立其道德本体论时所面临的一个理论难题。两汉以降，儒学尽管被定为一尊，但更多的是以经学的形态出现的。汉儒经学多从荀子一路而来①，而与思孟一路关系不大。两汉的经学家们虽然能恪守先秦儒学关于垂教之本原在于人之心性，而心性之本原在于宇宙的古训，但就理论层面言，他们非但没有发展，反较以往的人性理论只有倒退，如董仲舒的"性三品"说、扬雄的"性善恶混"论。而统治者对于教化之事，更重视其功效和实用，向来不重视理论的探讨，也不需要高深的理论，只要一般地论及人性的状态层面和操作层面就完全够了。所以，他们是不会对人性本体层面产生什么兴趣的。再则，儒家学说一向缺乏宗教所具有的信仰力量，因此也就没有动力将心性理论推向深入。

这个问题在两汉以前并不怎么突出，所以也没有引起儒家学者的重视。但是，自魏晋以降，当儒学遭到佛教学说挑战后，它就变得越来越重要了。佛教讲生、死、心、身，其理论体系无不从宇宙论、世界观和认识论来论证自己的学说，亦即从讨论现实世界的真幻、动静、有无，人们认识的可能、必要、真妄等出发来构建自己的心性理论。这就迫使儒家学者必须对最高存在问题加以探讨，以回应佛教的挑战。

问题的重要性还不仅在于针对外来的佛教，它同时也是针对本土的道家和道教思想的。因为，儒道两家虽然共同尊奉《周易》，共同认定太极元气为宇宙之本体，但在价值取向上，两家却有着本质的区别。道家和道教取向于天道自然的自然主义，所谓"天地不仁，以万物为刍狗"，从不以为天道具有伦理的属性。道家和道教虽然没有如佛教那样斥现实世界为"虚妄"的说法，但其价值判断最终落在自我超越的自由性上，因此，也就从不认为在现实世界中可以有什么作为。换言之，道家和道教的哲学是以现实世界中并无可求实现什么的价值判断来否定世界，现实世界尽管不像佛教说的是一个"虚妄"的、应该舍离的对象，却也只能成为一个观赏的对

---

① 按一般之说，荀子是战国时期儒家经典传授过程中一个十分关键的人物（可参看清儒汪中《荀卿子通论》、近人刘师培《经学教科书》等有关论述），汉儒经学系统与之有很大关系。

象。其之所以重视《周易》的"太极元气",是出于其以自然为性命的理论,以为从"太极元气"中可以相对容易地发展出一套炼精化气、炼气化神的养生之道。但儒家的文化价值理想是属于人文主义的,儒家更注重的是仁义礼乐和名教规范,由此再转向人的道德性命的修养即心性论上面。儒家讲"太极"本体,是要把它最终落实到"立人极"上去;而其肯定世界的实在性,最终也无非是为了肯定现实的社会生活秩序。正是在这一层面上,儒家与道家和道教分道扬镳了。也正是在这一层面上,历来争论不休的周敦颐究竟是儒者还是道徒,就可以一目了然了。

最后让我们再回到前面所引的《通书》论"诚",看看周敦颐是如何论证天道与人性的本质的联系,以及人之善性为何是源于天道的。

他首先把"乾元"规定为"诚"之"源",而"乾元"就是《易》之"太极","太极"既为宇宙之本体,那么"源"之于"太极"的"诚"也就具有了宇宙本体的意义。当然,这中间需有一个转化,因为"太极"是就天地自然说的,它须转化为性,于是有"乾道变化,各正性命,斯诚立焉"。《周易》以"一阴一阳之谓道"为"性命之理",这个性命之理是统天、地、人而言的。天、地莫不有阴阳,莫不受此性命之理支配,人作为天地万物中一个组成部分,当然也不例外。"诚"在自然之道而言,就是至实无妄,自然无为,即"纯粹至善"。但人不能如自然那样直接体现出这个"纯粹至善"的"诚",而须修养工夫以"复"之。所以,关键就在于"继"和"成"。所谓"继之者善也,成之者性也",前者就本源意义言,强调人若不继承天道,就没有本源的善;后者就人之主体性原则言,强调人若不主动实现此本源意义的善,也就不能成就其性即人之为人的本质。"乾"之四德"元、亨、利、贞",前二者为"诚之通",即继善;后二者为"诚之复",即成性。乾之四德因此而具有了伦理的属性,表现了人性本质生成的全过程。不过,真正能把人性实现得完整无缺的典范,只有"圣人",因为"圣人"以"诚"为本,达到了天人合一的境界,即所谓"诚者,圣人之本","圣,诚而已矣"。而"圣人之道,仁义中正而已矣",圣人既以"诚"为本,所以"诚"又是伦理范畴的"五常""百行"之本、之源。"诚"与"太极"相通,因此也具有"静无而动有,至正而明达"的本体意义,"静无"与"无极"通,其表现为"至正";"动有"与"太极"通，其表现是"明达"。"五常""百行"，人类社会中的一切道德规范和道德行为，如不以"诚"为本，那就是为"邪暗"所塞，"邪"即不正，"暗"即不明，所以"非诚，非也"即完全是错误的。

　　周敦颐通过他的一番论证，把宇宙本体落实到了心性论的层面，人与宇宙被贯通起来，从而儒家核心思想与天道的一致性得到了确定。这一理论不仅表明了儒家心性论与佛教心性论之本质不同，也与道家和道教的思想区别了开来，因此可以说是在新的历史条件和思想背景下，发展了先秦儒家的"天人合一"思想。尽管周敦颐的论证还存在不足之处，如他还摆脱不了道家的"有无"之论和《周易》的生成演化论，这一不足，要到张载、二程那里才得到逐步的扬弃。但是，可以说，周敦颐初步建立了理学的理论框架，以后的理学家正是在他建立的理论框架基础上，进一步深化和拓展，建立起了一个新型的世界观，并恢复了儒家文化价值理想在中国思想界的主流地位。

（原载于《中国哲学史》2000 年第 4 期）

儒学文化的历史演变研究

德性实践与德性之知

——论二程经学诠释的转向

在唐宋儒学转型过程中,河南程颢、程颐兄弟的"洛学"是承上启下的关键,陈来在其主编的《早期道学话语的形成与演变》一书中指出:"在历史的意义上,可以说二程是两宋道学最重要的人物,没有二程,周敦颐、张载、邵雍的影响就建立不起来;没有二程,朱熹的出现也就成为不可能。一句话,没有二程,也就没有两宋的道学。"① 此说切中肯綮。

关于二程的思想学说,学者多从儒学更新的大背景下展开分析,由此出现了"汉宋转向说""佛道影响说""先秦固有说""政治目的说"等不同的解释②,实际上,这四点在二程思想建构中往往是相互交织的。而对二程的经学思想研究,则大多集中在两个转向:一是在解经方法上,由汉唐章句训诂之学转向义理之学;二是在经典文本重心上,由以"五经"系统为重转向以"四书"系统为重。

在经学解释层面,研究者基本沿用《四库全书总目·经部总叙》中汉学、宋学两分的论述来说明唐宋之际经学转向的主要特征。不过也有学者不满意这种分法,进而有三派、四派之说③。但无论何种说法,都将二程经

---

① 陈来主编:《早期道学话语的形成与演变》,安徽教育出版社 2007 年版,第 3 页。
② 主张"汉宋转向说"的主要有《四库全书总目·经部总叙》,江藩《国朝汉学师承记》《宋学渊源记》等;主张"佛道影响说"的主要有毛奇龄、陈寅恪、周予同等,参见毛奇龄《辨圣学非道学文》,陈寅恪《冯友兰〈中国哲学史〉下册审查报告》,周予同《汉学与宋学》;主张"先秦固有说"的主要有牟宗三,参见牟宗三《宋明理学综述》;主张"政治目的说"的主要有卢国龙、余英时等,参见卢国龙《宋儒微言——多元政治哲学的批判与重建》,余英时《朱熹的历史世界——宋代士大夫政治文化的研究》。
③ [清]皮锡瑞著,周予同注释:《经学历史》,中华书局 2004 年版,第 3 页。

学界定为相对于章句训诂的"义理之学"。从经典文本重心的层面看，学者多重视二程的"四书"学，认为二程是通过"四书"来建构其理学体系的，这一过程被称为"经学的理学化"。也就是说，将"四书"和《易传》视为二程发明"性理之学"的主要对象，而"五经"则颇难提供类似的资源，那么经学和理学的关系，就是以理学范畴来统领经学。

可以发现，以往的研究在二程解经方法上有失之笼统之嫌，缺乏对德性层面的考察，忽视德性在理解、诠释经典中所发挥的作用，而对"义理"含义的分疏也比较模糊，并未厘清"四书"的性质及其与"五经"的关系。这些都需要对二程经学的性质有一个重新判断。本文试图通过对二程经学思想的梳理，揭出其经学诠释中的德性实践和德性之知①两个维度，以说明二程经学思想之于汉唐经学的真正转向之所在。

一、训诂、义理、德性：经学诠释的三个层次

《四库全书总目》将经学传统分为汉学和宋学，周予同则认为应当归纳为三派，即西汉今文学、东汉古文学和宋学。这三派的特点，简明地说，今文学偏重于"微言大义"，古文学偏重于"名物训诂"，宋学偏重于心性理气②。实际上，如果以经学解释看，古文学是注重文字训诂的，而今文学和宋学都注重义理解经，只是两者的"义理"取向不同。因而，简单地把汉学和宋学之分理解为章句训诂之学与义理之学的区别，失之粗略。汉唐经学中也存在义理之学，如《刘歆传》曰："及歆治《左传》，引传文以解经，转相发明，由是章句义理备焉。"③ 章句与训诂也有所分别，马瑞辰在《毛诗训诂传名义考》中说："诂训与章句有辨。章句者，离章辨句，委曲支派，而语多傅会，繁而不杀；蔡邕所谓'前儒特为章句者皆用其意傅，非其本旨'……诂训则博习古文，通其转注假借，不烦章解句释，而奥义自辟；班固所谓'古文读应尔雅，故解古今语而可知也'。"④ 因而，章句较

① 本文所称的"德性之知"属成语借用，与宋明儒通常所谓的"德性之知"有别，它主要指从自身德性出发来理解经典，不泛指德性中具有的"知是知非"的"知"。

② ［清］皮锡瑞著，周予同注释：《经学历史》，中华书局 2004 年版，第 3 页。

③ 《汉书》，中华书局 1962 年版，第 1967 页。

④ ［清］马瑞辰：《毛诗传笺通释》，中华书局 1989 年版，第 4 页。

之训诂而言更具义理意味。赵岐作《孟子章句》就是采用义理阐释的方法，对此，《四库全书总目·〈孟子正义〉提要》云："汉儒注疏，多明训诂名物，惟此注笺文句，乃似后世之口义，与古学稍殊。……盖《易》《书》文皆最古，非通其训诂则不明；《诗》《礼》语皆征实，非明其名物亦不解。《论语》《孟子》词旨显明，惟阐其义理而止。"四库馆臣的这种说法，大致不错。但《周易》何尝只是通训诂就可以明了的，《诗经》语固征实，但超出名物之外的发挥同样不少，更何况未提的《春秋》学中尤重"微言大义"的《公羊》《穀梁》。所以，汉唐注疏大半与"义理"难脱干系。

唐宋之际对于前代注疏的批判，较之汉唐训诂之学一派，确实更偏重于义理之学。但与汉唐经学中的义理之学不同，宋儒对于义理之学的偏重，表现在他们特别措意于义理的统一，对汉儒烦琐的章句训诂以及门户相争导致的异说纷见尤为不满。虽然唐初通过官方定本达成经学的统一，但这仅是表面上的形式统一，其中的义理整合仍付阙如。如何才能对经典的义理进行更高层次的统一，寻找出儒家的"大义"之所在，是当时儒者共同的追求。与此相关，批判汉唐注疏的另一方面在于"义理"的内涵，同样是以义理形式来阐释经典，但"义理"的具体内容则可以相去很远。在经世致用和佛道思想的影响下，北宋思想家大多融合各方面的思想义理，来塑造自己对传统经典的解释。

处在时代思潮的漩涡中，二程兄弟自不例外。但是，二程的经学转向具有重要的哲学史和学术史的意义，因为是他们在真正意义上进一步揭示出了经学诠释中的"德性"层次。对于二程而言，从章句训诂之学转向义理之学，不仅仅是解经形式上的转向，更为重要的是以何种"义理"来理解经典，诠释经典的目的何在，以及怎样才能真正理解经典中所蕴含的义理。

在二程语录中，谈及"义理"一词处有近七十条，二程使用"义理"一词的含义大体可分为三类：一是泛言普通意义上的"道理"，如"然当时以为不宜取者，固无义理，然亦是有议论"①，"若谓夫从役，妇便怨，成何

①《二程集》，中华书局 2004 年版，第 49 页。

义理"①，"便非义理"，"是甚义理"，"大故无义理"，"大无义理"，"全无义理"等；二是特指与其他思想相区别、传承孔孟之道的儒家经义，如"古之学者，皆有传授。如圣人作经，本欲明道。今人若不先明义理，不可治经，盖不得传授之意云尔"②，"尝语学者，且先读论语、孟子，更读一经，然后看春秋。先识得个义理，方可看春秋"③，"或读书，讲明义理"④等；三是指道德体用意义上的"理义"，如"义理与客气常相胜，又看消长分数多少"⑤，"皆彼自有此义理，我但能觉之而已"⑥，"今之学者，惟有义理以养其心"⑦，"人以不知觉不认义理为不仁"⑧，"只是义理不能胜利欲之心，便至如此也"⑨，"义理所顺处所以行权"⑩等。从中我们可以了解到，二程的"义理"不仅仅是指文本诠释意义上的，也包括道德本体、道德实践意义上的。

因而，如果将二程的经学思想理解为"义理"之学，那么其首先不是指解经形式上的义理诠释，而是指向德性实践的目的，即从经师之学、利禄之学向德性实践转变，这也是二程"道学"的含义所在。

"道学"一词，宋初柳开就已提出⑪，柳开使用的"道学"，是相对"禄学"而言的：

> 学而为心，与古异也。古之学者，从师以专其道；今之学者，自习以苟其禄。乌得其与古不异也？古之以道学为心也，曰："吾学，其在求仁义礼乐欤！"大之以通其神，小之以守其功，曰："非师，吾不达矣。"去而是以皆从师焉。今之以禄学为心也，曰："吾学，其在求

---

① 《二程集》，中华书局 2004 年版，第 357 页。
② 《二程集》，中华书局 2004 年版，第 13 页。
③ 《二程集》，中华书局 2004 年版，第 164 页。
④ 《二程集》，中华书局 2004 年版，第 188 页。
⑤ 《二程集》，中华书局 2004 年版，第 4—5 页。
⑥ 《二程集》，中华书局 2004 年版，第 5 页。
⑦ 《二程集》，中华书局 2004 年版，第 21 页。
⑧ 《二程集》，中华书局 2004 年版，第 33 页。
⑨ 《二程集》，中华书局 2004 年版，第 261 页。
⑩ 《二程集》，中华书局 2004 年版，第 364 页。
⑪ 姜广辉考证认为，北宋儒者首先用"道学"称其学并有文献为见证的，当推王开祖。参见姜广辉：《宋代道学定名缘起》，《中国哲学》第 15 辑。实际上，王开祖较柳开要晚，以目前所见，北宋儒者使用"道学"一词以柳开为最先。而诸人所用"道学"一词，含义各不相同，就二程"道学"意义上而言，还是以二程自己所说"自予兄弟倡明道学"的"道学"为准。

王公卿士欤！"大之以蕃其族，小之以贵其身，曰："何师之有焉？"①

柳开的这一说法，与二程的经学思想是一致的，都是反对当时学者追求仕途利禄而不求仁义礼乐。利禄之学表现在经学上就是记诵之学，因为为学的目的在追求利禄，所以就不会真正去体悟经典中所蕴含的德性修养之义，经典只是通往仕途的敲门砖。这样，治经的方式一定是强调章句注疏，注重记诵之学和文章之学。

承上所说，二程"义理之学"的一个重点在于实践目的层面，而汉唐经学中除了文本诠释之外，似乎也表现出实践指向。汉代经学无论是注重"微言大义"的阐发还是名物制度的训诂，都与其政治上的关联分不开。汉代经学的现实影响在政治层面，这从汉儒的孔子为"素王"、作《春秋》、为汉"立法"的流行说法中可窥一斑。钱穆在《孔子与春秋》中说："孔子在汉人观念中，是内圣而兼外王的，更毋宁是因其具备了外王之道而益证成其内圣之德的。所以孔子在汉代，要和尧、舜、禹、汤、文、武、周公古帝明王并列了。但唐以后的孔子，在人心目中，时时把来和佛陀与老聃并列了。换言之，这是渐渐看重了他的'教'，而看轻了他的'治'。"② 实则经学的政治影响又多表现为关于礼制的争论。政治与教化分不开，廖平在《今古学考》中就认为汉代经学今、古文之分在于礼制。因而汉代的政治就是礼教或名教，极为重视"礼"对个人行为的规范，将礼教思想贯彻到实际政治操作层面，影响甚深。这样的情况一直延续到魏晋南北朝乃至唐代。但至于汉唐礼制对于世道人心的作用，不仅佛教中人常批评儒家是"饰身之教"，而没有"修身法门"，无法了解高深的"道德性命"之义，而且部分儒家学者对汉唐礼制也颇不以为然，如欧阳修就认为：

> 由三代而上，治出于一，而礼乐达于天下；由三代而下，治出于二，而礼乐为虚名。……及三代已亡，遭秦变古，后之有天下者，自天子百官名号位序、国家制度、宫车服器一切用秦……至于三代礼乐，具其名物而藏于有司，时出而用之郊庙、朝廷，曰："此为礼也，所以教民。"此所谓治出于二，而礼乐为虚名。故自汉以来，史官所记事物

---

① 《柳开集》，中华书局2015年版，第7页。
② 钱穆：《两汉经学今古文平议》，商务印书馆2005年版，第292页。

名数、降登揖让、拜俯伏兴之节，皆有司之事尔，所谓礼之末节也①。

欧阳修的思路仍是注重儒家的礼乐制度，不过他指的是三代的王政礼乐，而不是秦汉以后儒生"灾异谶纬"之说以及徒具形式的"礼之末节"。欧阳修认为，"礼义者，胜佛之本也"②，企图通过王政礼乐的教化来实现治道。但是欧阳修对于礼义的根源并未深究，其观念与汉唐儒生对于政治实践的看法大同小异。礼乐确实可以用来安上治民、移风易俗，可是其教化意义的根据则不在礼乐自身。不明白礼乐的义理不在于礼乐自身，就不可能让人从佛教的"深深之理"转向服膺儒家的"浅浅之教"。

与欧阳修不同，关于汉唐以来的礼教，二程明白指出："后汉人之名节，成于风俗，未必自得也。"③ "东汉士人尚名节，只为不明理。若使明理，却皆是大贤也。"④"明理"才是儒家实现成圣成贤理想的关键所在，如果仅是行为上受礼制约束，而对于其内在根据不能深究，知其然而不知其所以然，则无法真正理解礼乐的意义。也就是说，尽管汉唐经学也强调实践，比如今文经学的通经致用和政治实践，但是这种实践的根据到底在多大程度上是来自于孔孟，这种阐释是否符合经典文本所昭示的意义，是有疑问的。二程认为，应当以孔孟之学来统一"六经"的"义理"，孔孟之学通过道统论的形式，主要展现在"四书"中，"四书"的义理就是孔孟的义理。因而从经学文本上说，不仅是从"五经"转向"四书"，而且是以"四书"来统领"五经"。这种统领又是以"德性实践"和"德性之知"为线索的。二程认为，《大学》是入德之门，《中庸》是传授心法，《论语》《孟子》是要约处。"要约处"的意思是《论》《孟》是圣人直接传授德性修养方法之书。以"四书"为"五经"阶梯，就是指"四书"乃治"五经"之方法论，通过学习"四书"的义理并加以实践，进而使自身德性充其极，才能完全理解"五经"文本背后的圣人之意。

二程治经的转向主要在于德性，当然政治和礼制的层面也并未缺席，但是从原来的文字训诂、注重典章制度而对德性关注不足一变而为重点关

儒学文化的历史演变研究

---

①《新唐书》，中华书局1975年版，第307—308页。
②《欧阳修全集》，中华书局2001年版，第288—290页。
③《二程集》，中华书局2004年版，第4页。
④《二程集》，中华书局2004年版，第232页。

注"礼而上"的德性修养，尤其是探讨如何"就身上做工夫"，则是毋庸置疑的。二程《遗书》中有一段话充分体现了其经学思想：

　　苏季明尝以治经为传道居业之实，居常讲习，只是空言无益，质之两先生。伯淳先生曰："'修辞立其诚'，不可不仔细理会。言能修省言辞，便是要立诚。若只是修饰言辞为心，只是为伪也。若修其言辞，正为立己之诚意，乃是体当自家敬以直内、义以方外之实事。"……正叔先生曰："治经，实学也。……如《中庸》一卷书，自至理便推之于事。如国家有九经，及历代圣人之迹，莫非实学也。……人患居常讲习空言无实者，盖不自得也。为学，治经最好。苟不自得，则尽治'五经'，亦是空言。今有人心得识达，所得多矣。有虽好读书，却患在空虚者，未免此蔽。"①

　　这段材料同时记载了明道和伊川对于治经的看法，从内容看，二程的经学理念大致相同。他们都认为，治经是"实学"，讲习也是"实学"，看学者如何对待。明道认为，不管是治经还是讲习，主要目的是"进德"，修其言辞要立己之诚意，"进德"以"忠信"为下手处。伊川则认为治经是领会经中之"道"，通过圣人所作之经，不仅可理解历代圣人治国理政的事迹，而且也可下学而上达。从经文中可了解古圣贤的行为处事，从中探求圣人的用心，目的都是提高自身的德性修养。程颐在解释《周易·大畜卦》时说："人之蕴畜，由学而大，在多闻前古圣贤之言与行，考迹以观其用，察言以求其心，识而得之，以畜成其德，乃大畜之义也。"② 同时，伊川更强调治经要"自得"，如果不是"心得识达"之人，没有相应的德性能力去领会圣人作经的用意，只是盲目读书，以训诂注疏为重，是无法和圣人契合的，对经典所蕴含的义理也不能心领神会，结果是治经没有实得，不免空虚。

　　治经以德性为目的，这实际就是回归孔子的本义。孔子面对三代圣王留下来的典籍文献，从德性的角度来整理删定六经，统一了六经义理，形成儒家的"六艺之教"。退一步说，即使六经并非由孔子删定而成，也是明

----

① 《二程集》，中华书局 2004 年版，第 49 页。
② 《二程集》，中华书局 2004 年版，第 828—829 页。

显笼罩在孔子所创儒家学派思想之下的。这是六经的义理源头。虽然对于"六艺之教"的具体施行，不同的弟子和后学有不同的理解，但这个德性实践目的是先秦儒家所共有的。而汉唐经学被批判是章句注疏之学、记诵之学、利禄之学，则与儒学成为国家意识形态有很大关系。二程实际上想重回先秦儒家的经学传统，以道德体用意义上的"理义"来理解经典。"学者必求其师。记诵文章不足以为人师，以所学者外也。故求师不可不慎。所谓师者何也？曰：理也，义也。"①

因此，如果用"义理"之学来概括二程的经学思想，那么对于"义理"的含义必须做出分疏。"义理"的含义可以从形式、内容和目的三个方面来理解。形式上说，"义理"是相对于注重名物训诂来注解经文的另一种解经形式，其特征是阐发经文所蕴含的道理。从内容上说，"义理"有不同的意义，一是指汉代今文学所阐释的"微言大义"；二是指在佛道思想影响下以老庄、佛学的"义理"来阐释经文；三是指回到圣人之道，以孔孟思想为依归所作的"义理"，这个"义理"不仅仅是文本所有的字义和道理，而且指向本体意义的天地之理。从目的上说，"义理"指的是从讲授注疏，记忆文句的讲师、经师之学，向"就身上做工夫"的儒者之学转变，儒者之学的目的就是修养自身德性，注重道德践履。在这个意义上的"义理"就不只是解经层次上的，而是实践意义上的"德性"。

二、"德性之知"的奠基性作用

二程之所以批判汉唐经学，一方面是认为汉唐儒生没能真正理解圣人作经的用意；另一方面，也是更重要的，是认为其之所以不能真正理解圣人用心，是因为他们并未从自身德性出发来理解圣人的经典，或者说，他们本身的德性涵养不足，无法完全领会经文中所蕴含的圣人用心。

"六经"的文本有两层来源，一是尧、舜、禹、汤、文、武、周公等圣王的行事著录；二是圣人的删定，《尚书正义》中说，孔子"睹史籍之烦文，惧览者之不一，遂乃定《礼》《乐》，明旧章，删《诗》为三百篇，约

---

① 《二程集》，中华书局 2004 年版，第 323 页。

史记而修《春秋》，赞《易》道以黜《八索》，述《职方》以除《九丘》"①。这两层来源奠定了六经文本中蕴含的德性义理。

隋代王通认为"六经"的义理有深浅层次，因而学习经典的次序也有先后，其先后的依据在于人的德性程度，《中说·立命篇》中说：

> 姚义曰："尝闻诸夫子矣：《春秋》断物，志定而后及也；《乐》以和，德全而后及也；《书》以制法，从事而后及也；《易》以穷理，知命而后及也。"……或曰："然则《诗》《礼》何为而先也？"义曰："夫教之以《诗》，则出辞气，斯远暴慢矣；约之以《礼》，则动容貌，斯立威严矣。度其言，察其志，考其行，辨其德。志定则发之以《春秋》，于是乎断而能变；德全则导之以《乐》，于是乎和而知节；可从事则达之以《书》，于是乎可以立制；知命则申之以《易》，于是乎可与尽性。"……子闻之，曰："姚子得之矣。"②

"六经"的学习次序以《诗》《礼》为先，然后再学《春秋》《乐》《书》《易》，原因在于每部经典对于人的德性培养起不同的作用，先学《诗》《礼》可以使人的言行德志有较好的基础，德性上达到一定的程度再来学习其他经典，才能充分理解经典所蕴含的义理，使经典的作用真正发挥。

德性修养的不同导致了学者在理解圣人作经意义的程度上的差距，这是重要的起点。以《论语》的"性与天道"章为例，子贡说："夫子之文章可得而闻也。夫子之言性与天道不可得而闻也。"如何解释"性与天道不可得而闻"，传统上大致有三种说法。一是圣人不说天道性命这种玄虚之事，所以子贡这些弟子都不能听闻。如桓谭《上光武疏》云："观先王之记述，咸以仁义正道为本，非有奇怪虚诞之事，盖天道性命圣人所难言也。自子贡以下不得而闻，而况后世浅儒能通之乎？"③ 二是圣人关于天道性命的学问非其人则不传，如《史记·天官书》云："孔子论六经，纪异而说不书。至天道命，不传；传其人，不待告；告非其人，虽言不著。"④ 三是认为孔

①《尚书正义》，上海古籍出版社 2007 年版，第 10 页。
②张沛：《中说校注》，中华书局 2013 年版，第 232—233 页。
③《后汉书》，中华书局 1965 年版，第 959 页。
④《史记》，中华书局 2014 年版，第 1600 页。

子所说的性与天道的学问太深奥，子贡无法理解。如《论语注疏》："子贡言，若夫子言天命之性，及元亨日新之道，其理深微，故不可得而闻。"①

对此，二程有不同看法，他们认为："性与天道，此子贡初时未达，此后能达之，故发此叹辞，非谓孔子不言。"② 按此解，"性与天道"章子贡一开始德性不足，难以理解圣人，即"初时未达"，后德性精进，能理解孔子"性与天道"的含义了，所以发出叹美之辞，这就是"达"与"未达"的区别。实际上，在二程之前的皇侃在《论语义疏》中的说法就颇可玩味。皇氏在"夫子之言"处断句，即"夫子之言，性与天道，不可得而闻"，认为"夫子之言即谓文章之所言也。……言孔子六籍乃是人之所见，而六籍所言之旨，不可得而闻也。所以尔者，夫子之性，与天地元亨之道合其德，致此处深远，非凡人所知，故其言不可得闻也。"③ 这是从孔子的"德性"出发，有德然后有言，要理解有德之言，就需要自身德性与其匹配。

这里还可通过颜渊与子贡对比，更直观地感受这种状态。与子贡不同，颜渊一开始就能领会圣人之意，"不违如愚"，"亦足以发"。颜渊之所以能"不违如愚"，是因为他完全跟得上孔子的思想；之所以能"发"，是因为他真正懂得孔子的思想而加以应用。前者是理解，后者是实践，这是"学"的真正境界。子贡自己很了解这种差距，认为自己是"闻一以知二"，而颜渊则"闻一以知十"，"十"较之"二"，并不仅是数量上的差距，更是质的不同，因为"十"代表"数之终"。所以，在知性层面，以子贡的聪颖，未必不如颜渊；但在德性层面，两者就有不小的差距。如果以"闻见之知"和"德性之知"来打比方，子贡的"闻一以知二"之"知"是"闻见之知"，那颜渊"闻一以知十"之"知"则是"德性之知"。

传统的解释主要是从孔子角度看，二程是转移到子贡的角度来看的。解释者理解程度的差异，导致对圣人思想的领会不同，"这个义理，仁者又看做仁了也，知者又看做知了也，百姓又日用而不知，此所以'君子之道鲜矣'。此个亦不少，亦不剩，只是人看他不见。"④ 道是同样一个道，不多

① 《论语注疏》，北京大学出版社 2000 年版，第 110 页。
② 《二程集》，中华书局 2004 年版，第 353 页。
③ 《论语义疏》，中华书局 2013 年版，第 110 页。
④ 《二程集》，中华书局 2004 年版，第 42 页。

不少，但仁者、知者和百姓对于道的认识就完全不同，这就说明问题不在于对象或者作者，而在于理解者自身。

二程弟子谢良佐在《论语解序》说：

> 余昔者供洒扫于河南夫子之门，仅得毫厘于句读文义之间，而益信此书之难读也。……唯近似者易入也。……方其物我太深，胸中矛戟者读之，谓终身可行之恕诚何味。方其胁肩谄笑，以言饴人者读之，谓巧言令色宁病仁。未能素贫贱而耻恶衣恶食者读之，岂知饭疏食、饮水、曲肱而枕之未妨吾乐。注心于利，未得而已，有颠冥之患者读之，孰信不义之富贵真如浮云……唯同声然后相应，唯同气然后相求。是心与是书，声气同乎？不同乎？①

上蔡的说法颇得二程经学要义，《论语》不像老庄那样谈天语命，伟词雄辩，也不像司马迁、班固那样文辞雄深雅健，更不像《黄帝内经》《神农百草》愈疾引年，但是如果从这些角度去理解圣人所作的经典，则根本无法领会圣人用心。因为圣人作经用意本不在此。只有自身德性能力不断接近圣人境界，才能了解经典中蕴含的真义，这也就是"唯近似者易入"。同时，经典也具有某种印证的作用，经典本身具有的权威性和固定性，可以范导德性修养方向，使之不至于汗漫流荡。通过治经来修养自身德性，又以德性之知来增进对经典的理解，"书与人互相发也"，问学与德性是相须为用的。

三、 德性之知的含义

从自身德性出发去理解经典，可称为"德性之知"。"德性之知"，既不同于"见闻之知"，也不同于一般意义的"认知"。"德性之知"的认知对象是"性与天道"，一方面它不局限于耳目所及，另一方面它具有道德意义。"德性之知"不是固定而是发展形成的，是通过自身道德实践和自我反思，逐渐达到理想状态。对于一般人而言，"德性之知"是未完成状态，通过不断修养，接近圣人的境界。通过"德性之知"才能真正理解经典的

①《宋元学案》，中华书局 1986 年版，第 927 页。

意义。

首先，"德性之知"具有自得性。二程非常重视为学要"自得"，在语录中就有二十多条谈及"自得"。其"自得"大致有三层意思：一与"德"相关。"有德者，得天理而用之，既有诸己，所用莫非中理。知巧之士，虽不自得，然才知稍高，亦能窥测见其一二，得而用之，乃自谓泄天机。"①"德者，得也，须是实到这里须得。"② "自得"就是自身的实实在在的德性，是通过读书明理不断修养而成的，"学莫贵于自得，得非外也，故曰自得"③。德性是由内而外而发的，就是要自己能够相信、自己受用，对于经书中所说的道理能够实实在在地体会，而不是虽然认知到有这个意思，但自己却还没有完全认同。"实理者，实见得是，实见得非。凡实理，得之于心自别。若耳闻口道者，心实不见。若见得，必不肯安于所不安。……得之于心，是谓有德，不待勉强，然学者则须勉强。"④ 明道说的"修其言辞，正为立己之诚意"，也是这个意思。一与"道"相关。"自得"的对象往往是"性与天道"而不是一般耳目所及的事物。"性与天道，非自得之则不知，故曰'不可得而闻'。"⑤ "如此等，则放俲前人所为耳，于道鲜自得也。"⑥ "易也，此也，密也，是甚物？人能至此深思，当自得之。"⑦ 就是说"性与天道"这种"形而上者"必须是德性"自得"才能认识的，因为"形而上者"非具体可见，不像形下之器，耳目之官无法听闻，也无法通过他人的言说而获得，所以需自身内在德性不断修养才能体贴。而且也只有认识到这种天理，才算是真正的"自得"。第三是"学"的根本方法。"同伯温见先生，先生曰：'从来觉有所得否？学者要自得。"六经"浩渺，乍来难尽晓，且见得路径后，各自立得一个门庭，归而求之可矣。'伯温问：'如何可以自得？'曰：'思。"思曰睿，睿作圣"，须是于思虑间得之，大抵只是一个明理。'"⑧ 治经问学要"自得"，就是指"各自立得一个门庭"，

儒学文化的历史演变研究

254

①《二程集》，中华书局 2004 年版，第 14 页。
②《二程集》，中华书局 2004 年版，第 42 页。
③《二程集》，中华书局 2004 年版，第 316 页。
④《二程集》，中华书局 2004 年版，第 147 页。
⑤《二程集》，中华书局 2004 年版，第 361 页。
⑥《二程集》，中华书局 2004 年版，第 194 页。
⑦《二程集》，中华书局 2004 年版，第 136 页。
⑧《二程集》，中华书局 2004 年版，第 296 页。

门庭主要是指心有主见，这个主见不是随心所欲地解释，而是与天理相通，"自得"要"思"，就是要自立吾理。德性的对象是"天理"，自家真正体贴到"天理"后，使"德性"不断充实，心得识达，"自得"然后治"五经"，才能实有所得。

其次，"德性之知"具有实践性。一方面，通过亲身经历、实践、体验后，对所认知的事物真切认识，增进自身德性修养，才能对经典之言有真正的理解。为学要知之，又要体之。"学为易，知之为难。知之非难也，体而得之为难。"① 随着自身德性的增进，对于经典的理解也逐渐加深，"某年二十，解释经义，与今无异，然思今日，觉得意味与少时自别。"② "某自十七八读《论语》，当时已晓文义，读之愈久，但觉意味深长。《论语》，有读了后全无事者，有读了后其中得一两句喜者，有读了后知好之者，有读了后不知手之舞之足之蹈之者。"③ 这种加深显然不是指文本字句上的理解，而是对于经典所要真正指示的超越文本之上的理义的体贴。

这里的实践还突出强调德性的践履，二程曾批评王安石："公之谈道，正如说十三级塔上相轮，对望而谈曰，相轮者如此如此，极是分明。……（二程）直入塔中，上寻相轮，辛勤登攀……至相轮中坐时，依旧见公对塔谈说此相轮如何如何。"④ 二程与王安石的区别就在于同样谈经论道，但是二程真真实实深入到儒家之道的内部，去实实在在践履圣人所说的道德工夫。这样得来的感受是完全不同于在外自私用智，仅得依稀仿佛的，只有经过实践的知才是真知。

另一方面，也通过落实到平常实践中的行为来检验是否真的理解经典的意义。"今人不会读书。……须是未读《诗》时，授以政不达，使四方不能专对；既读《诗》后，便达于政，能专对四方，始是读《诗》。……须是未读《周南》《召南》，一似面墙；到读了后，便不面墙，方是有验。大抵读书，只此便是法。如读《论语》，旧时未读是这个人，及读了后又只是这个人，便是不曾读也。"⑤ 治经问学的目的在于修养自身德性，德性不只是

---

①《二程集》，中华书局2004年版，第321页。
②《二程集》，中华书局2004年版，第187页。
③《二程集》，中华书局2004年版，第261页。
④《二程集》，中华书局2004年版，第5页。
⑤《二程集》，中华书局2004年版，第261页。

对道德规范的遵守，也是处事得宜的能力，在人伦日用中展现德性的力量才是治经问学之根本所在。

再次，德性之知是理解性而非建构性的。"德性之知"对于解释经典文本来说，是从理解的角度来进行的，将经典文本作为意义的承载者，以理解其中蕴含的意义为目的；还是从自身可以赋予文本以新的意义，即建构性，来看待经典文本的。这是"德性之知"的性质中非常重要的部分。温伟耀在其《成圣之道——北宋二程修养工夫论之研究》一书中，尝试运用伽达默尔的哲学诠释学去整理和消化二程的哲学思想，强调亚里士多德关于科技知识（technical knowledge）与道德知识（moral knowledge）之间的界分，"对于伊川，我们将会用哲学诠释学的角度去理解他的格物致知工夫"①，他认为"每份文献的背后都有一份生命体验，而文献就是这人类心灵所展开的世界和这生命体验外在化的呈现。故此诠释者与文献的相遇，并非只是主体与无意识存在物的相遇，而是主体心灵（诠释者）与另一主体心灵（文献的原作者）之间'视域的融摄'"②。因而，"一方面，道德修养的工夫必然地连起主体生命的体验，故主体在理解过程中的主观参与性一定较其他题材为高。另一方面，宋明儒学者自己对诠释经籍的立场和方法，也是视文献为提升自我道德生命体验的一种指点和启迪，诠释的目的并非旨在抽出文献原作者的本意而已，而是将自己的体验结合在诠释的历程之中，结果就是透过对典籍的诠释去把捉更丰富的道德生命体验"③。

借鉴西方诠释学来研究二程思想，进而有意识地把握道德修养工夫和主体生命体验对理解经典文本的意义，对对二程思想的把握有一定帮助。不过其中也不可避免地有囿于西方诠释学框架处，温氏对于二程经学思想的理解同二程的本旨是有出入的。首先，由于受到伽达默尔诠释学的影响，温氏认为解释者的理解可以丰富文本的意义，或者说文本的意义恰恰是在与解释者的互动中逐渐完成的。这一观点与中国传统经学是不合的。在二程而言，读经的意义在于领会圣人作经之意以及经中所蕴含的圣人之道，这一圣人之道本身是完满的，是不待解释者的理解就自身具足的。学者和

---

① 温伟耀：《成圣之道——北宋二程修养工夫论之研究》，河南大学出版社 2004 年版，第 19 页。
① 温伟耀：《成圣之道——北宋二程修养工夫论之研究》，河南大学出版社 2004 年版，第 19 页。
② 温伟耀：《成圣之道——北宋二程修养工夫论之研究》，河南大学出版社 2004 年版，第 16—17 页。
③ 温伟耀：《成圣之道——北宋二程修养工夫论之研究》，河南大学出版社 2004 年版，第 18 页。

圣人的德性就本然状态来说，是相同的。之所以不能完全理解经典的意义，主要在于学者自身德性不足。一旦学者的德性能够完善，达到圣人的境界，就能领悟圣人所作经典的意义，而领悟到的意义并非超出圣人之意以外的义理。其次，同样地，学者的主体生命体验对于经典的诠释也并非是增加、丰富其义理，而是不断接近其原有的含义。学者的生命体验应该向圣人格物、明理、作经的实践靠拢，才能完全把握到圣人的用心。

需要注意的是，二程对于经典的看法以及在解释经典过程中所持有的主观态度，与其最后导致的客观效果，并不能混为一谈。二程对于圣人所作经典的看法，在现代学者看来可能是过于肯定的，但这对于传统儒者而言却是理所当然的①。另外，二程在解释经典时以传承圣人之道自任，而并非在圣人之道以外有其他创新。至于从研究者来看，二程所诠释的思想不同于孔孟的思想，对于二程思想的这种解读也可以是见仁见智的，如有学者就认为二程发明的义理之学乃先秦固有的，最符合孔孟之道。

最后，德性之知的根据在于"天理"。对于汉唐经师的注疏，二程认为其并没有真正理解经文意义，由于"秦火"之后，经籍散佚，汉唐儒生对于先秦经典的理解多有错谬。可是到二程的时代也没有重新发现先秦文献的原本，就文本而言，二程看到的与汉唐儒生基本是一样的。那么如何断定经文的原意和圣人的用意，这里的标准是什么，又在哪里呢？汉代今文经学的可靠性主要在于自身的师说传承，因而严守师法、家法是他们解释经文的根据。古文经学则依赖后来发现的古文献，如孔壁古文，这是他们拥有经文解释权的根据。刘歆在《移让太常博士书》中说："礼坏乐崩，书缺简脱……时汉兴已七八十年，离于全经固以远矣。及鲁恭王坏孔子宅，欲以为宫，而得古文于坏壁之中……孝成皇帝愍学残文缺，稍离其真，乃陈发秘藏，校理旧文，得此三事，以考学官所传经，或脱简，或脱编。……往者缀学之士，不思废绝之阙，苟因陋就寡，分文析字，烦言碎辞，学者罢老，且不能究其一艺，信口说而背传记，是末师而非往古。"②可以看到，对于经典文本解释权的争夺，最终须有一个令人信服的根据。

---

　　① 二程的部分"疑经"思想，是对现存经典中后世所散乱、窜入的文字加以改正，目的是更接近孔子删定六经的原意，而并非对于圣人所作经典的意义加以否定。
　　②《汉书》，中华书局1962年版，第1969—1970页。

二程的解经根据是哲学的，既不是师传家教，也不是出土文献，而是"理"的一致性。六经的形成，一是三代圣王的行事著录，一是经过孔子整理删定。前者是圣王治理国家、教化人民的事迹，呈现出圣王对天地万物、人事变迁之理的理解，后者是圣人从德性角度对先代文献进行整理，其中包含了圣人之道的真正意义。由于"性即是理"，后学通过格物明理，修养德性，进而理解圣人作经的意义。如果自身德性不足，就不能真正领会圣人作经的意义，如不能通达"天理"，就无法完全理解经典中的义理。后学理解经典文本含义的可能性与"圣人可学而至"的理念是统一的，圣人可以通过努力修养而达到，那么圣人作经的用心自然也可以通过学问思辨而理解。

因此，理解经典就需要从自身德性出发，德性之知的根据是"天理"。一方面，圣人作经是有德者有言的自然作为，治经应当从自身德性出发来理解经典，人的德性来自天理，天理是一致而稳定的。因而理解圣人所作之经的根据在于天理。另一方面，圣人作经的本意是"明理"，在经典中蕴含天地万物之理，治经的目的是因经典之言而求圣人之意，因圣人之意而达天地之理。只有通过"德性之知"才能理解经典之言，领会圣人之意，通达天地之理，"道之大原在于经，经为道，其发明天地之秘，形容圣人之心，一也"①。

四、 结语

一般而言，诠释关涉作者、文本、读者三个方面。传统的经学诠释分为章句训诂和义理解经，无论是训诂还是义理，所注重的对象是作者和文本，即着重理解文本的字句意思以及领会作者透过文本所要表达的道理。而读者的意义则往往难以确定，一方面，读者是作者和文本的传达对象，读者通过不同的方法尽可能地理解作者的原意和文本的本义；另一方面，读者同时又参与了义理的诠释，甚至是文本新义的建构。就前者而言，读者作为接受者，其重心在于作者和文本，而存在的问题是真正完全理解作

---

①《二程集》，中华书局 2004 年版，第 463 页。

者和文本如何可能？如果是后者，读者不再被动，而是文本意义的塑造者，重心就转移到了读者，读者所获得的不只是知识的累积，同时是与作者对话，更进一步地将其应用于实践之中，使得自身的理解不断发展。

然而对于传统儒者而言，经的意义并不仅限于文本，而作经的圣人也不是普通的作者。一般意义上的理解作者和文本诠释不完全适用于中国传统经学。如果将经典作为普遍的文本，一来在诠释文本时只注重对文字章句、名物制度的训诂而没有体会圣人的用心所在，二来尽管脱离了烦琐的训诂而转向义理解经，也往往可能自私用智、附会穿凿，用其他不合的义理来诠释经典，如二程认为王弼以老庄解《易》。这些都是二程所要批判的，也是二程经学诠释思想之于汉唐经学的转向所在。二程经学思想不只是义理之学，更是德性之学，包含了德性实践和德性之知两个维度。二程将诠释的重点从作者和文本转向读者，将治经问学的目的从知性理解转向德性实践，这脱离了形式上的训诂之学。同时，又指出要以德性之知来接近圣人的境界，进而理解圣人所作经典中所蕴含的理义，这就超越了普通意义上的义理之学。可以说，注重德性实践并且从德性出发去理解经典和圣人，最后通达"天理"，是二程经学思想的核心，也是两宋"道学"或"宋明理学"不同于传统儒家经学的关键所在。当然，更是中国儒家经典诠释思想和西方诠释学思想的差异所在。

不过，依上述理路，二程经学诠释思想面临一个疑难。二程提倡由经穷理，又提出格物穷理的工夫。这样，穷理明德工夫就有两种途径，由经穷理和格物穷理，两者并不排斥，因为在二程而言，格物中也包含着读书治经这样的实践。但如前所述，如果治经问学的目的是德性修养，而德性修养除了治经外还有其他的途径，或者说更好更直接的方法，如对天地万物、人伦日用中所蕴含之理的穷究，那就会导致治经问学在德性修养中的地位减弱甚至被抹杀。这一点恰恰是后来经学与理学之间紧张关系的滥觞。朱熹、陆九渊关于"尊德性""道问学"之争，在王阳明那里"良知"不仅是理解经典的出发点更是判断经典的权衡，这都是二程经学诠释思想疑难在不同背景下的新表现。

（原载于《哲学研究》2017 年第 3 期；合作者：陈华波）